JN071782

聖書とエコロジー

創られたものすべての共同体を再発見する

リチャード・ボウカム［著］
山口希生［訳］

いのちのことば社

はじめに

本書は、神の創造した世界（被造世界）の中での人間の立場を、聖書がどう理解しているのかを考察します。本書のタイトルには「エコロジー」という用語を用いますが、これは地球上の生物と無生物とを含む、あらゆるものが互いにつながっているという感覚を言い表すための言葉として一般に使われています。もちろん聖書記者たちは、近年の科学がこれらの複雑な相互関係について明らかにしていることについては知る由もありませんでした。私たちも今日の科学的探究の入り口に立っているだけで、私たち自身がその一部である、網の目のように入り組んだ被造世界の精緻な様相をやっと少しずつ知り始めているにすぎません。しかし聖書では、すべての被造物が相互に結びつけられているという強い意識が言い表されており、この感覚は被造物が創造主である神に依存していることと関連付けられています。この本のサブタイトルに含まれている「被造物の共同体（the Community of Creation）」というフレーズは、聖書全体が私たちに提供している、被造世界についてのある種のヴィジョンを指し示しています。聖書は、神の栄光のために存在している全被造物から成る生命集団の中で、人間と他の被造物との共通項、他の被造物への人間の依存、そして被造物に対する人間の重要性を強調しています。

人間と他の被造物との関係についての最近の多くの考察は、「スチュワードシップ（受託者責任）」という概念に焦点を合わせています。私はこの概念を、人間が他の被造物を誠実に世話するという天来の使命であると定義しています。それは聖書の思い描いていることの一部なのです。しかしこの関係を正しく理解するためには、被造物の共同体という、より大きなヴィジョンの中で考える必要があるでしょう。私たちは、人間が他の被造物とは仲間同士であるという聖書的な感覚をもっと深く認識する必要があります。スチュワードシップ（他の聖書用語では「支配」）とは被造世界という共同体の関係性の中で、人間が果たすべき役割を意味しています（もちろん、人間の他の被造物との関係はスチュワードシップに限定されませんが）。そのことを認識した時、スチュワードシップという概念にまつわるいくつかの難しい問題を克服することができます。私たちが考察すべき聖書の領域は創世記1章に留まりません。創世記1章はもちろん大切ですが、被造物の中での人間の立場に関して、他の聖書箇所が提供する豊かな資料から学び始める必要があるのです。それによって私たちは、聖書には支配と同じように重要なテーマ――例えば人間を含むすべての被造物が創造主なる神に捧げる賛美――が他にもあることを知るでしょう。

私はこの本を書きながら、今日まさに直面している巨大なエコロジー（生態系）危機に深く憂慮してきました。しかし、被造物についてのすべてのキリスト教的思索の背景となるべき、今日のそうした状況についての簡単な要約ですら、ここに記そうとは思いません。それは今ではよく認識されており、また私よりもその問題にもっと精通した人々によって描かれ、また分析されてきたからです。[1] しかしここで一つだけ触れておきたい点があります。環境問題の議論の中でも、最近特に気候変動の問題が圧倒的に多くの注目を集めるようになりました。しかし気候変動の問題は、自然を制御しようとする現代の科学技術の試みから派生した、自然界と人間との関係の危機の最も危険な一側面にすぎないのです。圧倒的な証拠にもかかわらず、ある人々は気候変動について未だに懐疑的である一方、人類が軽率かつ急速に地球の資源の浪費をしている度合いや、人類が野生の動植物の生息地を次々と破壊した結果、膨大な数の絶滅種が発生していることには疑いの余地はありません。近代化は、人間の自然に対するある種の考え方を人々の心に植え付けてきましたが、それが破壊的なものであったことは証明済みです。気候変動に関する議論は確かに大切なことですが、そこには他の重要な課題とその根底に横たわる根源的な問題から人々の注意を逸らせる危険があるのかもしれません。クリスチャンにとって、私たちの信仰の聖書的源泉に立ち返り、被造物の共同体を再発見することは必要不可欠なのです。

私は長年にわたって、本書で論じる考えについて研究してきました。そのテーマをこの本のような形に展開させ、それを出版する機会が訪れたのは、二〇〇六年にソールズベリーにあるセーラム・カレッジ（Sarum College）に招かれ、ソールズベリー大聖堂で「セーラム神学講義」を行った時でした。私はその講義の題を「スチュワードシップを超えて――聖書と被造物の共同体」と名づけました。本書はその時の講義をベースにして執筆したものです。私を招いてくださったセーラム・カレッジのデイビッド・キャッチホール先生やその同僚の皆さんが私を快く迎え入れてくださったことや、この本の出版までの長い期間、辛抱強く待っていただいたことに深く感謝いたします。さらに、個々に名前を挙げることが難しいほど沢山の方々から、口頭や書面を通して私の講義に対するコメントをいただいたこと、それによって私の考えを充実・発展させることができたことに心より感謝している次第です。

リチャード・ボウカム

1 例として、Michael Northcott, *The Environment and Christian Ethics*（Cambridge: Cambridge University Press, 1996），1～2章を見よ。また近年の学際的なエッセイ集として、Robert S. White 編、*Creation in Crisis: Christian Perspectives on Sustainability*（London: SPCK, 2009）を見よ。これはケンブリッジのファラデー・センターで組織された研究学会から生まれたものだ。私の判断では、Bill McKibben, *The End of Nature*（London: Viking (Penguin), 1990）は、過去半世紀において人間と他の「自然（nature）」との関係がどのように変わったのかについて徹底的に明らかにしているという意味で、古典となっている。

目次

第1章　スチュワードシップ(受託者責任)とは何か

序　論

地球環境が悲惨な状況に置かれているこの時代に、クリスチャンは聖書をどう読むべきでしょうか。聖書は、人間と他の被造物との関係をどのように描いているのでしょうか。今日、これらの問いに対する最も人気のある答えは、スチュワードシップ（受託者責任）という考え方です。クリストファー・サウスゲートは次のように述べています。「人間が被造物のスチュワード（受託者）として召されているという見方は、一般のクリスチャンのグループの中では基本的な立場となりつつある。[1]」

私たちはここで、キリスト教神学においてスチュワードシップという見方がどのように用いられているのかについてのみ問います。今日この言葉は、環境問題についての宗教とは無関係な論議の中でもよく聞かれますが、そうした文脈で用いられる場合には神への言及は脇に置かれてしまうので、スチュワードシップという概念のキリスト教的な意味はほとんど排除されてしまいます。この言葉をキリスト教の立場で使用する場合、その要点とは、人間は神に対してスチュワードとしての責任を負っているということです。しかし宗教色のない用い方において、この最も重要な神学的内容は除かれてしまいます。

人間以外の被造物に対する人間のスチュワードシップとは何か、ということに関する代表的で簡潔な説明文として、次の文章を紹介しましょう。これは英国国教会の総会で「社会的責任委員会」が一九九一年に発表した報告書からの抜粋です。

私たちは皆、有限でしばしば再生不可能な資源を持つ、一つの同じ世界を分かち合い、またそれに依存している。クリスチャンは、神が世界を創造し、贖い、また保持していること、そしてその神に世界が属していることを信じる。クリスチャンはまた、神がご自身のイメージに創造し、ご自身に対して責任を負う者とされた人類に、世界を託されたことを信じる。私たちは、人々がこの責任を認めるか否かにかかわらず、受託者、借地人、管理人、管財人、保護者の地位にある。スチュワードシップが示唆するのは、思いやりのある管理であり、利己的な搾取ではない。それは自分のことだけでなく、現在および将来の両方に関心を持つことを含む。また、私たちが管理する世界は、それ自身のために生存と繁栄を求めているのであり、それは私たちにとってどんな価値があるのかという問いとは関係がない。……

良きスチュワードシップは、正義、真実、細やかな感情、思いやりを要求する。[2]

人類と他の被造物との関係を示すモデルとしてのスチュワードシップの優れた点は、被造物への支配と搾取という人間の役割理解に対する強力な代替案を提供してきたことです。むしろ、スチュワードシップという観点から定義される人間の役割とは、ケア（世話）と奉仕の一形態であり、それは神のために（on behalf of）行使され、神に対して説明責任を負うものです。[3] スチュワードシップという考え方が、クリスチャンがエコロジー問題に懸念と責任感を持って取り組む上での枠組みを与えたという意味で、とても大きな良い影響を与えたということは間違いありません。

しかし、私の見るところ、スチュワードシップというモデルにも明らかな限界があります。それは、スチュワードシップによっては言い尽くせないことがあるということ、またはスチュワードシップが必ずしも主張していないことを示唆してしまうこと、そのような種類の限界です。スチュワードシップへの批判を概観するのに、最初にジェームズ・ラブロックの意見を紹介するのが良いでしょう。彼はガイア仮説（Gaia）で有名な学者で、スチュワードシップという考え方を「全くもって不遜なもの」として切り捨てています。[4]

スチュワードシップへの批判――（その１）スチュワードシップは不遜である

ラブロックは最近の著書『ガイアの復讐――なぜ地球は反撃に転じているのか、そしてどうすれば私たちは今でも人類を救うことができるのか』[5]［邦訳＝中央公論新社、二〇〇六年］の中で、この主張を強力に展開しています。彼のスチュワードシップ批判が「ガイア」という考え方と深く結びついているのは驚くには当たりません。そこで、まずその考え方を簡潔に紹介します。ラブロックのガイア仮説は科学理論で、彼はそれが「ニューエイジ」宗教に取り入れられてきたことの責任を引き受けるのを拒否します。[6]その一方で彼は、ガイアに対して単に科学的で客観的な態度以上の姿勢で接することを促しますが、それは宗教的アプローチを取ることだと言えないでしょうか（「私たちすべての人間は自分以上の何か大きなものを信頼したいという深い欲求を持っている。私はその信頼をガイアに置いている」[7]）。しかし、その考えは一種の自然崇拝を伴っているからと言って、キリスト教がガイア仮説を疑問視するのは問題を誇張することになります。ガイア仮説は一つの科学理論にすぎず、ダーウィンの進化論と同じように、いかなる宗教的立場をも要求しません。科学的観点から自然世界がどのように理解されるにせよ、自然に備わっている自己調整プロセスに神のごとき地位を与えたり、倫理規範へと格上げしたりすることも可能です。しかし、その同じプロセスを、超越的な神が自然世界を創造した方法の一側面として扱うことも可能なのです。

ラブロックのガイア仮説によれば、地球全体のシステム（彼はそれをガイアと呼びます）は、地球上の全生命と物理的環境から成るもので、生命有機体のように、一つのシステムとして行動します。[8] ガイアは自動調整システムであり、地球上の気象や大気の構成を自動的にコントロールし、その能力を最大限活用して生命にとっての快適な環境を作り出しています。つまりガイアとは、地球の居住性を維持するための自動調整システムです。ラブロックは、そのシステムがどのように機能しているかを自分では知り尽くすには程遠いことを認めています。この理論は彼がそれを初めて提唱して以来、大部分の伝統的な科学者たちからは未だに疑問視されているものの、多くの証拠と支持者を獲得しています。しかし私たちはここで、この理論の妥当性について科学的議論に深入りすることはしません。[9]

ラブロックは、キリスト教のスチュワードシップという考えを、人類が地球全体とその運命を任されているという意味だと理解します。彼は人間のこの役割が、搾取ではなく思いやりのあるケアであることを十分理解しています。けれども、それは「無意識のうちの不遜さ」によって損なわれていると主張します。人間には、この概念によって展望される目標を「達成するための知識も能力もない」。「ヤギが庭師としての役割を果たす以上に、私たち人類が地球の受託者や開発者として適任だとは言えない。」[10]

彼は、もしガイア仮説が正しくないとすれば、スチュワードシップにはいくらか意味があるかもしれない、と譲歩します。そうならば、私たちは全力を尽くしてこの地球を管理すべきでしょう。しかしもしガイア仮説が正しければ、つまり地球が自動調整システムだとすれば、スチュワードシップとはガイアが本来行うべきこと、ガイアが人類登場以前の何百万年も前から行ってきたこと、ガイアが人間よりもずっとうまくできることを、ガイアに代わって行おうとする不遜な試みだ、ということになります。[11]

この種の批判に説得力があると見るために、ガイア仮説が正しいと考える必要はありません。人類には地球の受託者になるための知識も能力もない、つまり最善の結果を出すために管理する力はないという主張は、クレア・パーマーからも提起されます。彼女は他の批判論と手を携えて、環境倫理におけるスチュワードシップという考えを徹底的にこき下ろしています。

成功するスチュワードとなるためには（それが封建制度の下であれ、金融制度の下であれ）、何が管理されるべきなのかを理解する必要がある。しかし自然界はこの点において、管理されるべき土地やお金のようなものではない。自然界は複雑な生態系（エコシステム）と大気の状態から構成されているが、人間にはそれらを理解することも予測することもできない。

彼女は、私たち人間は何もできない、例えば気候変動について何もできないと言っているのではなく、私たちがコントロールできることは部分的なものにすぎず、「私たちは、自然界には私たちの知らない、おそらく決して知ることのできない多くの事柄がある、という観点から考えなければならない」と言っているのです[12]。

このようなスチュワードシップという概念への批判には強い説得力があります[13]。ある物事を達成したり支配したりする人間の能力を過大評価することはきわめて危険なことになりえます。過去数十年の地球の生態系の危機は、概して善意の科学的・技術的開発プロジェクトから生まれたものであることは否定できません。それらのプロジェクトが優れた利益をもたらすことは明白に思えたけれども、それらがもたらす悲惨な影響は予知できなかったのです。人類の幸福のために自然を征服し、資源を搾取しようという近代の科学・技術プロジェクト全体は、人類は地球の自然プロセスを完全にマスターできるという想定の下にありました。それは人間の知っていることを過大に見積もる一方で、知らないものには目を閉ざしていました。規模が小さければ、必ずしも悲惨なことにはなりません。人間は失敗から学ぶことができるし、自然は被害を修復するだけの余裕を持っています。しかし規模が大きくなればなるほど、危険性は高まっていきます。この教訓を教えるべき数々の事例があったにもかかわらず、あらゆることはコントロールできると考える楽観的進歩主義は未だに健在です。気候変動やそれに伴って起こる出来事に対して科学技術による修復は可能であると信じるテクノロジー・マニアの間で、この考えは生き続けています。バイオ・テクノロジー信奉者や人工知能（ＡＩ）信奉者たちも、テクノロジーが進化に取って代わった世界を夢見ています。

ラブロックは、気候変動に対する「技術的修復」という考えを、適切にも「啞然とするほどの不遜さ」と呼びます。[14] よしんばそれが可能だとしても、私たちは本当に気候変動のような現象を任されることを望んでいるのでしょうか。ラブロックは言います。

> 私たちが地球の構成に干渉して気候変動を修復しようとすればするほど、私たちは地球を生命にとってふさわしい場所にする責任を負うことになる。そしてついには、ガイアが三十億年以上にわたっておのずから成し遂げてきたことをするために、全人生をその苦役のために費やす羽目になるかもしれない。これは私たちにとって最悪の運命だろうし、私たちを本当に惨めな状況へと追いやることになるだろう。人類を悲惨な状況に落とし込むことになるだろう。そして私たちは永久に、誰に、どこかの国に（アメリカ？　中国？）、あるいはどこの国際機関に、気象や大気の組成を調整するのを任せられるのだろうかと頭を悩ますことになる。人類が地球の受託者になり得るほどに知的だ、という考えほど不遜な考えはないのである。[15]

他の人々はもっと大きな危険を指摘します。世界の気象のような手に負えない困難な問題さえ管理できる賢くて強力な技術を開発しようとすれば、行きつくところは、人工知能のテクノロジーが人間に取って代わるか、あるいは人間の性質を新たな種になったのかと思えるほどに造り変えしまうことなのかもしれない、と。これは技術主義の未来学者が思い描く、ポスト人間的な未来予想図です（実際、彼らの中の多くの人がバイオ・エンジニアリングや人工知能の研究に没頭しています）。このような未来予想図をスチュワードシップという概念と並べて持ち出すのは一見奇妙に思われるかもしれませんが、両者には現実にはつながりがあります。もしスチュワードシップに地球の営みをすべてコントロールすることが求められるのなら、そんなことができるのは（ＡＩのような）ポスト人間だけだからです。

したがって、被造物に対するスチュワードシップという現代キリスト教の考え方の大きな問題点の一つは次の点です。スチュワードシップとは人間が地球を全面的に支配することだとするならば、確かにそれは、意識しようがしまいが、実に不遜なことです。なぜなら、人間の知識や能力ではその任に堪えないという事実があるからです。スチュワードシップという概念は、（創世記1章26節と28節で）神によって人間に与えられた他の被造物への人間の支配という解釈によって一般的に表現されてきました。しかし、忘れてはならないのは、それは一つの解釈であって、聖書テクストが疑問の余地なく意味している以上のことを語っている、ということです。解釈の先入観を持たずに聖書を議論するため、そして聖書は間違いなく「支配（rule）」という概念を用いているので、私は創世記1章で神が人間に与えている権限を「人間の支配（human dominion）」と呼ぶことにします。では創世記1章に述べられている支配とは、地球上の人間以外の被造物を完全に支配するということでしょうか、あるいはそのような支配を達成するプロジェクトを命じているということなのでしょうか。

まず初めに言うべきことは、支配という言葉を「すべてをコントロールする」という意味に理解するのはきわめて現代的な物の見方だということです。近代化の初期の時代より前は、誰もそのようには理解しませんでした。例えば中世の西洋のキリスト教徒たちは、支配とは彼らの時代において一般的な仕方での他の被造物や環境の利用を指すものと考えていました。それらは農業、狩猟、建築、鉱業などです。完全な支配は、明らかに神のみに属するものでした。創世記の支配を「完全な支配」とする解釈は、きわめて現代的な渇望から生じたものであり、それは人間の能力や自由な活動を制限する考えを一切拒否し、自然の束縛をすべて投げ捨て、世界を人間の思い描く通りに造り変えて、人間を自然界に対する一種の神にしようという渇望です。創世記のテクストをハイジャックして、科学的知識とテクノロジーによる搾取というプロジェクトにお墨付きを与えたのは十七世紀のフランシス・ベーコンです。その搾取が行き過ぎた結果、エコロジー危機がもたらされてしまいました。近代的プロジェクトとしての支配は、これまで神のみに属するものと考えられていた支配を熱望するという意味で（技術中毒の進歩主義者たちは熱望していますが）、まさに不遜なものです。[16]

　聖書から引き出された世界についてのクリスチャンの思考によれば、人間のあらゆる行動は神の摂理というより大きな枠組みの中で起きるもので、神の摂理は私たちの悪の働きを制限する一方で、私たちの良い行動の効果を高めてくれる、と一般に考えられてきました。またこの思考によれば、神が創造された被造物には秩序だった構造が備わっており、人間は危険を冒してその秩序を破壊している、とされてきました。支配あるいはスチュワードシップが何を意味するにせよ、それはこうした制約の中にあるものでなければなりません。ジェームズ・ラブロックのガイア仮説が正しいとすれば、自動調整的な地球のシステムを、人間がその中で生きるべき創造の秩序の一部分として見ることに、私は何ら躊躇しません。[17]いいかい、もちろん、その自動調整システムは私たちより良い仕事をすることができます。神がそのようにデザインされたのですから。こうして科学と良い神学とが結びつけば、人間の支配に関して過去四百年間支配的だった不遜な上に危険なほどにまで誇張された概念よりも、もっと謙虚な、より抑制のきいた理解を生み出せるかもしれません。私たちは支配の概念を、身の丈に合ったものにする必要があります。本章で私たちは、聖書そのものが定めている支配の限界と、聖書そのものが与えている留保条件とを、注意深く考察していきます。創世記1章26節と28節を、あたかも人類と他の被造物との関連性を定義するための聖書の唯一の根拠であるかのように他と切り離して利用してきた時に、支配の解釈は間違った方向に行ってしまいました。私たちは創世記のそれらの箇所を、人類と他の被造物との関連性についての聖書のより豊かな証言という大きな文脈の中で捉えなおす必要があります。

スチュワードシップへの批判――（その２）
スチュワードシップは世界の中での神ご自身の活動を排除している

第二の批判は第一の批判との比較では、より神学的なものです。この批判の主張とは、人間によるスチュワードシップという概念は、被造物の中での神ご自身の継続的な関与を無視しているというものです。極端なスチュワードシップ論者になると、神は世界の統治を全面的に人間に委ねられたとさえ示唆します。これが、創世記１章において、神が創造の最後の六日目に人間を造って、それから七日目に休まれたことの事実上の意味だとされます。つまり、人間を創造したことで神はそれ以上何もすることがなくなったので、世界を人間の手に委ねて休むことができた、というのです。このような見方は、先のセクションで取り上げたケースよりも、さらに手厳しく不遜であるとの非難にさらされます。人間はこの世界との関連において神の役割を引き受けていると公然と述べているからです。

神はどう見ても死んでいると思われるような世俗的な文脈においては、このような結論に容易に達することができます。神が休んでいるのであれ死んでいるのであれ、神の不在においては、人間は神に代わる役割を果たさなければならず、被造物に対して神のごとき強大で包括的な支配を行わなければなりません。しかし、もちろんこれは聖書的な見方ではありません。神は人間と関わりのない方法でも関わりのある方法でも、絶えず被造世界において活動します。人間は神の立場で被造世界の世話役として働くのではなく、神ご自身が世話役として働いておられる文脈の中で被造世界のために働くべきなのです。

スチュワードシップへの批判――（その3）
スチュワードシップは具体的な内容に欠ける

別の種類の問題は、スチュワードシップという言葉が非常に柔軟な意味を持つ用語だということが明らかにされてきたことです。これまで考察してきた一般的な考え方以上の内容を探ろうとすると、地球のスチュワードシップにおいて私たちに求められているものは何か、ということについて実に幅広い異なる理解があることが分かります。例えば、それは何くれとなく手を入れるべき仕事なのでしょうか、あるいは自然に委ねるような仕事なのでしょうか。人類による地球へのスチュワードシップという考え方が十七世紀に、特に法律家マシュー・ヘールにより初めて使われた時、被造世界の利益のために、他の被造物へ人間が介入する必要性がきわめて重要視されました。[18]自然界は、もし秩序を維持する人間がいなければ、手の付けられないほど野生のままであり続けるだろう、と。[19]他方で、環境問題に熱心な現在の多くのキリスト者にとってのスチュワードシップとは、人間が及ぼすダメージから被造物を守ってあげよう、ということが主な関心事です。自然はそのままにしておこう、人間が介入するのは自然を守る時だけで、それを改良することではないのだと。[20]スチュワードシップとは保全することであり、変えることではないのだと。

ここでは、野生についての非常に異なった評価が影響を及ぼしています。十七世紀の人々にとって、野生とは荒涼として混乱したものであり、整理されて秩序立てられるべきものでした。近代においても、自然とは人間による改良の手が加わるまでは未完成なものなのだと、しばしば見なされてきました。[21]反面、環境問題に神経をとがらせている現代人にとっては、自然は人間さえいなければ完全に良い状態にあるはずだと思われているようです。介入とは搾取になりやすく、それを改善することにはならない、と。しかし、ここでも再び熱烈なバイオ・テクノロジー信奉者たちが登場します。彼らは創世記の支配の記述を、進化の過程をコントロールし、人間なしにはこれまで到達できなかった新たな段階へと、自然環境を技術的に引き上げるという任務を科学者に与えるものだと見なします。[22]このように、スチュワードシップという考えそのものは、人類およびその他の被造物にとって良いことを追求するようにと私たちを励ますことぐらいのことしかできず、人間が自然とどう関わるべきかという問いについてはほとんど指針を与えてはくれません。では、その良いこととは一体何でしょうか。

スチュワードシップという考えは、人間以外の他の被造物が何らかの意味で人間を必要としていると示唆します。ではなぜ、またどのような意味で人間が必要なのでしょうか？　今日の文脈では、他の被造物は人間がいない方がずっとうまくやっていけると安易に考えがちです。この世界をかくも混乱させてしまったのは私たち人間なのだ、と。私たちの留まるところを知らない干渉と、自然を改良できるという思い上がった想定とが、自然をこんなにもひどく破壊してきたのだ、と。クリストファー・サウスゲートは、人間がどのようにして自然を破壊する代わりに自然の癒やしに貢献できるのかについて、一つの展望を与えています。それは「絶滅種の減少」なのですが、そのためには「私たちが現在持っているものをはるかに上回る知恵や知識が必要だ」と認めています。[23]しかし、今日のエコロジー（生態系）危機という文脈において、このことにどんな意味があるのでしょうか。確かに私たち人間は、私たちがいなければ死滅してしまったであろう、いくつかの種の保存には成功しました（生命が地球上に誕生して以来、種が年々絶えず絶滅しているのは事実です）。しかし実際上、今日自然発生的に起こっている数少ない種の絶滅と、人間の活動によって絶滅した、あるいは絶滅の危機に瀕している多くの種とを見分けることはほぼ不可能です（地球温暖化はこれから膨大な数の種の絶滅をもたらすでしょうが）。実際には私たち人間こそ、種を保存しようという試みへの唯一の重要な障害となっています。

したがって、今日スチュワードシップを熱心に提唱する多くのクリスチャンが、スチュワードシップとは自然を人間による危害から守り、その被害を修復することであると考えるのは不思議なことではありません。スチュワードシップについてのこの見方は、私たち人間がこの世界にいるという理由だけで、それが必要なのだと示唆します。人間がいなければ、被造世界は完璧にうまくいっていたでしょう（事実、人類が登場する以前の数百万年はそうでした）[24]。しかし、神が私たち人間を地上に住まわせることを願った以上、今や自然は私たちから守られるために、私たちを必要としているのです。似たような例を挙げればこういうことです。あなたが自分の子どもに部屋を片づけるように命じます。その部屋は散らかっているので片づける必要があります[25]。けれどもそれは、子どもがそこにいて部屋を散らかしたからなのです。地球に対する人間のスチュワードシップとは、このようなものなのでしょうか？　この謙虚な説明は魅力的ですが、私は創世記1章の支配がこの程度のものだと信じるのに困難を覚えます。一方、スチュワードシップを良いものとしてもっと前向きに解釈するのは、今日の人間と被造世界との関係がきわめて破壊的であったことに賢明にも気がついている人にはひどく非現実的に響くでしょう。このような文脈において、人間を神の共同創造主、あるいは共同贖い主として捉えるのは[26]、人を激怒させるだけです。どんな抽象的な言い方をしようとも、自然を全面的に支配しようとする現代の技術開発プロジェクトという文脈において、この考え方は人間に世界を支配する神々の役割を与えようという不遜な現代的欲望に単に迎合しているだけです。他の被造物が人間に何を求めているにせよ、求められているのは神のふりをした暴君ではありません。私は長いこと、「他の被造物はなぜ私たち人間を『必要』としているのか」という問いが、創世記の語る支配の意味、そして人間と人間以外の被造物との関係についての最も困難な問いであると考えてきました。[27]

スチュワードシップへの批判――（その4）
スチュワードシップは人間を被造物の中にではなく、被造物の上に置いている

スチュワードシップに対する四番目の批判は、本書の目的の中核をなすものです。批判のポイントは、人間と他の被造物との関係が図のように縦の関係で示され、横の関係は描かれていない点にあります。この階層（ヒエラルキー）において、人間は他の被造物の上位に置かれます。

神――人間――他の被造物

スチュワードシップという概念は、人間も被造物であるという事実や、人間が他の被造物と共に地球という同じ家に住んでいるという事実について考えたり、強調したりするように促しません。スチュワードシップは人間を他の被造物の上に権威を持つものとし、同じ共同体の中で彼ら

と共にある存在とはみなさない、というのです。

スチュワードシップの限界のもう一つの側面は、このモデルが一方通行の関係を示していることです。人間は他の被造物を支配し世話をするのに対して、他の被造物は単なる受け身の立場で、人間の働きの恩恵を享受するだけの存在にすぎません。私たちもその一員である被造物共同体についてのもっと大きな観点によって、互恵的関係に目が開かれ、人間も他の被造物に依存し、それらから恩恵を受けていることを認識できます。

私見によれば、他の被造物に対する縦の関係だけにもっぱら焦点を当てることは、それを支配と呼ぼうと統治と呼ぼうと、あるいはスチュワードシップや祭司職と呼ぶとしても、自然の支配をもくろむ現代の技術開発プロジェクトを支える理論的推進力の一つでした。ルネッサンス以来の近代の西洋人は、自分たちも被造物であり、被造世界の中にその一部として組み込まれていること、他の被造物と相互依存関係にあることを忘れてきました。自分たちを自然から解放し、自然への依存から超越することを追い求め、自然との関係において機能的には人間に神の役割を与えてきたのです。[28] スチュワードシップは統治や搾取、さらには現代のプロジェクトが推し進める再創造（re-creation）などのテーマを避ける一方で、純粋に縦関係のモデルに則っています。これによってスチュワードシップが無効にされることは決してないものの、人間と他の被造物という非常に複雑な関係を表すモデルとして、スチュワードシップはきわめて一面的なものになりうるという限界を露呈しています。[29]

スチュワードシップへの批判――（その5）
スチュワードシップは聖書の一か所だけを強調しすぎるきらいがある

最後に、本書でこれから論じる内容に直接関係する批判を取り上げましょう。その批判とは、聖書にスチュワードシップの根拠を求める際に、聖書の特定の一か所だけを取り上げて「支配」または「統治」を語っているというものです。その箇所とは創世記1章26節と28節です。確かに、この二節が置かれている場所は、その特別な重要性を際立たせます。それは人間の創造と関連付けられています。旧約聖書を正典として読む際、1章26節と28節とを脇に置くことはできません。だが、それらだけを聖書の中から取り上げるべきでもありません。あまりにもしばしば、これらのテクストは聖書正典におけるその文脈から切り離されてきました。本書の主な狙いは、創世記における支配の概念を、より広い聖書の文脈の中に置くことにあります。この概念を他の聖書テクストによってどのように解釈するべきかについての方法を示し、同時に支配というテーマは被造物の中での人間の地位について聖書が語るいくつかのテーマの中の一つにすぎないことを示そうというのです。それは私たち人間と他の被造物との関係を考える上で、また今日の環境破壊と将来の環境への脅威に対応する上で、聖書全体が私たちに提供している豊かで様々なリソースのいくつかに目を開かせてくれるでしょう。
しかし、スチュワードシップに関するすべての議論が究極的に拠り所とすべき創世記1章を再検討することから始めるのは有益でしょう。私たちは、「地を従えよ」と「すべての生き物を支配せよ」という命令を、聖書の冒頭の七日間の創造の記述という文脈の中に置き、その中でこれらの命令は何を意味しているかを再考する必要があります。

創世記1章を理解する――（その1）六日間の創造

創世記1章1節から2章4節は、六日間を働く日とし、七日目を安息日とする聖書的概念を用いています。神が六日の間働かれ、七日目に休まれたという創造の記述そのものが、この一週間という聖書的概念を形作っています。この一文は入念で複雑な構造をしており、その意味の多くは構造そのものによって具体的に表明されています。次の図表は、六日間の創造物語の構造の、最も重要な要素を説明したものです。

環境と名前	住むものとその責務
【創造以前　地、水、闇：形がなく不毛】	

（第一日）光の闇からの分離

神は光を良しと見られた。
神は光を昼と名づけ、闇を夜と名づけられた。

（第二日）大空

水を分ける。
神は大空を天と名づけられた。

（第三日）水を集めることで乾いたところが生じた。

神は地と水を名づけられた。
神はそれを良しと見られた。
地は植物を生じさせた。
神はそれを良しと見られた。

（第四日）光る物

責務：光と闇を分け、昼と夜を支配する。
神はそれを良しと見られた。

（第五日）水は水中の生き物を生じさせた。

空の鳥
神はそれを良しと見られた。
責務：生めよ。増えよ。満ちよ。

（第六日）地は地の生き物を生じさせた。

神はそれを良しと見られた。
神の似姿である人間
責務：生めよ。増えよ。支配せよ。
第五日と六日の被造物への支配
第五日と六日のすべての被造物は植物によって生きる。
神はご自分が造ったすべてのものを見られた。
見よ、それは非常に良かった。

六日間というスキームの利用にもかかわらず、それぞれの日に割り当てられている題材は、時系列的というよりも空間的です。最初の三日間で、神は三つの生活環境を造り出しますが、それは創造の空間的秩序を構築するものです。それから第四、第五、第六日に、神は順々に各空間に住まうものを創造します。それぞれの生息環境は神によって名づけられ、そのうちの二つ（水と地）はその環境に生息するものの創造に関与します。食物は第三の環境に住まうものというより、その一部として扱われます。なぜなら植物は、そこに住まう生物のために地が提供するものの一部だからです。そこに住まうものはすべて命あるものですが、その中には天体も含まれます（それらが命のあるものと見なされるのは、少なくとも安定した自律的な動きをするからです）。神は環境に名前をつける一方で、そこに住まうもの各々に（地上に住む人間以外の生物を例外として）[30]それぞれ任務を与えました。その任務は、各々の環境、そして創造の秩序が将来にわたって維持されることと関連しています。海と空の生き物および人間には任務と共に神の祝福が与えられます。祝福によって各々の生き物は増え拡がることが可能になり、そうして彼らも神の創造のわざに参与するからです。

このスキームは主に空間的なものです。そこにはある程度の論理的順序もあります。三日目の働きは二日目の働きに続かなければならないし、各々の環境はそこに住まうものたちより前に創造されなければなりません。しかし、ここに見当たらないのは、頂点に向かって進んでいくという感覚です。最後に創造された人間は被造物の中でユニークな役割を持っているけれども、人間が生物の上昇階段の頂点に位置する生き物だから最後に創造された、というわけではありません。生物の秩序において、人と同じく六日目に創造された地の上を這うもの（爬虫類や昆虫）は、五日目に創造された鳥たちより高度なものだとは言えません。したがって、この創造の枠組みには、進化の中で複雑性が増し加わり、知性が増し加わるプロセスの頂点に人間がいるという進化論的考え方との共通点は全くないのです。

このスキームが時間的というより、主に空間的なものであるならば、ではなぜそれは七日間という枠組みの中に置かれているのか、と疑問を持たれるかもしれません。時間的枠組みの一つの役割は、神が空間的な創造の秩序を造り上げながら、被造世界の時間的構造を造り上げていることを伝えようとしているのではないのか、と（時間的構造の永続化は、天の光に委ねられています）。だが、七という数字が完全数であるという事実も（一週間が七日であるという事実とも関連して）重要です。七日間という流れと同時に、ここでの記述のミクロ構造の中には「七」が数多く見出されます。その中でも最も重要なのは、バラー（創造する）という言葉が七度登場することです。[31] 神が六日間で創造のわざをすべてなし終えたことは七日目の記事で強調されます。それは、神が創造したすべてのものを評価して休まれたことを示唆します。（人間の創造よりもむしろ）七日目こそが創造のわざの真の頂点なのですが、そこには一連の上昇サイクルを終わらせるというような意味合いはありません。むしろ七日目は他の六日間とは根本的に異なっていて、各々の日と直接関係しながらも、そこから六日間のすべてを展望できます。そこでは六日間は一連の流れというより、全体として見られています。

神の創造のすべての部分を神が称賛し評価していることは、創造の各段階で繰り返されている言葉、「神はそれを良しと見られた」から伝わってきます。それは創造の各部分はそれぞれに固有の価値があり、その価値は他の部分に依存しないことを示しています。例えば、環境はそこに住まうものにとっての環境だからという理由だけで価値があるわけではないのです。植物は地に住む生物の食料として大切であることが強調されていますが、それだけが植物の価値なのだと私たちが考える必要はありません。神はそのものとして木や草花を評価します。にもかかわらず、被造物は総体として互いに関連し合い、依存し合うように考案されていて、そのために六日目の創造のわざの終わりに際しての言葉は、他とは異なります。「神はご自分が造ったすべてのものを見られた。見よ、それは非常に良かった」（1章31節[32]）。全体の価値は各部分を合計した価値よりも大きいのです。

独特の仕方で、創世記1章の創造の記述は「エコロジー的」です。それは生物の豊富さと多様性を強調し、被造物は生物も無生物も互いに依存し合って全体を構成していることを描きます。人間もその相互依存関係の中に組み込まれています。人間が被造物全体の設計において不可欠な存在であるように、他の被造物も欠かすことができません。キリスト教の多くの伝統の中には、他の被造物は人間のために創造されたという見方がありますが、聖書にはそれを支持する言葉はありません。被造物は全体として相互依存関係にあるという文脈の中で、間違いなく人間に与えられている特別な役割について理解するべきです。

創世記1章を理解する――(その2)被造物の中での人間の位置

人間は神が「支配する」という特別の仕事を与えた二種類の被造物の一つです。太陽と月は昼と夜を「治め(マシャル)」(創世記1章16～18節)、人間は海と空と陸に住む生き物を「支配する(ラダー)」(同1章26および28節)。人間は「神のイメージ(the image of God)」に創造されました。この表現にはもっと正確な意味があるのだとしても、これによって人間が他の生き物を支配することが可能になる、あるいはふさわしいということになります。しかし、神の二つの声明の中で人間の支配がどのように紹介され、また説明されているかをよくよく注意して見ていく必要があります。

神は仰せられた。「さあ、人をわれわれのかたちとして、われわれの似姿に造ろう。**こうして彼らが、海の魚、空の鳥、家畜、地のすべてのもの、**[33]**地の上を這うすべてのものを支配**

する（ラダー）ようにしよう。」（1章26節）

「生めよ。増えよ。地に満ちよ。地を従えよ（カバッシュ）。**海の魚、空の鳥、地の上を這うすべての生き物を支配せよ**（ラダー）。」（1章28節）

支配についての記述は太字にしました。解釈者たちの多くの混乱にもかかわらず[34]、二つ目の引用の「生めよ。増えよ。地に満ちよ」という言葉は、支配を命じるものではありません。それらはむしろ、神が水の生き物と空の鳥に対して言われた言葉と対応しています。

「生めよ。増えよ。海の水に満ちよ。鳥は地の上に増えよ」（1章22節）

唯一の違いは、人間には「地を従えよ（カバッシュ）」と言われていることです。旧約聖書でほとんどの場合がそうであるように、この動詞が人間を目的語として用いられる場合は、「力ずくで奪う」や「服従させる」というような意味合いでしょう（例として、サムエル記第二8章11節、エステル記7章8節、エレミヤ書34章11節）。しかし土地（エレツ）が目的語の場合は、「占拠する」、「所有する」という意味で使われていると思われます（民数記32章22節と29節、ヨシュア記

18章1節、歴代誌第一 22章18節）。これらの場合では、それまで土地を占拠していた敵を打ち負かすことを含むけれど、土地そのものは所有されるだけです。土地は力ずくで征服されるような敵ではありません。

創世記1章28節では、「従わせる」べき「地」は、人が「満ちる」べき「地」と同じで（つまり世界の全地）、二つの行動は密接に関連しています。ここで言われている「地を従えよ」とは農業を指していると思われます、なぜなら人が土地に満ちる唯一の方法は、土地を耕して、野生の状態よりも多くの食物を生み出させることだからです。先に記したように、「カバッシュ」という動詞には力の行使という要素は内包されてはいないかもしれないし、もしそうだとしても、それは農夫が収穫を得るために地を働かさなければならないという事実を指します。[35]

農業は、魚や鳥と、人間との間に違いをもたらします。農業がなければ、土地は人が地に満ちるために必要な食物を十分に生み出すことができません。人に対する神の命令は、ただ増えるだけでなく地に満ちるまで増えることですから、人は土地を「従わせる」、つまり耕さなければなりません。他の地上の動物は、農耕することなく地の産物を生み出してくれる生息地にとどめられるので、地を満たせません（「地を従えよ」は、農業だけでなく、金属を掘り出したり、石を切り出したりすることも指している可能性があります＝申命記8章7～10節参照）。

もちろん、「地に満ちよ」という命令を極端に文字通りに受け取るべきではありません。聖書の記者たちは、地上には人間が住めない荒れ地もあることを知っていました。しかしもっと重要なのは、創造の記述は大地を地上のすべての動物にも割り当てている点です。したがって、神は人間が他の動物を犠牲にしてまで「地に満ちる」ようにとは意図していません。奇妙なことに、地のすべての獣に「すべての緑の草」を食物として与えるということについては（創世記1章30節）、神が動物に対して直接そう言われたのではなく、人間に対して種のあるすべての草木を与えると言われた後に、いわば追加情報として語られました（1章29節）。ここでのポイントは、人間は他の動物の生きていく手段を奪ってしまうほどまでに、自分たちが地に満ちるための食物を育てるようなことがあってはならない、ということです。人間と他の生き物は土地を分かち合うべきであり、人間は自らの土地利用によって、この分かち合いが否定されることがないように気を配る責任があります。

地に満ちて地を従わせよという委託について、私たちはスチュワードシップという言葉を適切に用いることができるでしょう。なぜならそれは、究極的には神に属する大地を責任をもって利用する権利だからです。しかし（多くの聖書釈義に反して）創世記では、この委託は他の生物に対する支配とは区別されるべきものです。この二つには暗黙のつながりがあります。農業という人間固有の活動は、人が増え拡がって地に満ちることを可能にし、その結果人間は地球上における支配的な種となります（旧約聖書の時代でもそうだったと言えるでしょう）。しかし、神から与えられた支配は、この力という現実以上のものを前提としています。人が神のイメージを担っているという前提も、被造物への神ご自身の支配を反映するような形で人がその優越的な力を被造物に対して行使する権威を与えています。人は大地を従える一方、他の被造物を支配します（ラダー）。[36]

人々と同じく他では土地に対しても使われることがある「カバッシュ」とは異なり、「ラダー」は創世記1章以外でもほとんどすべての場合に個々の人間、あるいは人間の集団を対象として用いられます。[37] この言葉が支配とか優越性に関連しているところから、暴力や力にしばしば関連付けられるのは驚くにはあたりません。けれども、この言葉には暴力や力という意味が必ず備わっているのではありません。エゼキエル書34章4節では、羊の群れの牧者（民の指導者を表象している）が羊の世話をせず、「力ずくで、過酷な仕方で」羊の群れを支配した（ラダー）と非難されます。その意味はおそらく、民の真の牧者である神がそうするように、彼らは配慮と憐れみをもって支配（ラダー）すべきであった、ということでしょう。

他の生き物に対する支配には、それらをどのようにも利用する権利が含まれているのかどうかは明らかではありません。創世記1章の文脈では、それらを食料として殺してよいのかどうかは問われていません。人間も動物もベジタリアンなのです。動物を運搬用、羊毛、ミルクのために利用できるのは家畜の場合に限られているので、あらゆる生き物（海、空、陸の生き物）を支配するという場合には、こうした利用はそれほど重要な意味を持ちません。支配という意味から、動物の利用は除外した方が良いように思われます。神の支配のように、人間の支配とは世話をすることであって利用することではないのです。

したがって、神のイメージであるとは地を従えることではなく、他の生き物を支配することに関わっているというのは重要で、明らかでもあります。人間が「生めよ。増えよ。地に満ちよ。地を従えよ」という命令に従う時、彼らは独特な仕方で神に倣っているのではなく、他の種と同じように行動しているのです。すべての種は環境を利用するし、農業は人間に固有のものだとしても、それはすべての動物に与えられている、生存し繁栄するという権利を人間独自の方法で拡張したものだと見ることができます。もし人間の他の生き物に対する支配が単なる力の問題だとしたら、それも他の生物が持っている力より大きいと言っているにすぎないのです。人間が神のイメージであるということは、被造物に対する思いやりのある神の支配に人間が参与する、ということに関わっています。

人間には他の種と同じことをするように命じられている一方で、他の種を支配するようにという独自の命令が与えられているという事実は、支配の意味を理解する上で重要です。神のイメージに創造されたからといって、人間は半神になったわけではありません。人間は紛れもない被造物です。人間は地上動物であり、他の地上動物と同様に地の産物によって生きるのです。創世記

1章に描かれているように、人間は他の被造物との秩序ある相互依存関係の中で生きています。神が人間に委託した支配は同じ被造物仲間に対するもので、それが神の支配を反映する仕方は必然的に被造物的なのです。人間の支配は神が定めた創造の秩序の中で行使されるべきもので、その秩序に資するものでなければなりません。

人の支配は生物に対するもので、無生物に対してではありません。この事実が、他の場合には人間だけを目的語として用いられる「ラダー」という動詞が用いられていることを適切なものにします。昼と夜だけを治める太陽と月とは異なり、人間は知覚を持つ他の生き物を支配します。それらは人間と同じように、自分自身の命をある程度自らの手の中に握っています。創世記は生物と無生物とをはっきりと区別します。創世記9章では、神はノアとその子孫、および「あなたがたとともにいるすべての生き物との間に。鳥、家畜、それに、あなたがたとともにいるすべての地の獣、箱舟から出て来たすべてのものから、地のすべての生き物に至るまで」と契約を立てました（9章9〜10節）。木や山と違って、命ある被造物は契約の相手方となるのにふさわしいのです（ホセア書2章18節も参照）。（現代用語である「環境（environment）」は、風景も植物相も動物相もすべてを包括する言葉ですが、これは創世記の視点とはまるでそぐわないものです。）

私たちは創世記1章26節と28節を、創世記1章1節から2章4節に至る創造の記述の文脈の中で解説してきました。この章の残りの部分では、それらをトーラー（モーセ五書）の他の部分の文脈という側面から考察し、創世記１章で初めに提示された創造における人間の役割についてのさらなる解説を提供してくれる箇所を取り上げます。その際に、創世記の前半の章やトーラー全体の中に学者たちが見出す様々な資料については関心を払いません。私たちの主題に関する他の学術研究においては、二つの創造物語（創世記１章１節～23節と、２章４節～25節）の神学を区別したり、トーラーの残りの部分に見出されるいくつかの資料ごとの神学を区別したりしようというアプローチが取られています。[38] そのような資料が存在するのは間違いないけれども、モーセ五書の編集者たちはこれらの資料を単に切り貼りしただけでなく、それらの資料を思慮深く統合し、統一感があると見なせるものにまとめ上げました。ユダヤ人やキリスト者の読者のための聖書を構成するのはこのようなテクストの最終形です。したがって、解釈者たちが何よりも責任を持つべきものは、この最終的な形をとった聖書です。このことは、創造の第二の記述である創世記２章の解釈において特に重要です。もちろんそれは独特の物語で、その関心と強調点は第一の記述とは大いに異なっています。その点にこそ、価値があります。しかし、創世記の編集者たちは二つの記述が矛盾するとは明らかに思っていませんでした。したがって第二の記述を、第一の記述から私たちが学んだことを補完するものとして読むのは、道理にかなっています。

創世記2章を理解する――（その1）他の被造物との人の連帯

七日間の創造物語は人間を創造の秩序の中に位置づけることによって人間が被造物であることを確認しますが、エデンの園の物語はアダムと大地、そしてアダムと地上の他の被造物との絆を強調することで、この点をさらに強く主張しているのでしょう。神は「その大地（アダマー）のちりで人（アダム）を形造り、その鼻にいのちの息を吹き込まれた」（2章7節[39]）とありますが、この語呂合わせは両者の関係性に着目させる点でふさわしいものです。（ローレン・ウィルキンソンはヘブル語のこの語呂合わせのニュアンスを伝えようと、英語で「神は人間（human）を土（humus）から造った」と訳します。[40] 一方キャロル・ニューソムは、「私たちは地球と共通点（common ground）を持っている。なぜならどちらも土（*common ground*）だからだ」と表現します。[41]）この人間の大地性は、人間と地球、人間と地球上の他の被造物、植物と動物とは密接な関係にあることを意味します。[42] 人間の命が他のあらゆる被造物とともに物理的な世界の中に組み込まれていることは、生命の自然システムに人間が依存していることを示唆します。

この人間の大地性が軽視されているという理由で、ジョン・ホートはスチュワードシップを次のように批判します。「支配の神学あるいはスチュワードシップは、地球が人間に属すること、人間が地球に属しているいること、地球が人間に依存する以上に人間が地球に依存していること、人間は地球のもの（of the Earth）であって地球の上に（on the earth）生きているのではないことを強調するのに失敗している。[43]」

動物たちは大地から創造され、それらすべてはアダムのようにそれぞれ神によって形造られました（2章19節）。神は土くれだったアダムにいのちの息を吹き込んで生きるものとしましたが（2章7節）、その同じ息を吹き込まれることで、すべての生物は生きるようになったのです（7章22節）。動物の創造の記述には、このことは特別には言及されていないけれども（2章19節）、それが前提とされているのは間違いありません。さもなければ動物は生きるものとはならないからです。創造の記事の要約は、神ご自身がアダムと動物たちとを土から形造られたように、神ご自身がアダムと動物たちにいのちの息を吹き込まれたことを前提にしているのでしょう。（それ以外に、どこからいのちの息が来ることができるでしょうか?・）2章7節でアダムについて使われている「生きるもの（ネフェシュ・ハイヤー）」という表現は、他の箇所では常に動物を指して使われます。この記述によれば、創造の構成要素において人間を他の動物と区別するものは何もありません。

創世記2章を理解する――（その2）大地を世話する

さらには、アダムの生涯は大地と固く結びつけられ続けています。アダムについて聞く前に、私たちは大地が彼を必要としているということを聞きます。「大地（アダマー）を耕す（アバド）

人もまだいなかった」(2章5節)。アダムが創造されるとすぐに、神は彼をエデンの園に置き、園を耕させ(アバド)、守らせました(シャマル)(2章15節)。2章にはメソポタミア地方と関連付けられる四つの川の説明がありますが(10〜14節)[44]、その川はどれも土地を肥沃にするには十分ではありませんでした。たぶんアダムの仕事は神が植えた木々を維持していくために、土地を灌漑することだっただろうと推測されます。[45]後になってアダムはエデンの園の外で同じ仕事をすることになりました。「神である主は、人をエデンの園から追い出し、人が自分が取り出された大地を耕すようにされた」(3章23節)[46]。土から取られた人間は土の産物を食べて生きるために、その土を耕さなければなりません。[47]ノアは大洪水の後に再出発した、いわば新しいアダムなのですが、彼もまた「大地(アダマー)の人」となったのです(9章20節、訳注=新改訳2017脚注)。

大地を耕すというアダムの仕事は、創世記1章28節の「地を従えよ」という命令で意図されていることとおそらく同じでしょう。だが、ここには人間と大地とのより密接な関連があります。それは互恵的な関係であると思われます。土地はアダムの働きを必要とし、アダムは土地の産物を必要とします。また、「守る」という言葉には、アダムが大地の世話をするという意味が含まれます。アダムは土地が消耗するのを避けます。(最近のいくつかの研究では「耕す(アバド)」を「仕える」と訳しており、単独の意味として「仕える」とする場合と、付随的な意味としている場合があります。[48]しかし、聖書では人間を対象にする時には「仕える」を意味しますが、対象が無生物の時にはこの動詞は一貫して「働く」あるいは「耕す」という意味です。例えば、創世記3章23節、4章12節、申命記28章39節、イザヤ書19章9節。参考として、箴言12章11節、28章19節、ゼカリヤ書13章5節。創世記2章でも明らかにこの意味です。）

アダムは土地の産物によって生活する権利を持ちますが、土地を世話する義務をも負っています。スチュワードシップは権利と共に義務を伴うという一面が、ここでは創世記第1章28節よりもさらにはっきりと浮かび上がってきます。

創世記2章を理解する――（その3）人間と他の動物

創世記2章19節と20節では、神は新たに創造した動物を人のところに連れて来て名前を付けさせますが、これを創世記1章26節と28節で人間に与えられた他の生物への人間の支配を指し示すもう一つの記述として考えたくなります。しかし、この記事はしばしばそのように読まれてきたものの、アダムによる動物の命名を彼らに対する権威の主張だと見なす十分な根拠はありません[49]。むしろ、アダムは動物たちを、この世界を分かち合う被造物仲間だと見なします。アダムは同じ人間の、「肉の肉」であるエバと持つような非常に特別な関係を他の被造物とは持つことができないのを知りました。しかし、エデンにおいて彼らは人間の仲間でした[50]。

大洪水とノア契約

キリスト教の伝統では、人間が無垢の状態から罪とその結果へと「堕落」するのを物語る上で創世記3章に着目してきましたが、創世記の物語そのものは罪に徐々に落ち込んでいく様を描いているように思われます。それは創世記3章とエデンからの追放に始まり、カインとその子孫のストーリー（4章）を経て、大洪水前の堕落の時代（6章1～7節、および11～13節）においてどん底に達しました。創世記3章では、神のようになれるという誘惑が堕落の原因だとしていますが、それに続く物語では原罪は暴力という形で描かれています（4章8、23、24節、および6章11～13節）。事実、暴力には動物の暴力も含まれているようです。動物は人間の暴力の犠牲者であるだけではなく、人間や他の動物に対する暴力の加害者でもあるのです。「すべての肉なるものが、地上で自分の道を乱していたからである」（6章12節）という一文を理解する上で、これが最善の方法であるように思われます。なぜなら、この後に出てくる「すべての肉なるもの」（6章13、17節、および9章11、16、17節）は疑いなくあらゆる生物を指しているからです。[51] この記述は、創世記1章が人間も動物も元来はベジタリアンとして描いていることを背景に読むべきです。神は人間と動物に食べ物として植物だけを与えました（1章29、30節）。大洪水の後に認識されるようになった変化を考慮すれば（9章2～3節、5～6節）、大洪水をもたらすことになった暴力には、食べるために生き物を殺すことが含まれていたと理解すべきでしょう。

エデンの園における被造物同士の調和のとれた関係は壊れてしまいました。人間は責任をもって他の生物を世話する役割を果たすことに失敗し、食べるために動物を殺し始めました。そして動物は人間を攻撃し、他の動物を捕食するようになります。これは地に人間が満ちたことの結果だと見なされているのは明らかです（6章1節の「さて、人が大地の面(おもて)に増え始め……」を参照）。皮肉なことに、「地は神の前に堕落し、地は暴虐で満ちていた」（6章11節）という記述には、人間に対する神の命令「地に満ちよ。地を従えよ」（1章28節）と同じ響きがあります。人間による大地の占有は大地を暴力で充満させることになりました。地球上の資源の適度で限定的な利用の代わりに、人間は地上を過剰に搾取し、その結果人間は互いに暴力による競争に励むことになったのです。人間は野生動物から彼らの食べ物を奪い、人間も動物も肉食に手を出すようになりました。

大洪水は一種の脱創造（de-creation）であり、完全ではないにせよ混沌への逆戻りです。[52] 暴力による地球の冒瀆があまりにもひどいものだったため、神はもう一度初めからやり直すことにしたのです。しかし、そこに一人の男がいました。ノアです。彼だけが（おそらくその家族も）、曾祖父のエノクのように「神とともに歩んだ」、あたかも今でもエデンの園にいるかのように（創世記6章8～9節。5章24節を参照）。ノアのおかげで、神は最初の創造を取り替える必要はなく、最初の創造と継続性のある形で新たに始めることができました。ノアとその家族は清められた大地でなんとか生きていくことができ、彼らと共に他の生き物の生存も確保され、再び地上に増えていくのです（8章17節）。ここでほとんど注目されてこなかったのが、この物語における人間の他の生物に対する支配のあり方です。ノアは、創造において神から人間に託された他の生物への責任あるケアを体現しています。このことは、大洪水をもたらした暴力的状況は、ノアの世代の他の人々による支配の乱用の結果であることを考えると、さらに印象深いことです。暴力が、ノア以外の人間と他の生き物との関係を支配していたのに対して、ノアは種を保存することによって（そう表現してもよいでしょう）、人間と動物との平和で思いやりのある関係のモデルになりました。それが神の創造の理想の姿でした。[53]

大洪水の物語にはどことなくがっかりさせるところがあります。私たちは創世記1、2章のようにもう一度創造が始まることを期待しているのに、9章1節から7節では人間に対する最初の命令が変更されているのを見出します。暴力は蔓延していて、根絶されるのではなく、制限されるだけのように見えます。人間は動物と平和に暮らすことはないでしょうが、動物に恐怖心を注ぎ込むことで、動物たちからの攻撃からは解放されるでしょう。[54] 人間は肉を食べることは許されますが、生き物の血を飲んではならないという条件が付きます。血液を飲むことが禁じられるのは、生命はすべて神が与えたもので創造主に属するものだという認識によるものです。[55] 人間は生き物の生命を好きなように奪ってはならないのです。食べるために殺すことは神が人間に与えた譲歩であり、それが人間の生来の権利ではないことを認識することによってのみ、容認されます。この新たな譲歩は、神の本来の理想であるベジタリアンの状態（したがって完全に非暴力的）にはほど遠いけれど、それを大洪水の前にはびこっていた限度のない暴力への一種の対応策として見るならば、その機能とは暴力の助長ではなく抑制にあります。[56]

聖書全体の流れから振り返ってみれば、創世記９章の神による人間の役割の変更は一種の暫定的な措置で、より劇的な変更がなされる時まで、暴力を抑制しようというものです。神は二度と大洪水を起こすことはありません（創世記８章21節、同９章11～15節）。なぜなら神は被造物を悪から救出するためのもっと良い方法を考えているからです。それは大洪水と違って、神の被造物への当初の理想を本当に実現するものとなるでしょう。差し当たって神が結ばれた契約は、人間とだけでなく、すべての生物と結ばれました（創世記９章９～10節、同16～17節）。なぜならこの被造物共同体の中でのみ、人間が生きることを神は思い描いておられるからです。神は今でもすべての被造物を見守り続けており、最終的にはそれらすべての救済を視野に入れています。

ロバート・マーレイが創世記９章について次のように語っているのは正しいのです。

［創世記９章では］地球上における被造物の間の相互関係は今やそのままの姿で描かれており、創世記１章や２章での理想化された関係や、他のいかなる形での宇宙的な平和でもな

い。実際、聖書には人間と動物の関係を考える上で二つのモデルがある。一つは理想郷的なモデル、もう一つはこの世的で現実的なモデルだ。[57]

創世記2章だけでなく1章もエコトピアを描いていますが、[58] 創世記9章を考慮に入れずに私たちの住む世界を創世記1章に関連付けるのは深刻な誤りです。エデンの園は（差し当たって）失われた楽園であるという理解は広く認識されているものの、創世記1章が世界を現実のありのままの姿ではなく、あるべき理想像として描いていることは一般にはそれほど認められていません。神がそれを見て「非常に良かった」と言われた調和のとれた世界の全貌は、未だにその実現を待ち望んでいるのです。抑制のない暴力がはびこっていた大洪水前の世界よりも、洪水後の世界の方がずっとましではあるものの、その世界においてでも暴力はある程度は容認されなければなりませんでした。その容認の度合いは、非常に限定的なものでした。だが、今日の私たちの肉の生産と消費は、創世記9章3節と4節で注意深く条件付けられた譲歩に、本当に則っているのでしょうか？

他方で、創造当初の理想的な姿には意味がない訳ではありません。その理由の一部として、聖書の物語全体から見ることで、神が被造世界への理想を決してあきらめていないことを私たちは知っています。本書の4章と5章で、聖書が未来に展望しているエコトピアについて論じますが、そこでは創世記1章と2章の約束が実現され、さらにはそれを上回りさえするでしょう。特に、イエス・キリストにおいてすでに私たちのものとなった救いを念頭に入れて考える時、私たちは創世記9章の現実主義を単に選ぶのではなく、むしろ1～2章の理想主義こそ選ぶべきです。今ここでは、どちらも意味があるのです。

イスラエルの土地法におけるスチュワードシップと支配

モーセの律法において、トーラー全体が創世記9章の現実主義だけを是認しているのではなく、むしろ1章の理想主義を支持していることが分かります。律法には両方の要素が反映されています。イスラエルが聖なる地において、農業によって生きることは、創世記1章において人が地に満ち、地を従えることをモデルにしています。きわめてはっきりと、イスラエルは神に属する土地の借地人でありスチュワードであり、その土地の産物を食べて生きる権利があるのと同時に、土地を世話する責任もあるのです。[59]

これは大きなテーマであり、私たちはいくつかの興味深い実例を見ることで満足しなければならないでしょう。律法は彼らに土地の利用や拡張を許す一方、厳しい制約も課しています。特に安息日の制度については毎週一日の安息日、七年ごとの安息年、さらに五十年ごとのヨベルの年（安息年の七倍）が定められています。これらの規則は単に良い農業を行うための慣行ではなく[60]、土地における人間生活の経済成長を維持しながらも、人生のすべてを経済活動に没入させないためのものです。律法はまた、土地は神のものであり、神から人々に委託されたものであることをイスラエルの民に思い起こさせる機会を与えます。土地は商品としてではなく贈り物であり、貪欲な人々にだけでなく共同体全体に与えられた贈り物なのです。

イスラエルの土地法では、土地を従えるという人間の権利も、他の生物に対する人間の支配も、積極的であるのと同時に制限的に行使されます。特に注目すべきなのは野生動物に対する配慮です。安息年には畑もぶどう園も果樹園も休ませて休閑地にしなければなりません。「民の貧しい人々が食べ、その残りを野の生き物が食べるようにしなければならない」（出エジプト記23章11節、類似の規定としてレビ記25章7節）。こうして耕作地の中でさえ、野生動物が生きられるようにしています。これは創世記1章29、30節に示唆されている原則の適用です。人間も他の地上動物も地の産物を食する権利があり、人間は食物の生産と消費において、他の種と地球を共有していることや、人間にはその資源を独占する権利はないことを認識するべきなのです。

イスラエルの民が耕作している土地においてさえ野生動物の生存のための備えが提供されていることは、野生を尊重することのシンボルの一種として見ることができるでしょうし、古代のイスラエル人にも後の時代の聖書の読者にも、支配には野生をそのままの状態に留めておくという意味があることを思い起こさせてくれます。野生にも、人間によって耕作されたものと同様に尊重され維持されるべき価値があります。

さてここで、創造物の中での人間の地位について、創世記1章と他のモーセ五書におけるその解釈から学んできたことを、今日の神の民にとってどんな現代的意義があるかという問いと統合して考える時が来たようです。

統合――（その１）人間と他の被造物との連帯

創世記の冒頭の物語は、人間を他の被造物から区別し、彼らに被造物の中で独自の地位を与える一方、人間を被造物のただ中に明確に位置づけています。人間は創造する力を持った半神ではないし、神のように被造物の上にいるのではなく、他の被造物のただ中にいるのです。他の被造物のように、自らもその一部である物質世界に依存しつつ、他の被造物との緊密な互恵関係の中にいる存在です。創世記1章26節と28節で人間に与えられた独自の任務と役割は、人間と他の被造物との根本的な連帯がその文脈の中で十分認識されないかぎり、誤解され濫用されるのは必至です。

統合――（その２）地球上の資源の責任ある利用

すべての生物は、生存し繁殖するために、生物と無生物とを問わず他の被造物を利用する必要があります。人類が他の被造物と異なっているのは、他の被造物の利用の多様性と独創性における程度の差だけです。すべての被造物は創造主なる神にのみ属しているので、被造物は他の被造物を神の許しにおいてのみ利用することができます。創世記1章の創造物語において、神が地のすべての獣にすべての緑の草を食物として与えると宣言する時（1章30節）、このことが明示されています。神が人間に与えた、地を従えよという仕事はそれに相当するものです。しかし、人間にとって、この仕事はスチュワードシップとして理解されます。それは、神ご自身のものであり続けますが、人間の生存と喜びのために彼らに託された地球を、責任を持って世話をするという意味においてです。アダムはエデンの園で地を耕しましたが、それには地を保存することが含まれていたし、イスラエルの土地の利用には制限が付されていたので、それを消耗しつくすことはなかったのです。

現代の、環境問題に敏感な創世記の注解者たちは、人間が被造物の資源を利用する権利のことを見過ごす傾向があります。しかしそれは深刻な誤りです。人間による地球とその被造物の利用は、全被造物の根本的な相互依存の一部です。それは人間が生きていくために必要なもので、人間活動の多くの部分を占めています。今日の注解者たちは、地球とその被造物の抑制のない搾取を正当化することを、正しくも警戒します。そのような搾取は二十世紀にかくも悲惨な結果をもたらしましたが、過去においては創世記1章のようなテクストを使ってこうした搾取を正当化してきました。しかし、このテーマをこのテクストから全く削除してしまうよりも、聖書が人間による他の被造物の利用をどのように制限しているかを強調した方が良いのです。人類に対する神の本来の目的とは、人間の生命と繁栄のために他の被造物を限定的に利用する権利を与えることです。スティーブン・クラークはこう言っています。「私たちは自然を良い状態に保ち、そのすべてを取ってしまわないという明確な条件の下で、自然の一部を控えめに利用することが許されているのである。[61]」

私は創世記1章26節と28節について、地を従わせることと他の生き物に対する支配とを区別しました。後者は、利用よりもむしろ世話をする責任に関するものだと思われます。では、人間は他の生物を何らかの形で利用する権利を神から与えられていないのでしょうか。肉を食べることに関しては、最初の命令と大洪水の後のその改定（9章3節）との間には明らかな変化がありますが、先に見てきたように食物のために他の動物を殺す権利は一つの譲歩であり、それには制約が課されています。しかし、旧約聖書の時代において、動物は食用の場合でなくても人間に役立つものでした。ろば、らくだ、馬は運搬を担い、雄牛は耕作や粉ひきを行い、羊の毛は羊毛に使われ、犬は番犬となり、貝殻は装飾に用いられ、自然死した動物の皮、角、羽は衣料や道具として利用されました。創世記は大洪水以前にも、そのような利用の少なくともいくつかを描いています（4章2～4節、20、21節、3章21節）。そして注目すべきことに、創世記1章24、25節によれば家畜動物はすでに創造の最初の時から野生動物と区別されていました。人間社会における家畜動物の役割は、まるで神の最初からの意図であるかのようです。[62] 人間が自らの生命と繁栄のために他の生物を用いる権利を、地を従えるという任務の一部として見るか（創世記1章28節で展望されている農業には、雄牛のような家畜動物の役割も含まれているのでしょうか？）、あるいは他の生物への支配の一側面として見るのかは、それほど重要ではないでしょう。いくつかの点で、この二つの範疇は重なり合っています。忘れてはならないのは、創世記は生物と無生物をしばしば区別していることで、この区分は人間が他の生物を利用する方法において確かに認められるものです。他の生物を用いているのが人間だけではないことも忘れてはなりません。他の多くの生物もそうしています。人間特有の任務とは、他の被造物を責任をもって世話するという、より大きな役割の中でそうするということなのです。

統合――（その3）神のイメージにおいて

創世記1章では、神が人間をご自身のイメージに創造し、人間に他の生物を支配させることで、人間を他の生物から区別します。神のイメージに創造されるとは一体何を意味するのか、釈義家や神学者は長い間盛んに議論してきました。[63] この創世記のテクストから人間と他の動物との間に明確な線を引こうとする試みがしばしば熱心になされましたが、科学的な研究が進めば進むほど、そこに絶対的な相違点を見出すことは難しくなっています。[64] 創世記のテクストによれば、人間が神のイメージであることは、人間が他の被造物を支配することと密接に関連付けられていて、それは神のイメージの意味するところを理解する上での最善の手がかりです。神のイメージであることは、それがどんな意味であれ、他の被造物とは違った力を人間に与えます。だが神のイメージは、それがどんな意味であれ、人間についてであり、それは私たちがこの力を責任と思いやりのある態度で用いることを可能にします。私たちは、人間が道徳的な価値を知っている唯一の被造物であるとか、[65] 神を意識できる唯一の被造物である、[66] と言う必要はありません。ポイントは、私たちがある種の神についての認識と、ある種の道徳観を持っており、それらによって私たちが被造物の中でこれほど大規模に責任感を持ち、また責任を行使することが可能になるのです。他の被造物には自分たちの造り主を映し出す方法がない、ということではありませんが、私たち人間は神の被造物の統治に特に幅広く参与しており、したがって地球上のすべての被造物への神の配慮を映し出す必要があるのです。

人が神のイメージであることと、被造物への支配との間に緊密な関係があることは、人間による支配とは神のため（on behalf of）の支配であり、神に代わって（instead of）の支配ではないことを意味します。自分が神に依存していることを知る、そのような神との関係の中でのみ人間は神のイメージとして支配を行使できます。[67] 逆に言えば、神に取って代わりたいという人間の根強い願望、神になりたいという願望は、特に近代以降は自然の支配を通じて表されてきました。現代世界における神の拒絶と、自然をテクノロジーによって征服しようという環境的には破滅的な近代プロジェクトとの間の関係に気づくのに、キリスト者は驚くほど遅かったのです。人間は神のイメージに創造され、「神に代わって」ではなく「神のために」支配を行うということは、現代の過ちに対する神学的に最も重要な防御手段の一つです。

統合——（その４）神のように支配する

多くの解釈者は創世記１章26節について、人間の支配は何らかの形で神の支配を反映し、したがって聖書に描かれている神の支配はある意味で人類にとってのモデルになると、正しくも理解してきました。[68] 神の支配を反映するためには、神がどのように支配しているのかを学ぶことから始めなければなりません。そして、神はすべての被造物の益となるように支配していることを知るようになるのです。それはすべての被造物のための、あわれみ深く救済的な配慮です。例えば、詩篇145篇は神のご性質に関する最も古典的な表現（出エジプト記34章６節）を思い起こさせ、それは人類だけでなくすべての被造物に及ぶ神の支配を特徴づけます。

主は情け深く　あわれみ深く

怒るのに遅く　恵みに富んでおられます。
主はすべてのものにいつくしみ深く
そのあわれみは
造られたすべてのものの上にあります。

（詩篇145篇8、9節）

このような神の支配は、神によって意図された人間の支配がかくあるべきことを示しています。それは神の被造物を世話する責任の一形態です。
しかし、現代人はあまりにもこのことを忘れがちなため、人間の支配は他の非常に重要な面において、神の支配のようではないことを付け加えるべきでしょう。それは制限されたもので、その支配は被造物の上からではなく内側から行使され、神のごとき全能性を渇望するものではなく、そして何よりも、他の仲間の被造物との関係性の中で行使されるものなのです。

統合――（その5）仲間の被造物への支配／共同体によって条件付けられるヒエラルキー

これまで見てきたように、人間が被造物であるということは、人間が被造物の中で独特な存在であるということよりも、さらに根本的なものです。神のイメージに創造されたことや、支配というユニークな役割を与えられていることも、私たちが他の被造物との共同体の中で生きているという事実を無効にしません。縦の関係によって横の関係は否定されません。

実際、被造物仲間との横の関係は、他の被造物への権威について正しく理解する上でとても重要です。創世記1章はこの関係を一種の王による支配として描いているので、旧約聖書が認めている人間による他の人間支配の唯一の場合を思い出すことには意味があります。申命記はイスラエルが王を持つことを認めていますが、この王制は通常の支配の概念をひっくり返すようなものです（申命記17章14〜20節）。もしイスラエルが王を立てなければならないとしたら、その王は兄弟の一人でなければなりません。王は兄弟姉妹の上に立つ者であるが、それでも兄弟であることには変わりがないのです。王が支配者として自らを民の上に置き、民の上に自らの優位を確立することは禁じられています。王が兄弟姉妹の横の関係こそ優先されるべきであり、王権は二次的なものにすぎないことを忘れた瞬間、彼は暴君になります[69]。同じように、人間による他の被造物の支配は人間と他の被造物の共同体という、より根本的な文脈の中で行われるものでなければ、その支配は暴君的なものになるでしょう。

統合――（その6）　創造の秩序の中で支配すること／地球を共有すること

創世記1章は入念に秩序付けられた被造物の有様を提示します。その秩序は人間が創造される前にすでに確立されています。人間がそれを秩序立てる必要はないのです。人間に支配が委ねられているのは、すでに与えられている創造の秩序を人間が犯し、自らのデザインに合うように作り直すためにではないのです。神が与えた世界の秩序が、人間の限定された支配によって尊重されるべきことは自明なのです。

創世記1章29節と30節は、人間による地球の利用が他の被造物による地球の利用と競合するものではないことを示唆します。他の生物もまた、地球を利用する権利があります。これは地球の資源に対する人間の権利を大きく制限することで、今日的な関心と調和します。創世記9章8～17節からも似たようなことが言えますが、ここでは神の契約の相手はノアとその子孫だけではなく、「すべての肉なる生き物」です（15節）。神が大洪水によって二度と地球を滅ぼすことはないと約束したのは、これらすべてに対してでした。地球はすべての生物のための住まいで、すべてが契約に与ったのです。農業の分野においてでさえ、イスラエルの土地に関する律法は野生動物のために一定の食料を残すように定めています。

統合――（その7）被造物の保全

他の被造物を世話する責任として理解される「支配」には、彼らを破滅から救うことも含まれます。もし種を絶滅から救うことの聖書的なお墨付きが必要だと言うのなら、それは間違いなくノアと大洪水の物語です。しかし同時に注意すべきなのは、ローワン・ウィリアムズが言うように、「このストーリーは明らかに、人間の未来を救うことがすべての生物に未来を保証することと、どのように密接に関わるのかについてなのだ[70]」。人類と共に他の生物も救済することがこれほど重要だったことは、人間もその一部である被造世界の相互関連性と相互依存性の証しなのです。

要　約

創造の時に神が人間に与えた負託（mandate）は、この地球上のすべての被造物の管理者・監督者になるように私たちに促しているのでしょうか。そうではありません。この負託は、私たち人類が被造物の中で現実に有している独特な力が、神からの賜物であることを示しています。この負託に則って、自らの力を責任を持って行使しようとするならば、私たちはそれを過小評価も過大評価もすべきではないのです。

神が与えた創造の秩序の中での私たちの限定的な立場を考えるなら、私たちは自分の力を他の被造物への愛の配慮をもって行使すべきです。人間の生命と繁栄のために地球上の資源を用いる私たちの権利は、資源保護の責任と、地球を共有する他の生物たちの権利によって、厳しく制限されます。

人間の「支配」とは、他の生物に責任あるケアを提供する役割のことで、それは人間を他の被造物の上に置くような役割ではなく、人間が被造世界の中で有する特別な役割です。それが仲間としての他の被造物に対する支配であることが認識される時にのみ、正しく行使されるのです。

モーセ五書（トーラー）は、被造世界における私たちの特別な役割を、干渉や変更という観点からだけでなく、人間側の自制や相手方を自由にするという観点からも示しています。本章で考察してきた聖書資料によれば、神の意図した人間と他の被造物との関係は、スチュワードシップのような一つの言葉で容易に要約できるものではありません。そこには最も根源的で深い意味で、人間は他の被造物の中の一つの存在なのだ、ということが含意されています。それは、神の与えた創造の秩序にあらゆる点で敬意を払うことを要求し、人間と他の生物との関係と、人間と無生物との関係に違いを生じさせます。そこには人間の生存や繁栄のために地球の資源を利用する権利には限度がある、ということが含まれています。それは他の生物を世話する責任を要求しますが、それは神ご自身の被造物への配慮を反映するのであって、奪い取るものではないのです。

人間による被造物の促進

私はこのテーマを本章の最後まで取って置きました。なぜなら、本章で論じてきた他のテーマと比べて、釈義からは必要な議論がそれほど直接的には浮かび上がってこないからです。創世記に出てくる支配に関する伝統的な解釈は、人間が自然を変容させることで生み出される人工的なもの、という広い意味での人間の文化に重きを置いてきました。私たちが論じてきた、創世記における最も明らかな例は、農業です。アダムが土地を耕した時、彼は自然と協同することで、彼なしには自然が生み出すことのなかったものを産出しました。アダムの灌漑(かんがい)なしには、エデンの園の果物の樹は育たなかったでしょう。それは人間による被造物の促進の一例であり、神が創造の秩序において明らかに意図していた人間の役割です。しばしばそれは、人間による野生の「改良(improvement)」だと見なされてきましたが、[71]「促進(enhancement)」と見る方が適当だと思われます。

創世記第4章17節から22節は、人間の他の文化活動の起源を物語っています。町を建て、楽器を作り、金属で様々な道具を作りました。その中には武器も含まれます。[72]これらの行為は祝福されましたが、同時に曖昧でもあります。[73]それはセツ(4章26節)の家系ではなくカインの子孫の間で起こり、金属製の武器の発明はレメクに暴力による過剰な復讐を可能にさせたのです(同23、24節)。人類の歴史の初期段階についての創世記の記述で、暴力がエスカレートしていった事態の重大性を考える時、文化の起源に関するストーリーはここで終わっているけれども、文化そのものが誹謗されているのではない点を真剣に考慮する必要があります。むしろ、文化は悪にも善にも向かう可能性があることが強調されているのです。それはいとも簡単に悪用されてしまうのですが。

被造物の「促進」という用語で私が意図しているのは、人間が自然に手を加える際に、それを破壊的な方法ではなく生産的な方法で行うことです。それは押し付けがましくない方法で行うことができます。例えば芸術です。あらゆる芸術活動において、芸術家は自然がその中に純粋な形で持っているものとは別の何かを造り出します。芸術活動の過程において自然を何か別のものに取り替えるのではなく、そこに何かを付け加えます。風景画は風景そのものを別の物に変えてしまったり、風景そのものの美しさを否定したりするのではありません。コンスタブル（英国の画家）が風景を描くまでは、その風景には何の価値もなかったのではありませんが、風景を描くことで芸術家はフレッシュな何かを、これまでにない新しい価値を生み出します。被造物の促進とは被造物に恩恵をもたらすことではなく、被造世界に何かを付け加えているのです。この意味で、それは被造物の促進なのです。「改良」という言葉がふさわしくないのは、絵を描くことで風景の価値が上昇するわけではないからです。風景画とは、風景そのものに恩恵を受けながら、人間が被造物の価値の総和に付け加えた何かなのです。

もう一つの例として、より良い、ただし少々押し付けがましい例を取り上げてみましょう。それはほとんどの環境保護主義者が問題にしないこと、すなわち園芸です。庭とは自然が人間によって手を加えられたものです。十七世紀のスチュワードシップの提唱者たちが感じたように、庭は野生の自然よりも好ましいと感じる人は今日では少数です。私たちは野生の自然そのものを尊重する一方で、庭も自然とは違った価値を持つものとして楽しんでいます。これは、人間が自然をより劇的に変容させる場合にも当てはまる原則の一例です。住宅や都市の建設、商品の加工・製造、などです。もちろん自然状態の被造物が人間の活動によって変質する度合いが大きければ大きいほど、それが自然の破壊であることが証明されるリスクも大きくなります。自然の素晴らしさや秩序への適切な配慮を欠いた自然の改変は、促進ではなく損失です。

カギとなるのは、付け加えることであって取り替えるのではないことです。人間によって手を加えられた自然は、より良くなるのではなく、変わるのです。私たちは自然を改良しているのではなく、新しい価値を持つ何かを作り出しているのです。人間の介入がなくても、野生の自然は自らの面倒を完璧に見ることができるのではないでしょうか？　もちろん、できます！　では、人間の介入は破壊的なのでしょうか？　多くの場合その通りです、特に現代においては。では、私たちは野生の自然に何の価値も加えることができないのでしょうか？　それは可能なのです。もし自然そのものを活かしながら、促進するならば。

1 Christopher Southgate, 'Stewardship and its Competitors: A Spectrum of Relationship between Humans

and the Non-Human Creation', in R. J. Berry ed., *Environmental Stewardship: Critical Perspectives – Past and Present*（London: New York: T. & T. Clark International, 2006）, pp. 185-195, ここでは185頁からの引用。

2 Robin Attfield, 'Environmental Sensitivity and Critiques of Stewardship', in Berry ed., *Environmental Stewardship*, pp. 76-91 に引用されている。ここでは78～79頁からの引用。

3 Larry Rasmussen, 'Symbols to Live By', in Berry ed., *Environmental Stewardship*, pp. 174-184, ここでは178～179頁から。ここでは受託者責任という考え方に批判を表明しながらも、受託者責任の一つの重要な含意については同意している。すなわち、自分の所有でないものについての、人間の神への説明責任である。

4 *Third Way*, June 2005 の中のインタビューで。20頁。

5 James Lovelock, *The Revenge of Gaia: Why the Earth is fighting back – and How We Can Still Save Humanity*（London: Allen Lane [Penguin], 2006）.

6 Lovelock, *The Revenge*, pp. 146-147. Michael Allaby, *A Guide to Gaia: A Survey of the New Science of Our Living Earth*（New York: Dutton, 1990）, 9章（'The Earth is Not a God'）も参照せよ。もっとも、彼の議論はガイアが知性を持つ人格的存在ではないことを示すことに限定されている。これは、ガイアに神性が付与される唯一の方法ではない。「ガイア的汎神論」については、Michael Northcott, *The Environment and Christian Ethics*（New Studies in Christian Ethics; Cambridge: Cambridge University Press, 1988）, 9章を参照。

7 Lovelock, *The Revenge*, 148; James Lovelock, *The Ages of Gaia: A Biography of our Living Earth*（Oxford: Oxford University Press, 1988）, 9章を参照。

8 ラブロックがしばしば、ガイア、つまり地球のシステムが「生きている」と語る時、明らかにこれが彼の意味するところである。これは紛らわしい使い方であろうし、手酷く批判もされてきた。そして実際に大衆的なレベル、特にニューエイジの文脈でこうした誤用がなされてきた。Colin A. Russell, *The Earth, Humanity and God* (London: UCL Press, 1994), p. 121 では次のように批判されている。「地球は実際に『生きている』という有機体説的な信念は、前科学時代の遺物であり、この仮説は神話に逆戻りしている。これは比喩ですらありえない、なぜなら生命の新たな特徴はこの「自動調整型の」モデルに加えられないからだ。例えば、地球は自己増殖しない。」他方で、この主題についての直近の発言において、Lovelock, *Revenge*, p.16 ではこう述べられている。「私はガイアについて、『生きている地球』という比喩を用い続けている。しかし、地球が科学的な意味で生きているとか、あるいは動物や細菌のように生きているなどと思っているとは考えないでほしい。」

9 ラブロックのガイア理論に反対するいくつかの科学的議論については、Celia Deane-Drummond, 'God and Gaia: Myth or Reality?', *Theology* 95 (1992), pp. 277-285, そして Russell, *The Earth*, pp 119-121 を見よ。ラッセルは、「ガイア仮説は今日において科学的理論として適切に描写できるかもしれない。だが、それは『概念モデル』という形においてのみ、である」（121頁、傍点強調は原著のイタリック）。彼はメアリー・ヘスの用語である「概念モデル」を用いている、なぜならガイアの全メカニズムがどのように機能しているのかを知る術は未だにないからである。

10 Lovelock, *The Revenge*, p.137.

11 James Lovelock, 'The Fallible Concept of Stewardship of the Earth', in Berry ed., *Environmental Stewardship*, pp. 106-111, ここでは108頁からの引用。
12 Clare Palmer,, 'Stewardship: A Case Study in Environmental Ethics', in Berry ed., Environmental Stewardship, pp. 63-75, ここでは72頁からの引用。
13 Northcott, *The Environment*, p.129も見よ。
14 Lovelock, 'The Fallible Concept', p. 109.
15 Lovelock, *The Revenge*, p 152; cf. Lovelock, 'The Fallible Concept', p. 109.
16 この段落は、Richard Bauckham, God and the Crisis of Freedom (Louisville: Westminster John Knox, 2002), 7章（'Human Authority in Creation'）の詳細な歴史的議論を要約したものだ。近代初期における発展は、Richard Bauckham, 'Modern Domination of Nature-Historical Origins of Biblical Critique,' in Berry ed., *Environmental Stewardship*, pp. 32-50でより簡潔に扱われている。Peter Harrison, 'Subduing the Earth: Genesis 1, Early Modern Science and the Exploitation of Nature', JR 79 (1999), pp. 86-109, 再版（改定）in Berry ed., *Environmental Stewardship*, p. 17-31も参照せよ。
17 Russell, *The Earth*, p. 125はこれに困難を覚える、なぜならラブロックのガイア仮説は生命の継続とは合致するが、特に人間の生命と合致するわけではないからだ。だが、クリスチャンによるガイアの神学的解釈においては、私たちがそこに生きるべき所与の創造の秩序への尊重によってのみ、人間の生命の継続がある、と想定することもできるのだ。
18 ヘールの見解は、完全な承認と共にJohn Blackにより引き継がれている、'The Dominion of Man', in Berry ed., *Environmental Stewardship*, pp. 92-96, ここでは95～96頁からの引用。この一節は、オリジ

ナルのものは一九七〇年に出版された。そして、この一節をより近年の取り扱いと比較すると、環境への受託者責任のクリスチャンの考え方における傾向や強調が、いかに改善から保全へと移行したのかが示される。

19 Bauckham, *God*, pp.169-70.

20 一例として、以下を参照せよ。*Evangelical Declaration on the Care of Creation*, in R. J. Berry ed., The Care of Creation (Leicester: InterVarsity Press, 2000), pp. 18-22.

21 受託者責任についてのこのような理解に対する批判としては、Palmer, 'Stewardship', in Berry ed., *Environmental Stewardship*, p.73 を見よ。

22 David E. Noble, *The Religion of Technology: The Divinity of Man and the Spirit in Invention* (New York: Penguin, 1999), pp. 194-200 を参照せよ。

23 Southgate, 'A Spectrum', p. 194; より詳細なものとして、Christopher Southgate, *The Groaning of Creation: God, Evolution, and the Problem of Evil* (Louisville: Westminster John Knox, 2008), pp. 124-132. 彼はこれを、「進化を贖う」という役割における人間とキリストとのパートナーシップだと見ている。だがこれは絶滅を進化の失敗だと見ているのだが、私たちの時代においてはそれは圧倒的に人間活動の結果なのである。

24 Stephen Jay Gould を参照せよ。彼は Bruce R. Reichenbach and V. Elving Anderson, 'Tensions in a Stewardship Paradigm', in Berry ed., *Environmental Stewardship*, pp. 112-125, この件では p.120 に引用されている。

25 Reichenbach and Anderson, 'Tensions', p. 123.

26 このような概念や、今日におけるその提唱者として、Southgate, ‘A Spectrum’, pp. 186-7 と 193-195 を見よ。また、以下を参照せよ。Arthur R. Peacoke, *Creation and the World of Science* (Oxford: Clarendon Press, 1979), p. 305:「今や人間は、知的・文化的・社会的進化を遂げた現段階において、神の地上での働きにおける共同の創造主かつ共同の贖い主になり得る可能性を持っている。そしておそらくは、地球を超えたところでもそうなのだ。」; Andrew Linzey, *Animal Theology* (London: SCM Press, 1984), p. 71:「私たち自身が、贖い主になることで贖いを成し遂げるのだ。」; Loren Wilkinson ed., *Earthkeeping in the Nineties: Stewardship of Creation* (Grand Rapids: Eerdmans, 1991). P. 298:「人間は自然の救世主となるべきだ、キリストが人類の救世主であるように（したがってキリストは、人間を通じて、人間が管理する部分の自然の救世主ともなるのだ）。」

27 支配を祭司職として解釈することについては、3章での私の議論を参照せよ。

28 Bauckham, *God*, 7章を参照。

29 このことは、Ruth Page, ‘The Fellowship of All Creation’, in Berry ed., *Environmental Stewardship*, p. 97-105 でも論じられている。Douglas J. Hall, ‘Stewardship as a Key to a Theology of Nature’, in Berry ed., *Environmental Stewardship*, pp. 129-44, 特に pp. 139-143 では、縦と横の関係の組み合わせとしてのスチュワードシップこそ他のモデルで欠けているということを見出している。他方で、Huw Spanner, ‘Tyrants, Stewardship – or Just Kings?’, in Andrew Linzey and Dorothy Yamamoto eds., *Animals on the Agenda: Questions about Animals for Theology and Ethics* (London: SCM Press, 1998), pp. 216-224, 特に pp. 222-223 はこう述べる、「私たちはスチュワードについて、それが管理している財産よりも優れた者だと考える」一方、王とはその家来たちと「本質的に同じ種」だと考える。ここにはスチュワード

シップという概念に関して曖昧さが見られる。ホールはスチュワードが仲間の召使いたちに責任を負う存在だと考えているのに対し（ルカ12・42）、スパナーはスチュワードを土地や他の動産の管理人だと考えている。

30 この言及がない理由は明らかではないが、これらの生物にも増えて満ちるという任務があると見なされていると思われる。

31 William P. Brown, *The Ethos of the Cosmos: The Genesis of Moral Imagination in the Bible* (Grand Rapids: Eerdmans, 1999), p. 52.

32「神はそれを良しと見られた」は六回登場するので、この独特な言い回しは頂点の七回目となる。

33 英語訳の 'the wild animals' はマソラ、七十人訳、ウルガタ訳には現れず、したがって最近まで英語訳にもなかった。NRSV、JB、REB、NIVの脚注はシリア語訳から取られた。このマソラへの訂正は、正しい可能性がきわめて高い。なぜなら文中の「地のすべて」は他では動物とあるので場違いであり、24、25、28節の類似したリストとは調和しない（24、25節では特に「地の獣」となっている）。この訂正は、Claus Westermann, Genesis 1-11 (trans. John J. Scullion; London: SPCK, 1974), p. 79, n 26b で受け入れられている。もっとも、彼の訳（77頁）は何の説明もなく26節の 'image' に続く部分をすべて削除しているが。

34 こうした混乱の主な原因は、マソラ、七十人訳、ウルガタ訳にある。前の注を参照せよ。

35 Brown, *The Ethos*, p. 46 は、「努力を要求するが、武器は求めない秩序のエートス」について語る。他方で、Norman Habel, 'Geophany: The Earth Story in Genesis 1', in Norman C. Habel and Shirley Wurst eds., *The Earth Story in Genesis* (Earth Bible 2; Sheffield: Sheffield Academic Press, 2000), pp. 34-48, ここで

は46頁は、「過酷な管理」を考える。同様に、Norman Habel, *An Innovative Text: Is a Green Reading of the Bible Possible?*（Adelaide: ATF Press, 2009）, pp. 66-68.

36 詩篇8・7はより過度な支配については語っていない。この節の「すべて」は、それに続く二節で特定されている生物によって構成されている。無生物は視野に入っていない。

37 唯一の例外はヨエル4・13［3・13］で、この言葉は異なる語源から来ているのかもしれない。Norbert Lohfink, *Theology of the Pentateuch: Themes of the Priestly Narrative and Deuteronomy*（trans. Linda M. Malony; Edinburgh: T. & T. Clark, 1994）, pp. 11-12を見よ。しかし、ローフィンクの示唆とは、支配が動物の家畜化を指しているというのはありそうもない。なぜなら1・26は海の魚や空の鳥を指しながら、家畜と地の獣とを区別しているからだ。

38 例として、Simkins, Creator, J. Baird Callicott, 'Genesis and John Muir', in Carol S. Robb and Carl J. Casebolt eds., *Covenant for a New Creation*（Maryknoll, New York: Orbis, 1991）, pp. 116-118; Theodore Hiebert, 'The Human Vocation: Origins and Transformations in the Christian Traditions', in Dieter T. Hessel and Rosemary Radford Ruether eds., *Christianity and Ecology: Seeking the Well-Being of Earth and Humans*（Cambridge, Massachusetts: Harvard University Press, 2000）, pp. 135-154.

39「アダマー」が「耕作に適した地、耕すことができる肥沃な土壌」であることは、Theodore Hiebert, *The Yahwist's Landscape: Nature and Religion in Early Israel*（New York/Oxford: Oxford University Press, 1996）, pp. 34-35を見よ。

40 Attfield, 'Environmental Sensitivity', p. 13に引用されている、Theodore Hiebert, *The Yahwist's Landscape: Nature and Religion in Early Israel*（New York/Oxford: Oxford University Press, 1996）. この英語

の語呂合わせは Norman Wirzba, *The Paradise of God: Renewing Religion in an Ecological Age*（New York/Oxford: Oxford University Press, 2003), p. 29 にも引用されている。

41 Carol A. Newsom, ‘Common Ground: An Ecological Reading of Genesis 2-3’, in Norman C. Habel and Shirley Wurst eds., *The Earth Story in Genesis*（The Earth Bible 2; Sheffield: Sheffield Academic Press, 2000), pp. 60-71, ここでは73頁。

42 この点は John Muir（Callicott, ‘Genesis’, pp. 115-116）の中で指摘されているが、彼は当時のキリスト教界で一般的だった、他の被造物は人類のためにあるという考えに強く反対している。

43 引用は Ernst M. Conradie, ‘Towards an Agenda for Ecological Theology: An Intercontinental Dialogue’, *Ecotheology* 10（2005), pp. 281-343, ここでの引用は292頁で、John F. Haught, *The Promise of Nature: Ecology and Cosmic Purpose*（Mahwah: Paulist Press, 1993), p .101 の議論を報告している。

44 私は「と関連付けられる」と訳し、「に位置する」とはしなかったが、それは地形が意図的に曖昧にされているようだからだ。それはエデンが通常の意味で地理的に位置づけられるのが不可能であることを示唆する（Batto, *Slaying*, p .49)。

45 Brown, *The Ethos*, p. 139.

46 Ronald A. Simkins, *Creator and Creation: Nature in the Worldview of Ancient Israel*（Peabody: Hendrickson, 1994), p .180 によれば、人は成熟して他の土地を耕すために遣わされるようになるまでの間、一時的に園に置かれていたのである。

47 創世記2章でのアダムと土壌との関係は、4章でさらに論じる。

48 例として、Hiebert, *The Yahweh’s Landscape*, p. 157; Steven Bouma-Prediger, *For the Beauty of the Earth:*

A Christian Vision for Creation Care (Grand Rapids: Baker Academic, 2001), p. 74; Wirzba, *The Paradise of God*, p 31; Habel, *An Inconvenient Text*, p. 69.

49 George W. Ramsey, 'Is Name-Giving an Act of Dominion in Genesis 2:23 and Elsewhere?', CBQ 50 (1998), pp. 24-35 を見よ。Mark G. Brett, 'Earthing the Human in Genesis 1-3', in Habel and Wurst eds., *The Earth Story in Genesis*, pp. 73-86, ここでは81頁によれば、命名は「多様性の祝福である」。アダムが動物の役割を決定したとするブラウンの主張（*The Ethos*, p.141）には、私は何の根拠も見出さない。

50 この点は４章でさらに論じられる。

51 Walter Houston, 'Justice and Violence in the Priestly Utopia'（本書執筆時には未公刊の *Genesis and Christian Theology* に収録、二〇〇九年にセント・アンドリュースで開催された「聖書と神学」コンファレンスでの論文）は、この主要な見方を考察している。もっとも、多くの学者は６章12節の「すべての肉なるもの」が人間だけを指すという見解を持っているが。Bernhard W. Anderson, *From Creation to New Creation* (OBT; Minneapolis: Fortress, 1994), pp. 142-146 は、動物たちは暴力に巻き込まれているが、それを被造世界にもたらした責任は人間にある、と考えている。

52 創世記１章と創世記６～８章との並行関係については、Ellen van Wolde, *Stories of the Beginning: Genesis 1-1 and Other Creation Stories* (trans. John Bowden; London: SCM Press, 1996), pp. 121-122 を見よ。

53 Simkins, *Creator*, pp .192 と 202-205、洪水物語の重要性について他の大切な点を指摘しながら、奇妙にもノアが動物の種を保存するという重要な仕事をしたことを無視している。このことは、例えば以下の文献では認識されている。Bernhard Lang, *The Hebrew God: Portrait of an Ancient Deity* (New Haven/London: Yale University Press, 2002), p . 99（「ノアは動物たちの救世主である」）; Odil H Steck,

World and Environment (Biblical Encounters Series; Nashville: Abingdon, 1980), p. 106; Michael Northcott, *A Moral Climate: The Ethics of Global Warming* (London: Darton, Longman & Todd, 2007), pp. 71-75; Rowan Williams, 'The Climate Crisis: The Christian Response' (Operation Noah's Annual Adress,2009): http://www.operationnoah.org/calendars/campaigncalendar/13-october-hear-dr-rowan-williams-wisdom-noah (accessed 23.10.09); そして特に、Wizba, *The Paradise of God*, pp 33-34 と 141-143.

54 これらの節での人間と動物との関係が、van Wolde, *Stories*, pp. 128-129 が示唆するように、単に相互的な尊敬であるとは思わない。それは潜在的な暴力を思い描いているのだ。「恐れとおののき」という表現は申命記11章25節で繰り返されている。そこでも創世記9章2節でも、人々が潜在的な攻撃者による暴力から恐怖によって守られることがポイントなのである。

55 Simkins, *Creator*, p 204.

56 イスラエルの食物規定は、食べてもよい動物を食べてはならない動物から区別するが、それはこの抑制を拡張している。Ellen Davies, *Scripture, Culture, and Agriculture: An Agrarian Reading of the Bible* (Cambridge: Cambridge University Press, 2009), pp. 94-97 では、これらの法を「人間の本能にある殺人者を飼いならすための聖書の方法である」(95頁) とするジェイコブ・ミルグロムの見解に従っている。Walter J. Houston, *Purity and Monotheism* (JSOTS 140; Sheffield: Sheffield Academic Press, 1993), pp. 253-258 も見よ。これらの法が、箱舟にノアが乗り込ませた動物たちの分類の中にすでに予見されていることに注意せよ(創世記7・2)。

57 Robert Murray, *The Cosmic Covenant* (Heythrop Monographs 7; London: Sheed & Ward, 1992), p. 34.

58 私は「エコトピア」という言葉を Bill Devall, *Simple in Means, Deep in Ends: Practising Deep Ecology*

(London: Green Print, 1990), p. 34から借用した。

59 Christopher J. H. Wright, *Old Testament Ethics for the People of God* (Leicester: InterVarsity Press, 2004), pp. 81-96.

60 この側面については、Aloyz Hüttermann, *The Ecological Message of the Torah: Knowledge, Concepts, and Laws which Made Survival in a Land of 'Milk and Honey' Possible* (South Florida Studies in the History of Judaism 199; Atlanta: Scholars Press, 1999), pp. 88-90を見よ。

61 Stephen R. L. Clark, 'Is Nature God's Will?', in Linzey and Yamamoto eds., *Animals*, pp. 123-136, ここでは133頁。

62 この点と、家畜動物についてのさらなる議論は、4章を見よ。

63 私は意図的にここでの議論は控えるが、それは私の守備範囲が限られているからだ。

64 Temple Grandin and Catherine Johnson, *Animals in Translation: Using the Mysteries of Autism to Decode Animal Behaviour* (London: Bloomsbury, 2006) は、この点を分かりやすく論じている。

65 他の動物がある種の道徳感覚を持っている可能性については、Grandin and Johnson, *Animals*, pp. 258-259; Marc Bekoff, *Animal Passions and Beastly Virtues: Reflections on Rediscovering Nature* (Philadelphia: Temple University Press, 2006), pp. 127-129とpp. 144-176.

66 動物が神を意識している可能性については、Grandin and Johnson, *Animals*, p. 260.

67 Edmond Jacob, *Theology of the Old Testament* (trans. Arther W. Heathcote and Philip J. Allcock; London: Hodder & Stoughton, 1985), p. 171.

68 例として、Walter Brueggemann, *Genesis* (Interpretation; Atlanta: John Knox Press, 1982), p. 32; Spanner,

'Tyrants', p. 222.

69 Spanner, 'Tyrants', p. 223 に引用されている他の文を参照せよ。

70 Rowan Williams, 'The Climate Crisis'.

71 例として Rene Dubos, *The Wooing of Earth* (London: Athlone Press, 1980), p. 80. しかし、Dubos がその書で人間による自然の改良（improvement）について論じている多くの事柄は、私の感覚では促進（enhancement）と呼びうるように思われる。

72 創世記4章20節は、おそらく畜牛を指したものではない（創世記はそれについては何も知らなかったであろう）。それは単に家畜の世話と、家畜に適した動物の利用を指している。

73 Claus Westermann, *Genesis 1-11: A Commentary* (trans. John J. Scullion; London: SPCK, 1984), p. 337; しかし、別の評価として、van Wolde, *Stories*, pp. 97-98 を見よ。

第2章　人間をあるべきところに置く

本書の主な狙いは、人間と他の被造物との関係についての聖書の理解は、創世記1章で人間に与えられた自然を支配せよとの負託だけではないのを示すことです。聖書には、それよりずっと多くのことが書かれています。他の聖書的な視点を見出すことが重要なことの理由の一つは、近代西洋史において人間による支配という概念が、人間の自然支配と搾取とを正当化するイデオロギーだったからです。それは、この世界に対して人間が神のごとき創造的な力を振るいたいという、現代人の危険な願望と結びついています。人間による支配の旗印の下で、私たちは神の創造の秩序の中で与えられた地位から自分自身を解放したと考えてきました。過剰な物質主義の現代文明は、人間はあらゆる地球資源を無制限に開発できる権利を持つという意味での「支配」概念の下で発展してきました。

このような人間の不遜と過剰さに対抗するために、強力な薬が必要です。支配を責任あるスチュワードシップだとする、注意深い理解だけでは不十分です。聖書の記述には、支配とは何の関わりのないものもあれば、人間を他の被造物より上の存在とはしないものもあります。私たちは被造世界における人間の立場についてのこうした聖書の記述を再発見する必要があります。ここでのポイントは、創世記1章に関心を集中させる代わりに、他の聖句に専ら関心を向けることではありません。むしろ、この問題についての聖書全体の幅広い見解を学ぶことです。支配の概念の甚だしい誤用から離れて、他の見方と釣り合いのとれた観点を持つことが必要です。創造の秩序の中での独特な役割としての支配について再考する前に、私たち自身を創造の秩序の中に引き戻すべきです。聖書の中で、このことを強力かつ効果的に成し遂げてくれるのはヨブ記をおいて外にありません。この書によって、私たちは傲慢から謙遜へと方向転換する自分自身を見出します。神のヨブへの答えに含まれる強力な解毒剤は、ヨブにとってそうだったように、飲み干すには苦いものであるかもしれません。しかし、傲慢を放棄する苦痛には、神の世界の圧倒的な素晴らしさを体験する喜びが伴います。支配欲や過剰な物欲に取りつかれている依存症患者にとって、ヨブ記は創造主とその被造世界の両方についての癒やしと変容のヴィジョンを提供してくれます。そこで私たちは、自分があるべき所に置かれるのが良いことだと知るでしょう。

神のヨブへの答えの中での被造世界

ヨブ記の38章と39章は、聖書の中で人間以外の被造物について言及した箇所としては最も長大なものです。その長さそのものからは、これらの章は被造物についての聖書的な見解に関する議論において、もっと大きな重要性を与えられて然るべきでした。しかし、この二章は力強い詩でもあるのです。ビル・マッキベンは二つの章を「自然に関する現代の文学の先駆けとなる最初の偉大な作品」と評価し、野生の自然を描いたジョン・ミューアの作品が登場するまではこれに匹敵するものは何もなかったと断言します。[1] この見解は正しいでしょう。

この二つの章を真剣に取り上げるもう一つの理由は、ヨブ記の作者がこれらを神の語りとしていることにあります。三十五章もの間、読者はヨブとその友人たちが神による世界の秩序について論じ合っているのを聞きます。私たちはヨブの苦悶に満ちた神への糾弾と、神への訴えを少なくとも取り上げてもらってその答えを聞きたいという、一見したところ絶望的な願いを聞きます。初めてヨブ記を読んだ人にとって、38章の冒頭の次の言葉はショックだったに違いありません。「主は嵐の中からヨブに答えられた」。38章と39章はヨブに対する神の答えになっています。ヨブの短い応答の後、神はさらに続く二つの章（40章と41章）で語り続けます。この二つの神の語りが本当にヨブの問いに答えたものなのかは、ヨブ記の研究において最も活発に論議されてきた問題です。[2]

ここで、これらの章の背景となっている状況を簡単に説明しましょう。ヨブは義人で、非の打ちどころのない人です。ヨブに降りかかった災難は、聖書の神を信じる人々にとっての最大の問題を提起するようにと、彼を駆り立てます。世界を支配する全能の神が、正しい人間に災難をもたらし、不正な人間を繁栄させるのだとしたら、どうして神は義しいと言えるのでしょうか。なぜ善良な人々に悪いことが起こるのでしょうか。ヨブの友人たちは伝統的な議論を展開します。悪いことは善良な人には起こらない。ヨブが大きな災難にあっているのは彼がひどい罪人であるからに違いないのだ、と。しかしヨブは自らの無罪を主張します。ヨブも、ヨブ記に登場する他のどの人物も、神は全能であり自然と歴史の賢明なる支配者であることを疑ってはいません。そこでヨブには、神が義しいはずがないという結論が残されます。ヨブは神を、甚だしく不当に権力を振るっていると言って非難します（9章21～24節）。この非難に応えて、神は嵐の中からヨブに語りかけたのです。

ヨブ記の前半の章で展開されている論争は、この世界の道徳的秩序に関するものです。全知全能の義なる神が世界を秩序立てているのだから、人々は各々にふさわしいものを受けるはずではないのでしょうか？　神が世界を秩序立てているというテーマは、ヨブに対する神の答えと関連していることは明白ですが、神は全く違った角度からこの問いに答えます。その中で神はヨブを大宇宙のパノラマに招き入れ、神の創造された世界へのイマジネーションに富んだ旅に連れて行き、ヨブを質問攻めにします。一言一言がみな質問です。ヨブの問いに対する答えとしては奇妙なやり方ではないか、と私たちは思うかもしれません。ヨブの問いは、単に問い返されているだけのようです。だがこれには、ヨブの世界観を解体し、そして再構築させるという効果があるのです。神はヨブをあるべきところに置くのです。

明らかに神は質問し続けようとしています。最初の問いは、創造主なる神とその被造世界に相対して、ヨブを宇宙の中に置くものです。

わたしが地の基を定めたとき、
あなたはどこにいたのか。（38章4節）

この神の言葉によって語り始められるのは、創世記1章とは違ったイメージで語られる創造物語です。この話は最初の創造から始まり、現在において被造物の活動を神が秩序づけていることへと向かっていきます。

神のヨブへの最初の語りかけにおける物質世界（38章4～38節）

最初にこの物質世界のパノラマを明らかにする十のストローフィ（詩節）を見ていきましょう。

（1）地球の創造（38章4～7節）

わたしが地の基を定めたとき、
あなたはどこにいたのか。
分かっているなら、告げてみよ。
あなたは知っているはずだ。
だれがその大きさを定め、
だれがその上に測り縄を張ったかを。
その台座は何の上にはめ込まれたのか。
あるいは、その要の石はだれが据えたのか。
明けの星々がともに喜び歌い、
神の子たちがみな喜び叫んだときに。[3]

ここで神は、世界という大殿堂の宇宙的な設計者にして建築家として描かれています。それは神の知恵から生まれた、入念に計画されたデザインです。もちろんヨブは、そのデザインをよく知ってはいませんし、そのこと自体は初めて聞く話ではありませんでした。彼は自分が宇宙のデザインを理解しているとは決して主張しなかったでしょう。しかし神の狙いは、ヨブが理屈の上では知っていることを本当に理解させることにあります。

（2）海の形成（38章8～11節）

海が噴き出て、胎内から流れ出たとき、
だれが戸でこれを閉じ込めたのか。
そのとき、わたしは雲をその衣とし、
暗雲をその産衣とした。
わたしは、これを区切って境を定め、
かんぬきと戸を設けて、
言った。「ここまでは来てもよい。
しかし、これ以上はいけない。
おまえの高ぶる波はここでとどまれ」と。

神の創造には、この世界の無秩序と破壊の力をくい止めることも含まれます。海はここでは無秩序と破壊のシンボルであると同時に、文字通りの海のことでもあるのです。ここでは、海には被造物の中で定められた場所があることと、被造世界を破壊するほどの、ほとんど制御不能な力があるという、二つの感覚があります。後者の可能性に対し、神はしっかりと境界線を定めました。第一のストローフィの強調点が秩序を持った宇宙を創造した神の知恵に置かれているとするならば、ここではその秩序に敵対する力を封じる神の力が強調されています。

（3）夜明けの制御（38章12～15節）

あなたは生まれてこのかた、
朝に対して命令を下し、
暁に対してあるべき場所を指し示して、
これに地の縁をつかませ、
悪しき者をそこから振り落としたことがあるか。
地は押印された粘土のように姿を変え、
そこにあるものは王服のように彩られる。
その光は悪しき者から退けられ、
振り上げられた腕は折られる。

天地創造の時から始まって、それ以降毎日繰り返されている世界の営みのうち、もっとも広く知られている現象の一つは夜明けです。天地創造の最初の夜明けは毎朝新たに繰り返されます。ここでカギとなるフレーズに注目しましょう。「暁に対してあるべき場所を指し示して」。創造は物事を秩序立て、それぞれをしかるべき場所にとどめます。夜明けの場合、その意味は規則性と領域にあります。夜明けが果たす制御の機能の一つは、暗闇を愛する邪悪な者に目を光らせることです。海に対する神の命令は、宇宙的な無秩序を抑制するものであるように、夜明けに対する神の命令は、人間社会の道徳的無秩序が限度を越えないようにします。これは全宇宙のパノラマの中で（ヨブ以外の）人間にはっきりと言及した唯一の箇所です。[4]

(4) 地下世界（38章16～18節）

あなたは海の源まで行ったことがあるか。
深淵の奥底を歩き回ったことがあるか。
死の門があなたに現れたことがあるか。
死の陰の門を見たことがあるか。
地の広さを見極めたことがあるか。

そのすべてを知っているなら、告げてみよ。

大いなる地球の広がりの下の、海の源には死者たちの薄暗い世界と湿った深淵が広がっています。ヨブはそれらについては何も知りません。多くの苦しみを経ても、彼は死の秘密も宇宙の無秩序の原因も何一つ見通すことができなかったのです。それは死すべき人間には知ることのできない、宇宙の暗い神秘です。第二、第三、そして第四のストローフィはすべて、世界の悪の側面を扱っていることに注目しましょう。

(5) 光と闇 (38章19～21節)

光の住む所への道はどこか。
闇のあるその場所はどこか。
光をその国境まで連れて行くというのか。
闇の家に至る通りを見分けるというのか。
あなたはよく知っているはずだ。
そのとき、あなたは生まれていて、

あなたの日数は多いのだから。

ここには痛烈な皮肉が含まれます。これらすべてのことをヨブが知っているだって？　神が光を闇から分けた時、彼はそこにいたはずなのだから！　この皮肉はヨブの不遜を戒めるためのものです。同時に知識と力、無知と無力の組み合わせにも注目しましょう。もしヨブが知っていたら、神のようにコントロールすることができたでしょうに。けれどもヨブは知らないのです。

（6）悪天候（38章22〜24節）

あなたは雪の倉に入ったことがあるか。
雹の倉を見たことがあるか。
これらは、わたしがとどめているのだ。
苦難の時のため、争いと戦の日のために。
光が分かれる道はどこか。
東風が地の上で分かれ広がる道は。

ここからテーマは一連の天の諸現象へと移ります。最初は気象です。このストローフィは破壊的な天候に言及します。雪ふぶき、雹の嵐、そして路上のすべてを干上がらせる熱風。[5]

（7）命を与える天候（25～27節）

だれが、大水のために水路を、
稲光のために道を切り開き、
人のいない地、人間のいない荒野（あらの）に
雨を降らせ、
荒れ果てた廃墟の地を満ち足らせ、
それに若草を生えさせるのか。

このストローフィでは、中東で雨は人間にとって文字通り命の水であることが喚起されます。しかし同時に、神は人間の住まない場所にも恵みの雨を降らせることが語られます。これは、神が動物に心を配り、食料を提供することへの導入的な言及であるかもしれません。これは38章39節から39章30節においての主題となります。

（8）天候の神秘（28～30節）

雨に父があるのか。
露のしずくはだれが生んだのか。
氷はだれの胎から出て来たのか。
空の白い霜はだれが生んだのか。
水は姿を変えて石のようになり、
深い淵の面は凍る。

ヨブはここでも、彼には説明できない現象について問われてます。

（9）星々を制御する（31～33節）

あなたはすばるの鎖を結ぶことができるか。
オリオン座の綱を解くことができるか。
あなたは十二宮をその時にかなって、

引き出すことができるか。
牡牛座をその子の星とともに
導くことができるか。[6]
あなたは天の掟を知っているか。
地にその法則を立てることができるか。

闇夜に人工の強い光がなかった古代人は、星について現代人よりもはるかに多くのことを知っていました。とは言え、大空を巡る星座の進行を導く知識も力もヨブには及ぶべくもないものでした。

(10) 天候を制御する (34〜38節)

あなたの声を密雲にまであげ、
みなぎる水に
あなたをおおわせることができるか。
あなたは稲妻を向こうに行かせ、

あなたに向かって「私たちはここです」と
言わせることができるか。
だれが、隠されたところに知恵を置いたのか。
だれが、秘められたところに悟りを与えたのか。
だれが知恵をもって、
雨雲を数えることができるか。
だれが天の水袋を傾けることができるか。
土が溶け合って塊となり、
土くれが硬く固まるときに。

このストローフィでは先のストローフィでの気象現象に話題を戻しますが、ここではヨブにそれらを理解する力がないことよりも、気象現象に向かって神のように命令する力がないことに強調点が置かれます。

38章1節から38節についての考察

38章39節から話題は動物へと移っていきますが、その前にこれまで読んできた物質世界の描写にしばらく思いを馳せましょう。

（1）描写の冒頭に提示されるこの世界の特徴とは、秩序があるということです。神は秩序ある被造世界を設計し、それを維持しています。この被造世界の中で、様々な被造物（ここまでは、そのほとんどは無生物）はそれぞれの持ち場を割り当てられています。この秩序は、はじめに神によって定められただけではありません。神はそれを維持すべく活動し続けています。

（2）ヨブに欠けているものは知識と力の両方ですが、力不足は知識不足から生じる結果です。（近代科学の起源とも言うべき）フランシス・ベーコンの言葉を借りれば、知識は力なのです。ヨブは理解できないので制御もできないのですが、神は無限の知恵によって設計し、したがって自然を制御します。

（3）ヨブ（そしてヨブ記の読者）に向けられる、宇宙に関する立て続けの質問の生み出す効果は、宇宙的な謙遜さ（cosmic humility）であるのでしょう。被造世界の無限の広がりと神秘を前にすると、私たちは自分たちが単なる被造物にすぎないという自らの限界を知ります。宇宙についてほんのわずかでも神の視点から見るだけで、私たちは自分が神ではないことに気づきます。自己主張の強い今日の文化にあっては、謙遜はあまり人気のある美徳ではありません。しかしヨブ記の文脈では、謙遜は本当に人間であるためには必須のものです。人間であるとは、宇宙の構造の中で限られた場所を占めるということです。他の被造物より限定の度合いは低いとしても、限定されていることに変わりはないのです。

（４）これは人間中心的な宇宙のヴィジョンとは程遠いものです。描かれている被造世界の特徴のほとんどは、人間の生活と何らかの関連性があるものの、具体的な関連性についてはほとんど触れられていません。それは宇宙が私たちとは全く独立したものだからです。ヨブにとってこのことは、自分のことだけで頭がいっぱいになっている状態から解放される効果をもたらしたことでしょう。[7]彼はちっぽけな自分自身から解き放たれ、宇宙および宇宙での神の働きについてより大きなヴィジョンが与えられます。計り知れない神の知恵と力とをヨブに痛感させるのは、宇宙の「異質性（otherness）」、より正確に言えば宇宙は人間の世界ではないことなのです。

（５）ヨブを自分のいるべきところに置くために次々と繰り出される質問は手厳しいように思えるかもしれません。ヨブを謙遜にさせようと、神は彼に恥をかかせようとしているのでしょうか。ある意味で、ここでの言葉遣いは酷薄で、嘲笑的にすら響きますが、神の側には怒りを示すものは何もありません。神の語りが単に薄情なものとならないのは、想像力豊かな詩の効果のゆえです。ヨブはイマジネーションの世界の中で宇宙の様々な現象と対峙させられます、あたかもそれを実際に見ているかのように。それはヨブを彼自身から解放し、宇宙の広大さ、偉大さ、荒々しさ、そしてそこにある秩序によって彼は圧倒されるのです。その効果は彼を驚嘆させ謙虚にさせますが、同時に癒やしてくれます。ヨブは現実がどのようになっているのかに直面させられます。宇宙の中で自分がいかほどのものかを理解することはヨブにとって苦痛ですが、その苦痛は癒やしを生むためには必要なものなのです。ヨブの世界と神に対する態度は新たにさせられます。それは単なる道理ではなしえないことで、真に異質なもの（otherness）と遭遇した時にのみ可能なのです。

ヨブ記を私たちの時代の文脈で読むと、二つの考察が生まれます。

（1）ヨブを当惑させた多くの難問は、今では科学の進歩によってそのほとんどが説明できるようになったという事実を、私たちはどう判断すればよいのでしょうか。例えば、ここに出てくる気象現象について私たちはかなりよく知っています。宇宙に関する知識もヨブの時代に比べれば比較にならぬほど増えています。しかし、ヨブの時代と私たちの時代の知識の差は、実際にはそれほど大きなものではありません。科学の知識が一歩前進するたびに、新しい秘密の扉が立ちふさがる、ということが科学の世界では常に起きています。アーサー・ピーコックはこう言います。「私たちが無知であるという自覚は、知識の増大と並行して、いやむしろそれよりも早く、増大していく」[8]。ジョン・マドックの言葉も引用しましょう。

私たちが質問することすらできないような問いへの答えこそ、最大の驚きである。科学的事業は現在もまた将来も、未完のプロジェクトであり続けるだろう。[9]

やっと最近になって、宇宙の大部分はいわゆる暗黒物質（ダークマター）に満ちていることが明らかにされてきましたが、それが一体何なのかは誰にも皆目分かりません。全宇宙を統合的に説明する理論（万物の理論「theory of everything」）の研究には、ゴールにたどり着ける兆しは全くありません。万が一たどり着いたとしても、実際にはすべてを説明できるのではなく、下位の原子物理学の法則（the laws of sub-atomic physics）がせいぜいでしょう。[10] ジョン・バローが論じるように、「万物の諸理論は私たちの住む宇宙の微妙さを解明するにはあまりにも物足りない。私たちの目に映るすべてのものよりも多くのものが存在するからだ[11]」。さらに言えば、人間はいつの日にかあらゆることを理解できるようになると想定する根拠は全くありません。人間の知性ではそもそも超えられない知識の限界に直面するのは十分ありうることなのです。[12]

（２）宇宙的な謙遜さは、私たちにとって大いに必要とされるエコロジー的美徳です。[13] 私たちにはこの世界において人間が占める居場所には限りがあることを認める謙遜さが必要です。私たちには「この地球上をもっと遠慮して歩き、周囲の生命に対してもっと敬意を払う謙遜さが必要だ[14]」。私たちの周囲の問題を技術的に解決しようとして地球を台無しにしてしまう前に、技術開発の持つ見えざるリスクを認識する謙虚さが求められます。私たちには自分たちが被造世界の中に住む被造物で、被造物に対する神のごとき存在ではないこと、そして神のみが神であることを認める謙遜さが必要なのです。

神のヨブへの最初の語りかけにおける野生動物（38章39節～39章30節）

宇宙に関する十のストローフィに続いて、ヨブに対する神の答えは動物に関するものへと移り、十種類の動物や鳥についてヨブに考えるようにと促します。質問の内容は前とほとんど同じです。ヨブよ、あなたは神のように知り、理解し、制御できるのか、と。けれども、これらの生き物については、もう一つの質問があります。ヨブは神のように、これらの生き物を養うことができるのか、と。

（1～2）獅子と烏（からす）（38章39～41節）

あなたは雌獅子のために獲物を狩り
若い獅子の食欲を満たすことができるか。
それらが洞穴に伏し、
茂みの中で待ち伏せしているときに。
烏に餌を備えるのはだれか。

烏の子が神に向かって鳴き叫び、
食物がなくてさまようときに。

（3〜4）岩間の野やぎ（アイベックス）と鹿（39章1〜4節）

あなたは岩間の野やぎが
子を産む時を知っているか。
雌鹿が子を産むのを見守ったことがあるか。
あなたはこれらがはらんでいる月を、
数えることができるか。
それらが子を産む時を知っているか。
それらは身をかがめて子を産み落とし、
その胎児を放り出す。
その子たちは強くなり、野で大きくなる。
すると出て行って、元のところには帰らない。

（5）野生のろば（39章5～8節）

だれが野ろばを解き放ったのか。
だれが野生のろばの綱をほどいたのか。
わたしが、荒れた地をその家とし、
不毛の地をその住みかとしたのだ。
それは町の騒ぎをあざ笑い、
追い立てる者の叫び声を聞かない。
山々を自分の牧場として歩き回り、
青草なら何でも探し求める。

（6）野牛（39章9～12節）

野牛が喜んであなたに仕えるだろうか。
あなたの飼葉桶のそばで夜を過ごすだろうか。
あなたはあぜ溝で、

野牛に手綱をかけることができるか。
それが、あなたに従って谷間を耕すだろうか。
その力が強いからといって、
あなたはそれに拠り頼むだろうか。
あなた自身の働きをこれに任せるだろうか。
あなたはそう信じているのか。
それがあなたの穀物を持ち帰り、
あなたの打ち場で、これを集めるとでも。

(7) だちょう[15]（39章13〜18節）

だちょうは翼を誇らしげに羽ばたかせるが、
その羽はこうのとりの羽毛のようだろうか。
だちょうは卵を地面に置き去りにし、
これを砂の上で温まるに任せ、
自分の足がそれをつぶすかもしれないことを

忘れている。
野の獣が踏みつけるかもしれないことも。
だちょうは自分の子を、
自分のものでないかのように荒く扱い、
その産みの苦しみが、
無駄になることも全く気にしない。
神がこれに知恵を忘れさせ、
これに悟りを授けなかったからだ。[16]
それが高く飛び跳ねるとき、
馬とその乗り手をあざ笑う。

（8）戦場の馬（39章19～25節）

あなたが馬に力を与えるのか。
その首にたてがみを付けるのか。
あなたはこれを、いなごのように

飛び跳ねさせることができるか。
その威厳あるいななきは恐ろしい。
馬は谷間で、前かきをして力を喜び、
武器に立ち向かって進んで行く。
恐怖をあざわらって、ひるむことなく、
剣(つるぎ)の前から退くことはない。
矢筒はその上でうなり、
槍と投げ槍はきらめく。
荒れ狂って、地を駆け回り、
角笛の音に、じっとしてはいられない。
角笛が鳴るごとに、ヒヒーンといななき、
遠くから戦いを嗅ぎつける。
隊長の怒号、ときの声さえも。

（9〜10）鷹と鷲[17]（39章26〜30節）

あなたの考えによってか。
鷹が舞い上がり、南にその翼を広げるのは。
あなたの命令によってか。
鷲が高く上がり、その巣を高いところに作るのは。
それは岩場に宿って住み、
近寄りがたい切り立つ岩の上にいる。
そこから獲物をうかがい、
その目は遠くまで見渡す。
ひなは血を吸い、
殺されたもののところに、それはいる。

ヨブ記38章39節から39章30節についての考察

ヨブに対する神の最初の語りかけの後半部分のいくつかの側面を、ここで考察しましょう。
（1）それぞれの動物は各々の種として描かれている点に注目する必要があります。外見の描写は与えられません（読者はその動物の姿をよく知っているものと見なされます）。しかし多くの場合、住処、特徴的な行動、食料、子どもの世話などが詳しく書かれています。動物の様々な特徴を見ると、物理的世界の場合と同様に、創造の秩序がここでも強調されています。神はそれぞれの動物を創造された時、各々にふさわしい場所（生息地）、生き方、生存の手段、種の保存などを与えました。

（２）旧約聖書では人間世界に属する家畜と、そうでない野生動物とをはっきり区別するのが常です。ヨブ記のこの箇所に登場する動物はすべて野生動物で、唯一の例外は戦場の馬です。しかし戦場の馬についての素晴らしい描写（39章19〜25節）を読むと、戦場の馬は実際には飼い慣らしたり家畜にしたりするものではないのが分かります。そのどう猛さと勇敢さは生来のものです。それらに戦場で戦いを強いる必要は全くありません。逆に、戦うことを明らかに楽しんでいます。戦場の馬は正に馬そのものです。実際には乗り手（騎手）がいるわけですが、それは遠回しに暗示されています。この点については野牛も特に注目に値します（39章９〜12節）。この数節の記述を読んでも、野牛は同じ牛でも家畜の牛のように行動しないということ以外、私たちには何も知らされません。野牛はヨブの召し使いとはならないでしょう。天来の野生動物なので、家畜の牛のように農作業には使えません。同様に、野生のろばも勝手気ままに動き回る姿が描写されています（同５〜８節）。野生のろばは、家畜のろばがしんどい農作業に従事しているのに対し、人間世界から離れて神が与えた自由を享受して山々を駆け巡っています。要するに、十種類の野生動物について言えることは、彼らは人間にとって脅威ではないけれど（何種類かは、かつてはそうでした）、同時に人間とは全くかかわりのない動物だということです。これらの動物にはそれぞれの生き方があります。人間に奉仕することもないし、人間から食べ物を頂戴することもないのです。神が養ってくれるのですから。

（3）これらの動物の想像力豊かな描写は、ヨブに対する神の答えの一部ですが、それはヨブを自分へのこだわりから自由にし、考え方を変えていきます。痛いところを突かれれば突かれるほど、その描写が身近なものになればなるほど、そのインパクトは増していきます。ある意味では、物理的世界のパノラマは当たり前のことを述べています。ヨブの時代の人は誰一人として、宇宙のこれらの側面を理解していると思った人はいないでしょうし、制御できるとも思いませんでした。ヨブ自身、前半部分の語りの中でそれを認めようとしていました（26章7〜14節）。ヨブにはそれは分かっていましたが、彼の不遜さが取り扱われるためにはそれを叩き込まれる必要があったのです。他方で野生動物に関しては、ヨブはこれらの動物を支配できると思ってはいなかったでしょうか？ 神が創世記1章26節で人間に与えた支配はすべての生物に対する支配でした。ノーマン・ハベルは、ヨブに対する神の答えは創世記の支配の命令を覆し、弱めるものだと論じます[18]。少なくともこれは、支配とは何かを考える上でのもう一つの面を示しています。それは人間の支配を制限し、条件付けます。特にここでは、支配の及ぶ範囲を人間世界に住む家畜動物に制限しているように思われます[19]。それは、人間と他の被造物との関係にとって大事なことは支配の問題だけだという人間中心主義な不遜さに一撃を加えます。もう一つの大切な点は、他の被造物にも神から与えられたそれぞれの生き方があり、それは人間から独立している時にのみ満たされるようなものだということです。ヨブは動物世界の中心でもなければ頂点でもなく、被造物の中の一つなのです。

（４）動物の描写は肉食動物の捕食行動で始まり、捕食行動で終わりますが、特にそれは子どもを養うためのものです（38章39～41節、39章26～30節）。子どものライオンは親が肉を持って帰るのを洞穴の中で待っていますが、鷲もひなのために肉を探しています。ひなは親が持ち帰った死骸の肉から血を飲みます。[20] 当該箇所の最初と最後にテーマ的な関連があり、終わりを読んだ人に初めの箇所を思い起こさせるようになっています。それが示唆するのは自然のサイクル、つまり死は新しい命を育て、新しい命は死なしには継続できない、ということなのでしょう。いずれにせよ、この一文の観点からは、ある動物の肉食性は単に神の定めた秩序の一部なのです。[21] 実際、冒頭の箇所は、神ご自身が獅子や鷲のために獲物を用意していることが示唆されています。

（５）ヨブをあるべき所に置くという役割の他にも、ここでの描写にはもう一つの側面があります。[22] それらは被造物に対する神の純粋な喜びを表明しています。その多様性、その独自性、野生のろばの自由奔放さ、野牛の力強さ、空高く舞い上がる鷹、一見すると愚かに見えるだちょう、などです。それらのデザイナーにして養い主である神は、彼らの独立性を誇りとし、その野生を喜び、それぞれのユニークな個性に満足します。ヨブはこの喜びを神と共にするように招かれます。この野生動物の世界は羊やらくだに囲まれたヨブの世界とは全く異なりますが、ヨブは自分の住む世界から出て野生の自然界を賞賛するように招かれています。

ヨブ記をそれ自体の文脈において読むことで、これらの節からさらに四つの省察が生まれてきます。

(1) ここに登場している動物や鳥が人間の影響から完全に免れているとは、もはや言えません。私たちは彼らの生息地を荒し、もうそこはヨブの時代のような人間の「立ち入り禁止」地域ではなくなっています。人間の活動の結果、絶滅種は日々増え続けています。気候変動は地球上のほとんどの生命に影響を及ぼしており、膨大な数の種の絶滅を招く恐れが現実のものとなっています。ヨブと同じく、私たちも野生動物を飼いならすことはできませんが、ヨブと違って彼らの生存を守ったり絶滅から防ぐことはできます。したがって、私たちはヨブには持ちえなかったような、これらの動物への責任があります。私たちは彼らの生息地を保存し、様々な生き方を尊重すべきです。

(2) 宇宙の場合と同様に、様々な動物に関する私たちの知識はヨブの時代と較べて格段に増していています。古代の人々は、ここで描写されているように動物の様子を注意深く観察していましたが、その観察には限界がありました。ヨブは岩場のやぎの懐妊期間についての質問には答えられませんでしたが、それは近寄り難い生息地に住むこれらの恥ずかしがり屋の動物は容易には観察できなかったからです（39章1～3節）。今では私たちは遠い国々の、さらに近づきにくい自然界の出来事を、テレビのドキュメンタリー番組で見ることができます。しかしそれでも、私たちは鷹がどのように回遊するのか完全に知り尽くしているわけではありません。神秘は残されています。新種の生き物はいつの時代にも発見されているのです。

さらには、動物についての実証的な科学の知識を超えて、もっと大いなる神秘が残されています。野牛やサケイ（訳注＝sand grouse ユーラシア、アフリカの乾燥地帯に生息する鳩に似た鳥。英語でも日本語でも聖書には記述がないが、ヨブ記で「だちょう ostrich」と訳されているのは「サケイ」だと著者は主張している。2章の注15を参照）であるとは、どのように感じられるものなのでしょうか？　神のみぞ知る、です。私たちはただ部分的に想像できるだけです。ヨブ記の描写の中でも、野生のろばや、特に馬についての驚嘆すべき詩的表現は、私たちとは全く異なる被造物の姿の想像力豊かな描写の一例です。神秘は残されています。

（3）これらの記述は、動物が「彼ら自身の生命の主体（subjects）である」ということを前提にしています。[23] 実際にはこれらの記述は、擬人化、つまり人間の感情や意思を動物に当てはめて表現するということでは、ごく控えめです（例えば、39章7節、13～18節、21～25節）。しかし擬人化によらなければ、私たちは意識を持つ他の被造物に感情移入をすることができません。現代の多くの批評家は動物に擬人化の言語を適用することに反対していますが、認知動物行動学者のマーク・ベコフは、科学の研究においてですら、そのような言語を用いることを擁護します。なぜなら、これ以外に動物の経験に近づく術がないからです。擬人化を全面的に放棄してしまえば、動物の行動を全く機械的な用語を使って説明しようとする還元論者になってしまいます。擬人化の用語を使うからといって、人間の感情と動物の感情との間に一切の相違を認めないわけではありません。観察される行動に基づいて、そこに人間の感情といくらか似たところがあると仮定しているだけです。馬の興奮や喜びの感情が私たち人間と同じだというのはありえないけれど、馬が何らかの興奮や喜びを経験していると想定するのは妥当です。ベコフはそれを注意深く、また「生命中心に（biocentrically）」に用いるという条件で、科学的記述における擬人化の使用に賛成します。それは、動物界において動物たちが何ものなのかを理解するためにあらゆる努力を払おうということです。[24]

もちろん、ヨブ記のような古代の詩文において、このような注意深い科学的な留保の下で擬人化が用いられたと考える理由はありません。しかし実際のところ、かなり注意深く用いられていたように思われます。ヨブ記の記述は人間の思考や感情をむやみに動物に投影させてはいません。むしろ、動物の行動をよく観察し、その行動によってきわめて明白に認められる感情だけを記しています。それらの記述は他の被造物の神秘を尊重しながら、人間と似た意識と感情を持つ主人公として捉えています。[25]（したがって、これらの動物について現代の英語の聖書翻訳のほとんどが「それ（it）」という代名詞を使っているのは残念なことです。本書ではノーマン・ハベルに従って、[26]「彼（he）」または「彼女（she）」という人称代名詞を用いますが、それは人称代名詞の方が、動物を意識と感情を持つ対象として捉えている記述によりふさわしいからです。）擬人法を慎重に用いることは人間と他の動物との関係にとってきわめて大切です。それは私たちに、動物が彼ら自身の生命の主体なのであり、人間が利用するための単なる道具ではないことを理解させてくれます。

（４）ビル・マッキベンは、この引用箇所でヨブは宇宙的な謙遜さと共に、神の被造物に対する喜びを分かち合うように招かれていることに注目し、今日の生態系の危機におけるこれら二つのエコロジー的美徳の必要性について明確に主張しています。

私たちの前にあるチャレンジは、これら二つの呼びかけ、嵐の中からの声が命じた二つのこと、すなわち謙遜への呼びかけと喜びへの呼びかけをどのように結びつけるのかを見出すことにある。どちらもそれだけでは不十分だ。謙遜は、それ自体では不毛な否定主義だ。私たちの周りの地球との陽気な交わりは、ニュー・エイジ的な無責任さへと容易に変わりうる……しかしこれら二つが一つになる時、互いに補強され、強力になる。それは私たちの環境破壊、急速に進む貧困問題、そして文化的な絶望感へと突き動かす根の深い行動のうちのいくつかを、変え始めることができるだろう。幸いなことに、この二つは密接に関連しているのだ。[27]

神のヨブへの二番目の答え（40〜41章）

神の第二の答えで、ヨブはついに我に返りました。40章と41章にはベヘモテ（訳注＝新改訳2017では「河馬」、欄外注で「ベヘモテ」）とレビヤタンと呼ばれる二つの恐ろしい動物が登場します。これらの動物は一体何者で、神とヨブとの議論に何を付け加えるのでしょうか。この二つの動物はよくカバとワニだと言われてきましたし、確かにそう思われる箇所がいくつかあります（特に40章15節、21〜23節、41章13〜17節）。[28]もしこれらがカバとワニにすぎないのなら、40章と41章は39章ですでになされた議論の単なる延長だということになります。ベヘモテとレビヤタンは、39章の内容、つまりヨブが野性をコントロールできないという点を強調するために呼び出されたというわけです。ヨブが捕獲したり、制御したり、支配できないと考えるような凶暴な野生動物は確かに存在します。しかし、このような見解の問題の一つは、もしベヘモテと特にレビヤタンに関する長々しく詳細な説明が39章で触れなかった点を補充するものだとしたら、どうしてこんな長い説明を、それも神とヨブとの議論のクライマックスに持ってくる必要があるのかが分からないことです。

現代の学者の大多数は、これら二つの動物は39章に登場する普通の動物とは異なる、神話的な怪物であるという見解を採っています。この見解は、カバやワニを連想させる表現があることを無視しているのではありません。むしろ、ヨブ記の著者はある程度実際の動物をモデルにして二つの怪物を描いたのですが、[29] カバやワニの特徴としては非現実的なものを追加したということです。そのような特徴の最も明らかなものの一つは、レビヤタンが口から火を噴くことで、三つの節（41章19～21節）で著者が強調している点です。[30] ある人々は、それは詩的な潤色にすぎないと言いますが、[31] 39章に登場した動物たちの説明にはそのような非現実的な潤色は一切なかったことを思い出すべきです。ベヘモテとレビヤタンの説明についてこのような潤色を導入すれば、かえってここでの主張が弱まってしまいます。カバやワニの現実の姿に作り話的な内容が追加されることによって、ヨブはこのような動物におびえ、それらを捕まえることも制御することもできないと悟ったのです。実際、古代世界では人々はカバやワニをうまく捕獲していました。もしカバとワニだけが話題になっていたのなら、神がヨブに命じたことは完全に不可能なことではなかったでしょう。

さらには、39章の動物は皆それぞれ普通の名前で呼ばれているのに対して、ベヘモテとレビヤタンは普通の動物の名前ではありません。実際のところ、べヘモテというのは四つ足の哺乳動物（behema）の一般的な呼称の複数形なのですが、ここではその複数形が単数形として使われています。きっとそれは、「ザ・アニマル（The Animal）」、または「傑出した獣（the beast par excellence）」というような意味合いで用いられているのでしょう。[32] レビヤタンは原初の時代の怪物（詩篇74篇13～14節、イザヤ書27章1節）の名称であることに間違いありません。実際、ヨブ記の冒頭部分（3章8節）でもそのような意味で使われています。この二つの怪物の名前は（これらの動物について私たちに最初に知らされるのはその名前なのですが）、読者にそれらの動物が普通の動物ではなく、怪物であると直ちに気づかせるのです。

もしべヘモテとレビヤタンが神話的な怪物だとしたら、ここでのヨブに対する神の問いかけの中で、これらにはどんな役割があるのでしょうか。テクストに目を向ける前に、神のヨブへの第二の呼びかけがべヘモテに言及する前にもう一つの議論を含んでいるという事実に注目すべきです。その議論は二つの怪物を理解する上で重要です（40章10～14節）。この議論で、神はヨブに人間社会を支配するようにと挑発します。これはある意味で38章と39章での被造物の偉大なパノラマの続きです。神はヨブが宇宙も、太陽も、星も、天候も、また野生動物もコントロールできないことを思い起こさせました。では人間世界はどうでしょうか。これは可能なように思えます。ではその書の29章で、ヨブは村の長老として正義を行ってきた自らのことを述懐しています。

の役割を世界的な規模で行うことができるでしょうか。言い換えれば、ヨブが神は何もしていないと神に不平を述べたこと、つまり人間世界を正義によって治め、すべての罪人にしかるべき罰を与えることを、ヨブ自身は果たして行えるのでしょうか。

ヨブは人間世界を支配できるだろうか？（40章10～14節）

さあ、誉れと気高さで身を飾り、
威厳と威光を身にまとえ。
あなたの激しい怒りを吐き散らし、
すべて高ぶる者を見て、これを低くせよ。
すべて高ぶる者を見て、これを押さえ、
悪者どもを、その場で踏みにじれ。
彼らをともに土のちりの中に隠し、
その顔を隠れた所につなぎとめよ。
そうすれば、わたしもあなたをたたえて言う。
「あなたの右の手は自分を救うことができる」と。

もちろんヨブにはそのようなことはできません。彼には力不足です。ここでは邪悪な人々が高ぶる者として描かれていますが、それは神であるかのように傲慢に振舞う暴君や圧政者を指す、聖書の典型的な表現です。これからの議論の展開の中で、このことは重要なポイントになります。人間世界についての議論の後で、神はベヘモテとレビヤタンに話を向けます。神は単に他の動物たちのことを話し出したのではありません。話の流れの中でのこれらの怪物の位置づけとは、これらは創造のもう一つの面、ヨブには支配することなど望むべくもない被造物だということなのです。

ヨブはベヘモテを支配できるだろうか？（40章15〜24節）

さあ、ベヘモテ（訳注＝新改訳２０１７欄外注）を見よ。
これはあなたと並べてわたしが造ったもの。
牛のように草をはむ。
見よ。その力は腰にあり、
その強さは腹の筋にある。

尾は杉の木のように垂れ下がり、
ももの筋は絡み合っている。
骨は青銅の管、
肋骨は鉄の棒のようだ。
これは神の作品の第一のもの、
これを造った者が、その剣でこれに近づく。
山々はこの獣のために産物をもたらし、
野の獣もみなそこで戯れる。
蓮の下にそれは横たわる。
葦の茂み、沼地の中で。
蓮はこれをその陰でおおい、
川の柳はこれを囲む。
たとえ川があふれても、慌てない。
ヨルダン川が口に注ぎ込んでも、動じない。
その目をつかんで、これを捕らえられるか。
罠にかけて、その鼻を突き通せるか。

ヨブはレビヤタンを支配できるだろうか？（41章1～34節）

あなたは釣り針で
レビヤタンを釣り上げることができるか。
輪縄でその舌を押さえつけることができるか。
あなたは葦をその鼻に通すことができるか。
鉤をそのあごに突き通すことができるか。
これが、しきりにあなたに哀願し、
優しく語りかけるだろうか。
これがあなたと契約を結び、
あなたがこれを捕らえて、
永久に奴隷とすることになるだろうか。
あなたは鳥と戯れるようにこれと戯れ、
娘たちのために、これをつなぐことができるか。[33]
漁師仲間はこれを競りにかけ、
商人たちの間で分けるだろうか。

あなたは銛でその皮を、
やすでその頭を突くことができるだろうか。
その上にあなたの手を置いてみよ。
その戦いを思い出して、二度と手を出すな。
見よ。それに立ち向かう期待は裏切られる。
それを見ただけで圧倒されるではないか。
それを起こすほどの狂暴な者はいない。

そうであれば、だれがいったい、
わたしの前に立つことができるだろうか。
だれが、まずわたしに与えたというのか。
わたしがそれに報いなければならないほどに。
天の下にあるものはみな、わたしのものだ。

そのからだの部分について
わたしは黙ってはいられない。

それの力強さと、その体格の見事さについて、
だれが、その外套をはぎ取ることができるか。
胸当ての折り目の間に入ることができるか。
だれが、その顔の戸を開けることができるか。
その歯の周りには恐怖がある。
その背は並んだ盾、
封印したように固く閉じている。
一つ一つぴったり付いて、
風もその間を通れない。
互いにくっつき、
固くつながって離れない。
そのくしゃみは光を放ち、
その目は暁のまぶたのようだ。
その口からは、たいまつが燃え出し、
火花が噴き出す。
その鼻からは煙が出て、

煮え立つ釜や、燃える葦のようだ。
その息は炭火をおこし、
その口からは炎が出る。
その首には力が宿り、
その前には恐れが踊る。
その肉のひだはつなぎ合わされ、
その身に固く付いて、揺るがない。
その心臓は石のように硬く、
臼の下石のように硬い。
それが起き上がると、力ある者もおじけづき、
おろおろして逃げ惑う。
それを剣で襲っても無駄だ。
槍でも、投げ矢でも、矢じりでも。
それは鉄を藁のように、
青銅を腐った木のように見なす。
矢によっても、それが逃げるようにはできず、

石投げの石も、それには藁となる。
こん棒さえ藁のように見なし、
投げ槍のうなる音をあざ笑う。
その下腹は鋭い土器のかけら、
それは打穀機のように泥の上に身を伸ばす。
それは深みを釜のように沸き立たせ、
海を、香油をかき混ぜる鍋のようにする。
それが通った跡には光が輝き、
深淵は白髪のように見なされる。
地の上に、これと似たものはなく、
恐れを知らないものとして造られた。
高いものをすべて見下ろし、
誇り高い獣すべての王である。

この二つの怪物について何が言えるでしょうか。ベヘモテは地の動物たちすべての上にそびえる地上の怪物なのに対して、レビヤタンは海の怪物で「誇り高い獣すべての王である」(41章34

節）。ベヘモテの説明は短いですが、それはレビヤタンの方がより重要であることを示唆します。両方の怪物に共通して言えることは、巨大な力、恐れを知らぬ不敵さ、捕獲したり制御したりすることは不可能なこと、傷つけたり殺したりすることは不可能なことです。しかし、ここで示唆されているのは、ヨブと違ってこの怪物を捕獲したり制御できる者がいることです。それは神です。

レビヤタンは混沌の怪物で、神の被造世界の秩序を脅かす自然界の諸々の破壊的な力を擬人化したものです。旧約聖書では、このような力がもう一つのイメージで描かれることがしばしばあります。それは海です。古代のイスラエル人にとって、恐ろしくかつ破壊力を持つ荒海は自然の中で最も危険なものでした。そのため彼らは太古の混沌とした状態を「混沌の大水」と表現しました。神の創造のわざはその水に境界を設け、被造世界に秩序をもたらすことを可能にしました。しかし神は混沌の力を廃棄することはせず、それを制限してコントロールし続け、一定の境界線の中に閉じ込めました。そうしないと、混沌の力は被造世界を飲み込み破壊してしまうからです。旧約聖書は、混沌の力が絶えずそのチャンスをうかがっているように見なす傾向がありますす。歴史の終わりに、神はついにその力を滅ぼされるでしょう。海を乾かし、レビヤタンを打ち倒します（イザヤ27章1節[34]）。

すでに記したように、ヨブに対する最初の問いかけの冒頭での天地創造のストーリーには、神が混沌の大水を封じ込めて、越えられない境界線を定めるというテーマが含まれています（38章8～11節、21章2節と26章12節も参照）。神は海に向かって、「ここまでは来てもよい。しかし、これ以上はいけない。おまえの高ぶる波はここでとどまれ」と命じています（11節）。注目すべきは、海の波は高ぶるものだということです。海は傲慢にも、扉を押し開いてほとばしり出ようとし、神の秩序に反抗します。これは38章の海と41章のレビヤタンとを結びつけるポイントの一つです（41章26節参照）。レビヤタンは原初の時代の深淵と密接に結びつけられています。「それは深みを釜のように沸き立たせ」ます（41章31節）。「それが起き上がると、力ある者もおじけづき、おろおろして逃げ惑う」（同25節）。神がレビヤタンについて語った最後の言葉は、同時にヨブに対する最後の言葉でもありました、「高いものをすべて見下ろし、誇り高い獣すべての王である」（神の前でのレビヤタンの誇るさまについての41章12節を参照）。海とレビヤタンは共に世界に破壊をもたらす勢力を代表しており、神が被造世界に与えた秩序に反逆する驕り高ぶるものとして描かれています。レビヤタンこそ反逆のプリンスで、他のあらゆる高ぶる獣たちを上から見下ろしているのです。

ベヘモテについてですが、これは被造物を破壊する力のもう一方のシンボルとして見ることができるでしょう。二つの怪物は、一方は地上で、他方は海の中で活発に動き回る、神に反逆する力の包括的なシンボルです。[35]（エジプト神話でカバとワニは、神ホルス〈Horus〉と戦う悪神セト

〈Seth〉の化身として登場します。[36] とすると、カバとワニはカナン神話におけるレビヤタンに相当することになりますが、神が混沌の力に勝利するというイスラエルの神話はそこに由来しています。）このように、ヨブに対する最初の問いかけでは、神によって定められ維持される被造世界の秩序に焦点が置かれており、それを破壊する力については神が制限を設けたという言及にとどめているのに対し（38章８～11節および15節）、第二の問いかけでは創造の秩序を頻繁に脅かし続ける混沌の力にヨブの注意のすべてを向けさせます。そのメッセージは、神は混沌の力を抑止するだけでなく、最終的にはそれらに打ち勝つに違いないと言っているように思われます（41章10～12節）[37]。そこに描かれているレビヤタンに対する神の勝利は過去の出来事なのか、将来の出来事なのかと議論することはそれほど重要ではありません。神が世界を創造した時に悪の諸力を完全に征服したことは、被造世界を破壊から守る必要がある場合には、いつでも再びそれを行う力があることを示しているのです。[38]

レビヤタンが支配する、誇り高ぶるものとは誰のことでしょうか。少なくともそのうちの何人かは、40章11～12節に言及されている邪悪な者たちに違いありません。神がヨブに対し、このような高ぶる者を支配せよと迫った人々です。これらの節からべヘモテとレビヤタンの記述へと移っていく中で、神は高慢で罪深い人間から、神への不遜な反逆を擬人化したような怪物たちへと視線を移していきます。もしヨブが神よりも公正に世界の秩序を守りたいと願うのなら、これらの怪物たちに立ち向かわなければならないのです。ヨブは、それらを取り扱えるのは神だけであることを知らなければなりません。被造世界には混沌と破壊の力があり、神はそれらを封じ込め、制御していますが、いまだに滅ぼしてはいません。ヨブは彼自身の関心事をはるかに超えた広い世界で神がなさっているすべてのことに関して無知であり、神のすることが究極的にどのように正しいのか、知る術がありません。彼に知り得ることは、神は悪を制御しており、最終的にそれを滅ぼすということだけなのです。

このように、神の問いかけの最終場面で、ヨブは被造世界の中の最も暗い部分と折り合いをつけなければなりません。人間以外の被造物に関する神学的な議論でしばしば提起される問題の一つに、自然界には人間の悪とは無関係の悪が果たして存在するのか、というものがあります。ヨブ記のこれらの節は、旧約聖書の中でもこの問題に最も深く踏み込んだものかもしれません。しかし、この問題についてあまり憶測的ではない側面があります。ノーマン・ハベルは、神の第二の問いかけで、ヨブ自身がベヘモテとレビヤタンに比較されていることとの大きな重要性について論じます。ヨブは傲慢にも神に反抗し、ベヘモテやレビヤタンと同じように、神の定めた創造の秩序に異を唱えていますが、神はレビヤタンと同様にヨブをも沈黙させるだろう、というのです。[39]

自分の姿を鏡に見るように、ヨブはレビヤタンが混乱を引き起こしている様子を見せられる。ヤハウェは、ヨブが英雄的な役割を引き受けて、混沌をもたらす者のように、ヤハウェに嵐の中に現れるようにと挑発し、神に挑んでいるのだ、と仄めかしている。［…］もしヤハウェの主権に、この世界の混沌と悪の力を制御することが含まれるのなら（それらが存在することを彼は認めている）、ヨブは自分がその世界の一部であることを認識する必要がある。彼はレビヤタンのようになって混沌を引き起こすこともできれば、神のようになって混沌を制御しようとすることもできる。[40]

私はこの説に説得力があるとは思いません、なぜならそれは、レビヤタンの描写が明確に含意していることと真っ向から衝突するからです。ヨブにはレビヤタンを制御する見込みは全くありません。ヨブの傲慢さが取り扱われるのは、彼自身をレビヤタンと比較することによってではなく、彼にはレビヤタンを征服することも制御することも不可能なことを示すことによって、なのです。

しかし、ヨブはレビヤタンのようになるのか、それとも神のようになるかという選択に迫られているというハベルの説には学ぶべき点があります。私たち現代人は、ヨブと同じように被造世界に存在する破壊的な諸力を究極的には打ち負かす力はないけれども、それらの破壊的な力を解き放つ手助けをしてしまうことはできるのです。神の創造の秩序を脅かし、破壊に導いてしまう人間の行動は、ベヘモテとレビヤタンを助け、助長します。神のような創造的な力を持って世界に君臨し、神の定めた秩序に挑戦したいという人間の願望は、レビヤタンの傲慢さを共有するものです。この時人間は、レビヤタンが王として君臨する「高ぶる者」たちの仲間に加わることになります（41章34節）。

1 Bill Mckibben, The Comforting Whirlwind: God, Job, and the Scale of Creation（Grand Rapids: Eerdmans, 1994）, pp. 57-58.

2 その解釈について手短に調べると、Donald E. Gowan, 'God's Answer to Job: How Is It an Answer?', *Horizons of Biblical Theology* 8（1986）, pp. 85-102, ここでは pp. 86-89. 私の議論は特にこれらの文献に負うところが多い。Robert Gordis, *The Book of God and Man: A Study of Job*（Chicago/London: University of Chicago Press, 1965）; Norman C. Habel, *The Book of Job: A Commentary*（Old Testament Library; London: SCM Press, 1985）; Gowan, 'God's Answer to Job', pp85-102; Leo G. Perdue, *Wisdom in Revolt: Metaphorical Theology in the Book of Job*（JSOTSup 112, Bible and Literature Series 29; Sheffield: Sheffield Academic Press, 1991）; David Strong, 'The Promise of Technology Versus God's Promise in Job', *Theology Today* 48（1991-92）, pp.170-181; Tryggve N. D. Mettinger, 'The God of Job: Avenger, Tyrant, or

Victor?', in Leo G. Perdue and W. Clark Gilpin eds., *The Voice from the Whirlwind: Interpreting the Book of Job* (Nashville: Abingdon Press, 1992), pp. 39-49; Langdon Gilkey, 'Power, Order, Justice, and Redemption: Theological Comments on Job', in Perdue and Gilpin eds., *The Voice*, pp.159-171; McKibben, *The Comforting Whirlwind*; Dale Patrick, 'Divine Creative Power and the Decentering of Creation: The Subtext of the Lord's Addresses to Job', in Norman C. Habel and Shirley Wurst eds., *The Earth Story in Wisdom Traditions* (Earth Bible 3; Sheffield: Sheffield Academic Press, 2001), pp. 103-115; Robert S. Fyall, *Now My Eyes Have Seen You: Images of Creation in the Book of Job* (New Studies in Biblical Theology 12; Downers Grove, Illinois: InterVersity Press/Leicester: Apollos, 2002).

3 ［訳注］ 原書では主にＮＲＳＶから引用されているが本書では新改訳２０１７から引用している。

4 38・23には暗黙の言及がある一方、38・26は人間の生命の不在に言及している。

5 聖書における熱風（シロッコ）については、Aloysius Fitzgerald, *The Lord of the East Wind* (CBQM 34; Washington: Catholic Biblical Association of America, 2002).

6 この節での星座が何を指すのかはきわめて曖昧である。

7「解放される（decentering）」ことについては、Patrick, 'Divine Creative Power and the Decentering of Creation' を見よ。

8 Peacocke, *Creation*, 65.

9 John Maddox, *What Remains to Be Discovered* (New York/London: Free Press, 1999), Martin Rees, *Our Final Century: Will Civilisation Survive the Twenty-First Century?* (London: Random House [Arrow Books], 2004), p.152 に引用されている。

10 Rees, *Our Final*, pp. 151-153.

11 John D. Barrow, *Theories of Everything: The Quest for Ultimate Explanation* (London: Vintage, 1991), p. 210.

12 Rees, *Our Final*, pp. 153-155.

13 エコロジー的美徳としての謙遜については、Lawrence L. Mick, *Liturgy and Ecology in Dialogue* (Collegeville, Minnesota: Liturgical Press, 1997), pp. 33-34 を見よ。

14 McKibben, *The Comforting Whirlwind*, p. 43.

15 聖書のすべての現代英語訳はこれらの節がだちょうを指していると解し、問題の鳥がだちょうだという想定の上で多くのことが書かれてきた（例として、Othmar Keel, *Jahwes Entgegnung an Ijob: Eine Deutung von Ijob 38-41 vor dem Hintergrund der zeitgenösseischen Bildkunst* (FRLANT 121; Göttingen: Vandenhoeck & Ruprecht, 1978) pp. 67-68 と 83-85; Yehuda Feliks, *Nature and Man in the Bible* (London: Soncino Press, 1981) pp. 263-265. 私は Arthur Walker-Jones, 'The So-Called Ostrich in the God Speeches of the Book of Job (Job 39,13-18)', *Biblica* 86 (2005), pp. 494-510, を読んで説得させられたのだが、ここで言及されているのはほぼ間違いなくサケイである。私はもっと魅力的でユーモラスなだちょうを諦めてしまうことに躊躇を感じるが、より謙虚なサケイを聖書の中の正当な場所に戻してやるべきだとも思う。哀歌４・３には、もっと明確なだちょうへの言及がある。英語の聖書でだちょうに言及している他の箇所は、ある種のフクロウだろう（Feliks, Nature, 101; Virginia C. Holmgren, *Bird Walk through the Bible* (New York: Dover, 1972), pp. 120-131 も見よ)。

16 サケイは、安全な場所に雛のための巣をつくる知恵と技のある鳥と対比される。

17 ほとんどの英語訳聖書で、この鳥が鷲ではなくシロエリハゲワシであることについては、Feliks, Nature, p.133 を見よ。
18 Norman C. Habel, "'Is the Wild Ox Willing to Serve You?': Challenging the Mandate to Dominate', in Habel and Wurst eds., *The Earth Story in Wisdom*, pp. 179-189; cf. also J. Gerald Jantzen, 'Creation and the Human Predicament in Job 1:9-11 and 38-41', Ex Auditu 3（1987）, pp. 45-53.
19 Cf. Gene M. Tucker, 'Rain on a Land Where No One Lives: The Hebrew Bible on the Environment', JBL 116（1997）, p. 15:「最初の神の語りかけは支配せよという命令の直接の批判ではないが、それは人間の支配本能、特に家畜化しようとする本能への明白な挑戦である。」
20 39・26で鷲と対になっている鷹も肉食だが、テクストではその点は明示的ではなく、むしろ焦点はその移動習慣である。
21 私はこの箇所に、「動物の王国の残忍さやどう猛さは、悪の力の明らかなしるしなのだ」（Fyall, *Now My Eyes*, p 80）というような神学的主張を認めることはできない。
22 Cf. McKibben, *The Comforting Whirlwind*, pp. 53-54.
23 このフレーズが用いられているのは、Jay McDaniel, 'All Animals matter: Marc Bekoff's Contribution to Constructive Christian Theology', *Zygon* 41（2006）, pp. 29-57, ここでは p 37.
24 Bekoff, *Animal Passions*, pp 25-27, 35-39 と 150-151; Marc Bekoff, 'Animal Passions and Beastly Virtues: Cognitive Ethology as the Unifying Science for Understanding the Subjective, Emotional, Empathic, and Moral Lives of Animals', *Zygon* 41（2006）, pp. 71-104, ここでは pp 89-90.
25 例えば Rainer Maria Rilke と Les Murray によって書かれた、動物についての現代のいくつかの詩は、いくらかこれと似たようなことを成し遂げている。
26 Habel, *The Book*, pp. 519-520（38・39における例外は、おそらく見落としによるものだろう）。
27 McKibben, *The Comforting Whirlwind*, p. 63. 彼が挙げた例で私が特に好きなのは、アメリカでのクリスマスのお祝いの過剰に物質主義的なところを正すところだ（65～68頁）。
28 Feliks, Nature, pp. 265-269. レビヤタンについては、「ワニとクジラに、深海の神話的な怪物を混ぜ合わせたもの」だと言っている（269頁）。ベヘモテをゾウだとする見方がかつては一般的だったが、近年ではそのように主張する学者はいない。B. Couroyer, 'Qui est Béhémot ?' Job, XL, 15-24', RB 82（1975）, pp. 418-443 の見方に対し、ベヘモテを野生の雄牛とするものとして、Keel, *Jahwes Entgegnung*, pp. 127-131を見よ。
29 特に、*Keel, Jahwes Entgegnung*, pp. 127-156.
30 Feliks, Nature, p. 268, はこの特徴はクジラから借用したもので、「鼻孔を通じて温かい蒸気を冷水の中に噴出する」ことだとするが、41・19～21は明らかに火炎を指している。
31 Gordis, *The Book*, pp. 119-120.Gordisの議論への反対として、Fyall, *Now my Eyes*, pp. 127-128を見よ。
32 後者については、Fyall, *Now my Eyes*, p. 133を見よ。
33 これはおそらくペットの鳥と子どもたちへの言及だろう。
34 混沌神話については、Jon D. Levenson, *Creation and the Persistence of Evil: The Jewish Drama of Divine Omnipotence*（San Francisco: HarperCollins, 1988）を参照。
35 Fyall, Now my Eyes, はベヘモテを死（モト）、そしてレビヤタンをサタンと見なすが、こうした同定を正当化するために彼が持ち出す関連は、根拠として弱いように思える。

36 Keel, *Jahwes Entgegnung*, pp. 131-156; Mettinger, , 'The God of Job', p. 46; Bernhard Lang, 'Job XL: 18 and the "Bones of Seth"', VT 30 (1980), pp. 360-361.

37 残念なことに、これらの節は曖昧で、様々に解釈されてきた。

38 レビヤタンの描写は、悪に対する勝利者としての神をも描いているという見方については、例えばMettinger, 'The God of Job' を参照せよ。

39 Habel, *The Book*, pp. 557-567; Purdue, *Wisdom*, chapter 8 も参照せよ。

40 Habel, *The Book*, p. 574.

第3章　被造物の共同体

本書で提案したいのは、被造物の共同体において人類は他の被造物と仲間同士であるというイメージは、聖書のいくつかの大切なテーマを統合する上で役立つだろうということです。このイメージは、被造世界における人間の特別で独特な役割を理解するための大きな文脈を与えてくれますが、人間が神のごとく被造物の上に君臨するという見方には立っていません。神によって造られたすべての被造物はどこまでも被造物なのであり、人間もその例外ではありません。地上の被造物は皆で地球を共有し、皆が互いに関係し合い、依存し合う共同体に属し、そして何よりもすべてのものの創造主へと向かうのです。この共同体は実に多彩なメンバーで構成されているので、メンバー間の相互依存関係も驚くほど豊かで多様です。現代の生態学は、地球の生物圏とその生態系（エコ・システム）の構成要素の中の複雑なバランスや相互依存の流れを次々と明らかにしてきました。[1]しかし、非常に多くのことは未だに知られておらず、未知の事柄は私たちがすでに知っていることよりも多いでしょう。聖書の記者たちはこうした相互関係を科学的に解明することはできませんでしたが、科学と一致するような被造物のヴィジョンを示しつつ、科学には対応できない事柄、すなわち価値、倫理、責任、そして特に被造物と神との関係に焦点を当てたのです。

詩篇104篇――地球を共有する

ヨブ記38、39章と詩篇104篇の間にはいくつかの驚くべき類似点があります（ちなみに詩篇104篇は人間以外の被造物に関する聖書記事の中で二番目の長さです）[2]。どちらも天地創造の情景を詩的に喚起することから始まりますが、そのどちらも創世記１章よりも、互いの方がよく似ています。そしてどちらも天地創造から、被造物の各部分や一員たちのパノラマ的な描写へと、よどみなく移行します。どちらも人間に至高の地位を与えません。けれども、詩篇104篇の方が、ヨブに対する神の応答よりももっと穏やかな仕方で、人間を被造世界のあるべき場所へと位置づけます。ここには、人間の不遜さは打ち砕かれるべきだ、というような指摘はありません。むしろ、創造についての神への賛美の中で、私たち人間が他の被造物と共に、神が備えた場所にしっくりと収まっているような感覚があるのです。

わがたましいよ　主をほめたたえよ。

わが神　主よ　あなたはまことに大いなる方。
あなたは威厳と威光を身にまとっておられます。
あなたは光を衣のようにまとい
天を幕のように張られます。
水の中にご自分の高殿の梁を置き
密雲をご自分の車とし
風の翼に乗って進み行かれます。
風をご自分の使いとし
燃える火をご自分の召使いとされます。

あなたは地をその基の上に据えられました。
地は　とこしえまでも揺るぎません。
あなたは　大水で
衣のように地をおおわれました。
水は　山々の上にとどまりました。
水は　あなたに叱られて逃げ

あなたの雷の声で急ぎ去りました。
山を上がり　谷を下りました。
あなたがそれらの基とされた場所へと。
あなたは境を定められました。
水がそれを越えないように
再び地をおおわないように。

主は泉の水を谷に送り
山々の間を流れさせ
野のすべての獣に飲まされます。
野ろばも渇きを癒やします。
その傍らには空の鳥が住み
枝の間でさえずります。

主は　その高殿から山々に水を注がれます。
みわざの結ぶ実によって　地は満ち足りています。

主は　家畜のために草を
また　人が労して得る作物を生えさせます。
地から食物を生じさせてくださいます。[3]
ぶどう酒は人の心を喜ばせ
パンは人の心を支えます。
油よりも顔をつややかにするために。
主の木々は満ち足りています。
主が植えられたレバノンの杉の木も。[4]
そこに　鳥は巣をかけ
こうのとりは　もみの木を宿としています。[5]
高い山は野やぎのため
岩は岩だぬきの隠れ場。[6]

主は季節のために月を造られました。
太陽はその沈むところを知っています。
あなたが闇をもたらされると　夜になり

あらゆる森の獣が這い回ります。
若い獅子は　餌食を求めて吼えたけり
神に自分の食物を求めます。
日が昇ると　彼らは退いて
自分のねぐらで横になります。
人は　自分の仕事に出て行き
夕暮れまでその働きにつきます。

主よ　あなたのみわざはなんと多いことでしょう。
あなたは知恵をもってそれらをみな造られました。
地は　あなたのもので満ちています。
そこには　大きく広い海があり
這うものや生き物は数えきれません。
小さなものも大きなものも。
そこを船が行き交い
あなたが造られたレビヤタンも　そこで戯れます。

彼らはみな　あなたを待ち望んでいます。
あなたが時にかなって　食物をお与えになるのを。
あなたがお与えになると　彼らは集め
あなたが御手を開かれると
彼らは良いもので満ち足ります。
あなたが御顔を隠されると　彼らはおじ惑い
彼らの息を取り去られると　彼らは息絶えて
自分のちりに帰ります。
あなたが御霊を送られると　彼らは創造されます。
あなたは地の面を新しくされます。
主の栄光が　とこしえにありますように。
主がご自分のみわざを喜ばれますように。
主が地に目を注がれると　地は震え
山々に触れられると　それは煙を上げます。

私はいのちの限り　主に歌い

生きるかぎり　私の神をほめ歌います。
私の心の思いが　みこころにかないますように。
私は　主を喜びます。
罪人らが地から絶え果て
悪い者どもが　もはやいなくなりますように。
わがたましいよ　主をほめたたえよ。
ハレルヤ。

詩篇104篇への考察

（1）この詩篇は神の創造のわざ、被造物を養うための神の「途方もない気前の良さ（generous extravagance）」[7]、膨大な多様性と複雑さを持つ世界、生命の繁殖と豊かさに満ちた世界、これらについての神への賛歌です。ここには、世界がそこに生きるすべての生き物への神の贈り物だという、圧倒的な感覚があります。この詩篇の神は気前よく与える神で、すべての良いものはこの方から来るのです（ヤコブの手紙1章17節参照）。

（2）多種多様な被造物を創造された神の「途方もない気前の良さ」は、ウィリアム・ブラウンがこの詩篇の「動物学の種の、真の分類」[8]と呼ぶものの中に、また特に、海の生物の繁殖力について触れている下り「そこには　大きく広い海があり／這うものや生き物は数えきれません。／小さなものも大きなものも」（25節）に現れています。実際、詩篇の記者は、「主よ　あなたのみわざはなんと多いことでしょう」（24節）とのコメントを、彼の「分類」に割り込ませているのです。

（3）すべての生物（人類、家畜動物、野生動物、鳥、海の生物）に対する神の途方もない気前の良さは次の六つのカテゴリーに分けられます。

（生命の息吹）

生命の息吹は命そのもので、最も重要な神の贈り物です。他のすべての神からの贈り物の根源であり、同時にそれらを制約します。生命、つまり生物の息吹は、神が思いのままに与えたり取り上げたりする神の息吹（「霊」）であり、地上の命を刷新し続けています（29～30節）。オディル・ステックの表現を借りれば、人間「およびすべての生物は『基本的に神に依存』している」[9]。

（水）

水はすべての生命に不可欠なものです。特に中東では水の重要性は説明するまでもありません。ここでもそれは、はっきりと言い表されています（10～13節、16節）。

（**食べ物**）

28節によれば、神は御手を開いてすべての被造物に良いものを与えます。ライオンでさえ森の中で夜間歩き回り、神から獲物を与えられることを求めます。このイメージはすでにヨブ記で見てきたものです。

（**生息地**）

水や必要な食べ物は神がそれぞれの被造物に与えた生息地で得ることができます。鳥は水辺の木、野やぎは山、岩だぬきはごつごつした岩、人間には耕作地、獅子やその他の動物には森、大海原に住む無数の被造物には海。現代の私たちの、生き物の生息地を破壊することでそこに住む被造物をも破壊しているという認識は、自然の生態学的な理解から導かれます。しかし、そのような理解は詩篇104篇の中にすでに見出されるのです。

（**時と季節**）

昼と夜が交互に現れ、一年のうちに四季が巡って来ることは、地球上の生き物の居住にとって不可欠なことで、それぞれの生物は各々それに順応して生きています（19～23節、27節）。

（**喜び**）

神が与えた命と資源の目的は、単に生き延びるためだけではなく、神の被造物として生きる喜びを味わうことにあります。鳥は喜びの声をあげます（12節）[10]。人間への神の備えには、人の心を喜ばせるぶどう酒、顔を輝かせる香油もあります（15節）。一方、海の怪物レビヤタンは海で戯れるために創造されました（26節）。被造物の喜びは、神が造られたすべてのものへの神ご自身の喜びに、彼らも加わるのだということが示唆されています（31節）。

（4）この詩篇は、すべての被造物は神の気前のよい供与に完全にかつ直接的に依存していると描いています。そこには被造物への神の直接的で不変の関与が強く示されています。しかし、詩篇は被造物の神への従属を強調しながら、同時にこれが神から力を与えられることだとも見ています。鳥は巣を作り、人間は土地を耕し、海を航海します。そしてレビヤタンは戯れるのです。

（5）鳥、野生動物、家畜動物、森の動物、海の生物といった一般的な分類と並行して、七つの生き物の名前が特記されています。野ろば、人間、こうのとり、野やぎ、岩だぬき、獅子、そしてレビヤタン。七つという数字は意図的なものかもしれません、なぜなら数字の七は完全数を表しているので、七つの生物はすべての生物を代表していると考えられるからです。さらに意味深長なことに、人間以外の六つの生き物の中の三つは、神がヨブに語りかけた十の動物の中に含まれているのです。野ろば、野やぎ、獅子です。このことは、この三つの動物は人間がコントロールできない動物たちであるという事実を際立たせます。もちろんそれはレビヤタンについても言えることですが、ここでのレビヤタンはヨブ記の場合よりもずっと無邪気な役割が与えられています。

（６）では、人間はこの被造世界のパノラマの中でどんな位置を占めているのでしょうか。確かに人間には他の生き物よりも少し多めの記述が割かれています（14～15、23、26節[11]）。ある種の特別さを示唆しているものもあります。家畜動物（14節の、「主は　家畜のために草を」）、農業（14節）、ぶどう栽培と樹木栽培（15節）、そして海上の船（26節）への言及です。しかし、人間が一般的に他の被造物よりも優位にあることを示すものはありません。むしろそれが与える印象は、人間と他の被造物とは仲間同士だということです。神が生命や生息地や生きるために必要な物を与えている無数の被造物と同様に、人間にも創造世界の中で占めるべき場所があります。人間は驚くほど多種多様な神の被造物の一部なのです。ブラウンは、「人間中心的な」詩篇８篇に較べて、詩篇104篇は「エコ中心的なプロファイルを指し示している」と寸評しています[12]。私はむしろ、104篇は第一に「神中心的」なのであって、エコロジー的な被造世界の姿は、創造のわざについての神への賛美の中に置かれるべきだと言うでしょう。「人間の支配については触れずに、この詩篇は神と自然の両方に対する私たちの喜びを示している[13]。」

（７）その全体像は、ほとんど例外なく肯定的です。死に関する記述もありますが、それはあくまでも生と死という自然のサイクルの一環として受け入れられているようです（29節）。神は明らかに地震を起こし、火山を爆発させます（32節「主が地に目を注がれると　地は震え／山々に触

れられると　それは煙を上げます」)。しかしそれらは、無垢の人々に災いをもたらすものというより、シナイ山におけるような顕現、つまり神の栄光の顕示として理解すべきでしょう。このように創造についての全面的に肯定的な姿勢は創世記第1章のそれとよく似ています。[14] どのような理由があるにせよ、詩篇の記者は、唯一の例外を除いて、神が創造された世界に瑕疵があるという示唆を徹底して差し控えています。その例外とは（唯一の例外であるために、ことさら目を引きます）、104篇の最後になって突然神への賛美を中断して、「罪人らが地から絶え果て／悪しき者どもが　もはやいなくなりますように」（35節）と祈っていることです。人間は、バラ色の世界の姿を台無しにしてしまう被造物なのです。

ウォルター・ブルッゲマンはこう言っています。

（罪人とは）「神の途方もない気前の良さによる、創造による命の受け入れを拒否する者たちである。彼らはそうして、この被造世界が創造主によって統治され維持されていることを拒否し、神からの独立を勝ち取ろうとする。被造物はその中に、神のこの上ない真剣さを有しており、贈与性、依存性、途方もない気前の良さといった被造物の諸条件を犯すことを神は容認しない。[15]」

人間による被造世界の破壊は、詩篇の記者が人間の例外性としてはっきりと指摘していることなのです。

（８）海に関する記述の中に、「船」と「レビヤタン」が特記されています（26節）、あたかもこの二つが海に住む被造物の種で、25節の「小さなものも大きなものも」の描写であるかのように。海を航海する人は自分がとても小さな者だと感じるでしょうし、レビヤタンは広大な大海原を住処とするにふさわしい唯一の被造物であるように思われます。海に言及しているのは、人間は他の動物と違って一つの特定の場所に閉じ込められることがないということを示唆しているのかもしれませんが、同時に人間を非常に儚いものとして描いています。ヨブ記を含む、他の旧約聖書の箇所からレビヤタンを知ることで、レビヤタンを神が天地創造の際に克服した無秩序状態を擬人化したものと見なし、したがって被造世界を再び無秩序状態にさせないように閉じ込めておかなければならないものとして見ることができるでしょう。レビヤタンは原初の混沌を象徴する海と密接に結びつけられています。海を向こう見ずにも航海する人間の脆弱さは（古代のイスラエル人たちは滅多にそんなことはしませんでした）、彼らの船とレビヤタンが併記されているところに現れています。しかし、ここではレビヤタンはヨブ記のような破壊のシンボルではなく、単に海で戯れる怪物（鯨？）にすぎません。[16] 同様に、レビヤタンは創世記１章にも登場しているのかもしれません。もっとも、他の海の生物と共に、「水に群がりうごめくもの」の一つとして言及されているだけですが（創世記1章21節）。このように創世記1章と詩篇104篇は、ヨブ記とは対照的に、混沌の怪物を飼い慣らしていて[17]、混沌と秩序との対立や、レビヤタンによって代表される宇宙的な破壊の脅威を取り除いています。この点では、他の場合のように、詩篇104篇も創世記1章も、創造を理想的でユートピア的なものか、あるいは終末的なものとして描いています。

（9）多くの生物の種を個々に例として取り上げその多様性を強調しつつ、人間もその他の動物も同じく、すべての生物が創造主に依存していることへと話を進めます（27～30節）。世界についての詩篇のこのような解釈に一体性を与えるのは、人間による世界の支配でもなければ、人間が定めた世界の価値でもなく、（今日的な表現を使えば）グローバリゼーションでもありません。むしろ、神にとってのすべての造られたものの価値なのです。それは人間中心的ではなく、神中心の世界です。神のご自分のみわざへの喜びが（31節）詩篇記者に喜びを与えています（34節）。彼は神を讃えますが、それは人間の命や人間にとっての被造物の便益のためだけでなく、全被造物に現れる神の栄光のゆえになのです。ヨブとは違った仕方で、詩篇記者は自分自身から解き放たれると共に私たちの生活の多くを支配する悩み事や雑念から解き放されますが、それは他の被造物について思い巡らすことによってなのです。これは神の被造物を喜ぶことであり、神ご自身の被造物への喜びに加わっているのです[18]。こうして私たちは神の被造世界の中で正しく生きることが可能になり、他の被造物と共に神の栄光を賛美しながら生きることを喜べるようになります。

マタイの福音書6章25〜33節
神の被造物への備えを共有する

旧約聖書の壮大な創造の詩篇から、新約聖書のイエスの山上の説教へと目を転じましょう。[19] イエスはここで旧約聖書の創造の神学に依拠しています。たぶんそれは詩篇104篇でしょうが、[20] それは弟子たちに、この世界でどのように生きるのがふさわしいのかを教えるためでした。この世界、というのは、あらゆる被造物に必要なものを惜しみなく与えてくださる、神の溢れるばかりの気前の良さに包まれた世界のことです。

マタイの福音書6章25〜33節

ですから、わたしはあなたがたに言います。何を食べようか何を飲もうかと、自分のいのちのことで心配したり、何を着ようかと、自分のからだのことで心配したりするのはやめなさい。いのちは食べ物以上のもの、からだは着る物以上のものではありませんか。空の鳥を見なさい。種蒔きもせず、刈り入れもせず、倉に納めることもしません。それでも、あなたがたの天の父は養っていてくださいます。あなたがたはその鳥よりも、ずっと価値があるではありませんか。あなたがたのうちだれが、心配したからといって、少しでも自分のいのちを延ばすことができるでしょうか。なぜ着る物のことで心配するのですか。野の花がどうして育つのか、よく考えなさい。働きもせず、紡ぎもしません。しかし、わたしはあなたがたに言います。栄華を極めたソロモンでさえ、この花の一つほどにも装っていませんでした。今日あっても明日には炉に投げ込まれる野の草さえ、[21]神はこのように装ってくださるのなら、あなたがたには、もっと良くしてくださらないでしょうか。信仰の薄い人たちよ。ですから、何を食べようか、何を飲もうか、何を着ようかと言って、心配しなくてよいのです。これらのものはすべて、異邦人が切に求めているものです。あなたがたにこれらのものすべてが必要であることは、あなたがたの天の父が知っておられます。まず神の国と神の義を求めなさい。そうすれば、これらのものはすべて、それに加えて与えられます。

イエスの教えが旧約聖書とユダヤ教の伝統に深く根ざしていたのはもちろんですが、イエスが旧約聖書の創造の神学をどれほど活用していたかについては、十分に認識されていないようです。福音書には、創世記1章26節の人間による動物の支配に言及しているところはないようですが、山上の説教を読んで気づくことは、被造世界は生き物すべてにとって共同の住処であり、神は彼らに必要なものすべてを提供している、という詩篇記者の理解をイエスも自らのものとしていたことです。イエスは詩篇の教えを、弟子たちの生き方はどうあるべきかという助言へと発展させていますが、そこから導き出した結論は、私たち人間は日々の物質的な必要に思いわずらう必要はなく、それどころか父なる神は私たちに必要なものをすべて与えてくださることを心から信頼して生きるべきだ、ということでした。寛大で賢明な創造主はすべての点で私たちの面倒をみてくださるので、私たちはそうした心配に代えて、この世界において神の王国と神の義を求めるべきなのです。

イエスはその例として鳥を取り上げます。神は他の被造物と同様に、鳥を養ってくださいます。しかしイエスは、詩篇にはない考察を加えています。「空の鳥を見なさい。種蒔きもせず、刈り入れもせず、倉に納めることもしません。それでも、あなたがたの天の父は養っていてくださいます。」このイエスの言葉については、様々な解釈があります。イエスは働かない鳥と働く人間とを対比させているのだと解釈する人たちがいます。彼らが言わんとすることは、もし神が怠け者の鳥さえ養うのであれば、生活のために一生懸命に働く人間には当然もっと多くの物を与えてくださるだろう、ということでしょう。一方、イエスは働かない鳥と働かない弟子たちとを比較しているのだ、と解釈する人たちもいます。しかしイエスは、鳥は働かないとは言っていないことに注意しましょう。鳥は大変な労力で餌を探し回っているという明白な事実を否定していません。単に、鳥は人間がするように食べ物を加工する必要がないと言っているのです。「蒔かず、刈り入れず、倉に納めない」とはそういうことです。

おそらくこの二つの解釈はどちらも正しくないでしょう。大切なのはむしろ、鳥は自然から得た食べ物を加工せず、見つけた物をそのまま食べるために、創造主が備えてくれたものに頼る依存度はより直接的で、明白だということです。他方、人間は生きるために必要なものは自分の働きによって獲得しなければならないという思いにとらわれていて、食べ物の備えは自分次第なのだと容易に考えがちです。必要なものについて思い悩んでしまう原因は正にそこにあり、イエスはその必要はないことを示したのです。農業によって食物を得ることで、人間は自分の努力にばかり注目するようになりがちですが、それはもっと根本的な事実、つまり人間も神の創造による資源に依存しており、それなしには鳥のように蒔くことも刈り入れることも倉に納めることもできない、という事実を忘れさせてしまいます。現代の都会生活ではこのような錯覚はもっと著しいのです。しかし、より明白に創造主に頼っている鳥たちは、人間も究極的には鳥と同じように創造主に依存していることを思い起こさせます。イエスはここで、神はイエスの信従者たちに特別の恩恵を与えるとは言っていません。すべての生き物は、人間も他の動物も含めて、生きるために神が備える創造の資源に依存していると語っているのです。

イエスはもちろん、基本的な必需品について話しています。イエスの創造の神学は、今日の消費社会における過度の消費や、新たに必要なものを常に作り出そうとする生産者側の態度とは非常に異なっています。イエスは、基本的な必要についての不安感から弟子たちを解放しようとしていますが、そのような不安感は、決して十分ではないという思いへと人々を追いやります。しかし今日の社会では、生きるために必要なものを十分に持ちたいという人間の本能的な不安は、止まることを知らぬ豊かさへの衝動と、高まり続ける生活水準を維持することへの強迫観念的な不安に取って代わられてしまっています。これが、自然の資源を使い果たしては破壊し、さらには多くの人や他の生物から生きるための糧を得る手段さえも奪い取る、強迫観念的な消費なのです。

世界の多くの地域を苦しめている飢饉や食糧・水不足の現実（異常気象がそれに追い打ちをかけます）を考える時、イエスのこの教えはあまりにも非現実的だと批判するのは簡単かもしれません。イエスは、詩篇104篇の記者と同じように、あまりにも楽観的にこの世界を見てはいないのだろうかと。考慮すべき大切な点は、イエスは人々に食物を届けるための通常の農業活動を前提にしているのと同様に、自分自身では経済的な生計手段を持たない貧しい人々に必要なものを供給するための律法の規定を前提としていることです。貧しい人々のために三年毎に収穫物の十分の一を蓄える制度（申命記14章28～29節、同26章12～15節）、および貧しい人々のために農夫は収穫の一部を畑に残しておく制度（レビ記19章9～10節）は、イエスが山上の説教で語っている気前の良い施し（マタイ6章2〜4節）と共に考慮に入れられるでしょう。勤労と分かち合いはいずれも、創造主の備えてくださったものをすべての人々に必要なものを届けるための方法です。

詩篇104篇も山上の説教も、神が与えた創造の資源はすべての被造物の必要を十分に充たすものだという確信によって、私たちにチャレンジを与えます。つまりそれは神のすべての被造物にとっては十分で、それでも足りないのは人間の過剰な欲求にとってのみだということです。神が備えるものは、平等に分かち合うならば、十分なのです。神が備えたものによって生きるということは、限度の中で生きるということでもあり、そうした被造物のエコロジー的な限度を、豊穣な世界の中で生きている私たちもついに認識するようになりました。イエスや詩篇の記者にとって、彼らを取り囲む世界は、神がすべての被造物のために備えた途方もない気前の良さを表していました。それに対して、今日の過剰消費社会にどっぷりと浸かっている私たちは、消費をほどほどに抑えておく必要があると痛感せざるを得ないのです。

イエスが空の鳥や野の花について語るのを聞き、イエスのように周囲の世界を見渡すことができるのなら、生態系の示す限度内で暮らすことも可能だと思えるようになるかもしれません。それらは、現代人がそう考えてしまいがちな、単なる生き生きとしたイエスの例話ではありません。鳥や花はイエスの議論には必須のものなのです。私たちは自分たちが空の鳥や野の花と同じ、神の被造物の一員であることを認識して初めて、イエスのメッセージを味わえます。人間には好きなように地球の資源を搾取する資格が与えられているのではなく、神の被造物共同体の一員なのだと理解して初めて、私たちはイエスのメッセージを味わえるのです。人間がその特筆すべき一員であることを疑う余地はありません。イエスは、私たちが鳥よりもすぐれたものだと言っていますが、[22]それは固有の価値を持つ鳥を貶めようというのではなく、思い煩いを解消させるためでした。人間が被造物共同体の中で特筆すべき存在であることを疑う余地はありませんが、それでもその一員にすぎないのです。これらの他の被造物に思いを巡らせていると、そこに創造主からの贈り物によって存在する自然界の豊かさと美しさを見るのです。その豊かさと美しさは、私たちが人間のためにこの世界を豊かに美しくしようとする努力とは無関係なものです。もし私たちがこの神の被造世界との本来の関係を取り戻すことができれば、私たちは神の王国を求め始めることができるようになり、さらには被造物のための神の目的を求めるようになるのです。

イエスの教えは極端だと思われるかもしれないし、確かに誇張した表現はイエスの教育的技法の特徴です。[23]けれども、私たちの過剰消費中毒もまた極端なほどです。地球上の豊かな地域に住んでいる私たちのほとんどは、イエスの時代に生きていた普通の人々の水準に近づくどころか、妥当な限度内で暮らすことを学ぶことすらほど遠いのです。今日の西洋世界で、私たちは目の色を変えて「もっと多く、もっと多く」と求め続けていくうちに、「これで十分だ」という感覚を失ってしまいました。[24]しかし生態学上の限界が私たちに求める変化は、私たちの個人的な消費態度だけでなく、現代の消費社会とグローバリゼーションを突き動かしている経済的前提や目標にも広く関係してきます。

私たちの創造主を共に賛美する

詩篇104篇は、私たちが他の被造物と地球を分かち合っていること、私たちは神からの惜しみない資源の提供によって彼らと共に生かされていることを認識させ、人間も被造物の一員であるという感覚を取り戻させてくれます。私たちはこの世界を他の被造物と分かち合っているのだという認識を取り戻させてくれる最善の方法は、すべての被造物による礼拝という聖書的テーマを学ぶことです。生物も無生物も含めて、すべての被造物が神を礼拝しているというテーマは詩篇（65篇12～14節、69篇35節、89篇13節、96篇11、12節、97篇7、8節、103篇22節、145篇10節、150篇6節）や他の文書に広く見られます（歴代誌第一16章31～33節、イザヤ書35章1～2節、40章10節、43章19～20節、55章12節、ピリピ人への手紙2章10節、ヨハネの黙示録5章13節）[25]。けれども、旧約聖書の中でこのテーマを最も包括的に示している例は、壮大な詩篇148篇をおいてありません。[26]

詩篇148篇

ハレルヤ。
天において主をほめたたえよ。
いと高き所で　主をほめたたえよ。
主をほめたたえよ　すべての御使いよ。
主をほめたたえよ　主の万軍よ。
日よ　月よ　主をほめたたえよ。
主をほめたたえよ　すべての輝く星よ。
天の天よ　主をほめたたえよ。
天の上にある水よ。
主の御名をほめたたえよ。
主が命じて　それらは創造されたのだ。
主は　それらを世々限りなく立てられた。
主は　去りゆくことない定めを置かれた。

地において主をほめたたえよ。
海の巨獣よ　すべての淵よ。

火よ　雹よ　雪よ　煙よ。
みことばを行う激しい風よ。
山々よ　すべての丘よ。
実のなる木よ　すべての杉よ。
獣よ　すべての家畜よ。
這うものよ　翼のある鳥よ。
地の王たちよ　すべての国民（くにたみ）よ。
君主たちよ　地をさばくすべての者たちよ。
若い男よ　若い女よ。
年老いた者と幼い者よ。
主の御名をほめたたえよ。
主の御名だけがあがめられる。
その威光が　地と天の上で。
主は御民の角を上げられた。
主にある敬虔な者すべての賛美を
主の近くにいる民　イスラエルの子らの賛美を。

ハレルヤ。

この宇宙的な聖歌隊を構成する被造物は幅広く、包括的です。三十以上もの種類の被造物が登場します。そのいくつかは、被造物の部類全体を代表しています。例えば、９節の「実のなる木よ　すべての杉よ」は間違いなく全植物を代表しています。「ほめたたえよ」という命令には、「すべて」という言葉が全部で八回登場し、テクスト全体に現れます。被造物のカタログは二部に分かれていて、天（１～４節）と地（７～12節）とをそれぞれ代表しています。どちらの領域でも、創造主がほめたたえられ、そして創造主はすべてのものの上に位置します。「その威光が地と天の上で（あがめられる）」（13節）。なぜ神の被造物が創造主をほめたたえることが適切なのかを説明する二つの箇所（５～６節と13～14節）は、それぞれ被造物のカテゴリーの二つの部分に続いています。神がほめたたえられるべきなのは、すべてのものの創造主であり（５～６節）、すべての被造物の上におられる唯一の方だからです（13～14節）。最後に、ここだけにイスラエルが登場しますが、神はご自分の民を被造世界の中で名誉ある位置に引き上げることでほめたたえられます（14節）。

私はこの詩篇の被造物の描写について、「宇宙的な聖歌隊」という言い方をしました。「交響楽団」という表現の方がより適切かもしれません。様々な被造物は、それぞれ異なった、また互いに補完的な役割を果たすことで、この交響曲の演奏に貢献します。テレンス・フレサイムが指摘しているように、「それぞれの生物は独自の個性を持ち、複雑さの程度は異なっている。けれども、それぞれは神の一つの世界の一部でもあり、全体に貢献している。」(このことは次の可能性をもたらします、「もしオーケストラのメンバーの一人が演奏できなかったり欠けたりしていたならば」、全体の賛美に悪影響が出るでしょう。[27] 私たちはこの可能性について、本章の終わりの方で考えます。)

人間は賛美をする被造物たちの終わりに置かれていますが、それは創世記1章の創造の働きや、詩篇104篇の被造物のリストの最後に人間が登場するのと同じことです。この場合も、創世記1章や詩篇104篇と同じく、人間は被造物の価値を測る物差しの最上級に位置しているわけではありません。リストの最初に出てくるからといって天の御使いは被造物の中で価値が低いわけではありませんし、火よりもリストの後で言及される這うものたちの方が価値が高いとみなす理由はありません。いずれにせよ、そんな価値を測る物差しに意味などありません。山々と海の巨獣を比較したり、雪を実のなる木と比較したりすることに、どんな意味があるというのでしょう。人間は被造物の中でも神を賛美することに最も躊躇を覚える生物なので、リストの最後に挙げられているのは、他の被造物が神を賛美するヴィジョンに触発されて神を賛美するようになるためなのかもしれません。いずれにしても、詩篇記者の生きていた世界では、すべての地上の王や諸国の民が実際にヤハウェを賛美したわけではなかったのです。この詩篇は彼らに主を賛美するよう招いていますが、おそらくそれは、地上のすべての国々がいつの日にか主を賛美するようにという預言者たちの希望と関係があるのでしょう。このような文脈では、神を賛美する被造物の礼拝は証言者的な役割を果たし、人間界に対して神は賛美されるにふさわしい方であることを宣言しているのです（詩篇19篇2～5節参照[28]）。

現代のキリスト者が詩篇148篇や他の聖書箇所で、すべての被造物が神を礼拝するというテーマに出会う時、彼らはそれを真剣に取り扱おうとしない傾向があります。彼らはそのようなテーマを科学時代より前のある種のアミニズムか、あるいは山にも雨にも石にも一切のものに意識が宿るとする汎神論説（pan-psychism）のように考えるのです。あるいは詩的想像力の産物にすぎないと考えます。[29]どちらの反応も、この聖書的テーマの持つ重要性を見落としています。もちろん、被造物の賛美についてのこれらの聖句は隠喩的です。これらは、人間が言語によって神を賛美する様を人間以外の被造物に当てはめています（イザヤ書55章12節では、木が手を打ち鳴らしています！[30]）。しかし比喩は現実を指し示します。すべての被造物はそこにいるだけで、あるいは神の被造世界の中で彼らに与えられた役割を果たすことによって、神に栄光を帰しています。木は神を賛美するために何か特別なことをする必要はないのです。ましてそれを意識する必要などありません。そこにいて、成長するだけで神を賛美しているのです。

被造物による賛美はおまけ、あるいは付け足しではなく、その存在の輝きであり、ただ存在することによって創造主を指し示す、溢れんばかりに重要なものなのだ。[31]

声に出して明確に意識して賛美をするのは人間特有のものですが、被造物たちが私たちに思い起こさせるのは、私たちが生活のすべてにおいて神の栄光のために生きないのだとしたら、こうした人間に固有の賛美も無価値なものとなってしまうということです。

近代以前は、すべての被造物による賛美は教会の中で広く認められてきたように思われます。それが現代になってキリスト者の意識の中から消えていった理由は、都会生活が人間を自然から隔ててしまったからでしょう。それは人々の心から自然と共に生きるという感覚を奪い去り、自然を現代社会のために道具化することで、自然は人間の単なる材料に成り下がってしまいました。しかし同時にこれらの理由から分かるのは、被造物の神への賛美に加わるという感覚を取り戻すことがどれほど価値あるものか、ということです。それは聖書的・キリスト教的伝統にひそむ人間中心主義に対する最強の解毒剤なのです。私たちが仲間として他の被造物と一緒に神に栄光を帰することになれば、そこには階級も人間中心主義もないのです。この点において、私たちを含むすべての被造物は創造された世界の神の中心性を表明しているのです、それぞれが創造された仕方で、独自にかつ補完的に。詩篇148篇13節が言うように、この礼拝の場では神の御名だけがあがめられます。どんな被造物にも他の被造物より高くあがめられる余地はないのです。さらには、被造物の賛美を認識することで、自然が単なる道具であるというような見方を放棄することになります。すべての被造物は神の栄光のために存在します。私たちが他の被造物と共に神の栄光の賛美に加わる時、人間にとっての有用性とは全く関係のない、彼ら固有の価値を最も効果的に学ぶことができるのです。

この宇宙的な賛美への招きには、初期の頃のキリスト者の方が、現代の多くのキリスト者よりもずっと慣れ親しんでいるもう一つの側面があります。それは、天にいる天使たち（御使い）がこの賛美に加わっていることです。多くの伝統的な祈禱文や讃美歌には、私たちは礼拝において天の合唱団に加わっているという考え方が表明されています。もちろん、詩篇148篇の宇宙論は現在の私たちのものとは異なります。そこでは創造された世界は「(もろもろの）天」と「地」から構成されていて、最上位の天では天使の軍勢が礼拝をささげ、低い方の天では太陽、月、星が天地創造の際に定められた軌道に沿って空を運行しています（1～6節)。ここで注目すべきなのは、もろもろの天、またそれらにいる被造物で、創世記1章26節と28節での人間の支配の下に置かれているものは何もないことです。支配が及ぶのは、海に住む生物、鳥、地上の動物だけで、創世記1章14節から18節によれば、天体は自治を有しています。したがって、詩篇記者がすべての被造物に神への賛美を呼びかけているのを、一種の人間の支配権の行使と見なす誘惑に抗うべきです。[32] 詩篇記者は、天にある被造物も地にある被造物も共に招いています。もしこの詩篇をヒエラルキー的に読むのならば、礼拝者のカタログの前半にある被造物は人間よりも上位にあり、人間の支配には服していないことを認識すべきです。しかし実際には、すべての被造物による賛美は、天使や天体をも含めた全被造物を共通の創造主の前で平等にします。

私たちはこの宇宙論を比喩的に見ることもできます。それは被造物を分類する方法として機能します。しかし、神の御前で礼拝をする知的な被造物［天使］がいるという考えを捨てる必要はありません。近代以前のキリスト者たちが持っていたような、天使たちとのつながりという感覚を取り戻すのは簡単なことではありませんが、この詩篇は、私たちが知っている目に見える世界だけが被造世界のすべてではないこと、また神と神の被造物全体のことをはっきりと意識して礼拝しているのは人間だけではないということを思い起こさせてくれます。[33] 人間のユニークさについての現代のキリスト者の見解の多くは、天使たちを無視しています。

それでは最後に、天と地のすべての被造物に神を賛美するように詩篇記者が招いているという事実をどう考えればよいのでしょうか。この事実は、宇宙的な聖歌隊における人間の特別な役割を指し示しているのでしょうか。ほかの被造物たちが、人間によって呼びかけられるまでは神を賛美しなかったということはありえません。人間から招かれる前から天使たちが神を賛美していたのは明らかだからです。ほかの被造物も、人間が宇宙的な聖歌隊を指揮する時にはじめて調和のとれた合唱ができるようになったのでもありません。創造の秩序は、天地創造の時に神から与えられたものです。一つの魅力的な意見として、人間の何がユニークかと言えば、人間は「被造世界全体を見ることを可能にし、賛美の中でそれを提示できることだ」というものです。[34] たぶんこれは地上の他の被造物には無い、人間独特のものでしょう。しかし同時に、それは人間のユニークさを述べるにあたって天使を無視してしまう、多くの意見の一つでもあるのです。宇宙的な賛美というこの文脈においては、天使は明らかに重要ですし、おそらく天使たちは人間以上に被造世界全体を適切に見ることができるでしょう。

詩篇記者は実際のところ宇宙的な聖歌隊を招集しているのではないし、人間だけが思考によってそれができる唯一の存在というわけでもありません。しかし、詩篇記者は私たちのために、私たちが気づくように聖歌隊を招集します。それによって私たちは全被造物の礼拝に意識して参加することができるのです。詩篇記者は、神の栄光のために完全に方向づけられている世界へと私たちを招きます。彼は世界をありのままの姿で私たちが見られるようにし、同時に神の栄光へと導きます。彼は「人間以外の被造物の世界を、人間が見習うべき『賛美のモデル』として描いている」のです。[35] 私たちの賛美にはある種の相互依存関係があります。[36] 他の被造物は私たちを助けて礼拝へと導きますが、一方で私たちは彼らを私たち自身の礼拝に招き入れることでその礼拝をより豊かなものにします。私たちが他の被造物を評価すればするほど、彼らはより一層私たちの礼拝を助けてくれるようになり、彼らの礼拝を人間による全被造物のための感謝の祈りに取り込むことができるのです。天と地のすべての被造物を含む、互いに関連し互いに依存する被造物共同体は、神を讃える宇宙的なコーラスを響かすことでその全貌をあらわにするのですが、そのコーラスへの参加の仕方は実に様々で、また補完的なのです。

けれども、そのコーラスはまだ完成には至っていません。すでに指摘しましたが、11節と12節は人間社会全体と個々の人間の両方に対する招待ですが、それに対する応答はまだなのです。けれども詩篇記者はこのことに言及しません。直接法（ほめたたえます）ではなく命令法（ほめたたえよ）を用いることで、被造物の創造主への宇宙的な賛歌にははっきりと肯定的な印象が与えられるのです。

この無条件の肯定感は創世記1章のそれと一致しており、神の被造世界を理想的に、あるいはユートピア的に記述していますが、それは被造世界の終末的な完成を予感させるものです。詩篇148篇は、それを聴く者、歌う者、読む者すべてを終末的な完成へと招いているのです。この賛美の世界は、被造世界がそのようなものとして造られたものであり、この賛美の共同体に加わるあらゆる人の声は、共同体全体がよりよくその本来の姿となることを可能にするものなのです。

宇宙的な祝祭

ブライアン・スイマーとトマス・ベリーは、全宇宙を特徴づける言葉は「祝祭（celebration）」だと語っています。

もし宇宙を表現するための言葉を一つだけ選ぶとすれば、それは「祝祭」だろう。存在と生命と意識の祝祭、色彩と音の祝祭、とりわけ動き、空を飛ぶ動き、海を泳ぐ動き、交尾や子どもを世話する動きにおける祝祭。［…］宇宙は多様な構成要因からなる共同体として、存在することの歓喜と喜びを鳴り響かせている。［…］私たちに関することのすべては、巨大な祝賀の経験の中に吸収されているようだ。生存することのより実際的な目的が何であれ、祝祭はあらゆるところにあるように見える、その表現の個々の在り様の中にだけでなく、全宇宙の壮大なプロセスの中においても。[37]

これは強力なヴィジョンですが、本質的には汎神論的なヴィジョンです。宇宙は自ら祝い、自らの生命を溢れんばかりに楽しんでいます。私たちはこの宇宙的祝祭のイメージに共感を寄せるかもしれませんが、聖書的な見地からはそこにもう一つの側面を加えたくなります。それは被造世界と創造主との関係であり、祝祭を祝祭的な礼拝へと変容させていくものです。礼拝とは存在することへの歓喜と喜び以上のものです。それは、自らをその根源であり、存在の目的でもある方への感謝と賛美へと導くエクスタシーなのです。すべての被造物は、自らが被造物であるという理由で、創造主と生来関わっているので、創造主を賛美することによってのみ自らの生命を心から祝うことができるのです。

人間は被造物のための祭司なのでしょうか

すべての被造物による神への賛美は、すべての被造物を共通の創造主の前で平等にします。このように言うことは、被造物のおびただしい多様性を無にするものではありません。被造物は彼らの多様性にふさわしく、きわめて多様な仕方で礼拝をします。しかし、私の意見では、被造世界における人間の立場のこのような側面を、創世記の支配という観点から解釈しようとする階層的な（hierarchical）モデルに同化させようとするのは間違いです。こうしたモデルは、神から私たち人間に与えられた他の被造物に対する力と責任とを強調します。それは、私たち人間の被造物性についてのはっきりとした感覚、ほかの被造物と同じ被造物仲間であるという感覚を伴う場合にのみ、うまく機能します。そしてそれは、私たちがすべての被造物による神の礼拝に参加することで促される感覚です。階級制（ヒエラルキー）はこの文脈ではふさわしいようには思われません。ほかの被造物が常にささげている神礼拝に私たちが加えられるときには、支配のことは忘れるのが一番でしょう。被造物による賛歌の聖書的記述において、それが入り込む余地はありません。

このような理由から、人間は被造物による神への賛美を取り次ぐ、被造物のための祭司であるというような考えに、私は共感できません。[38] このような考え方は、詩人ジョージ・ハーバードによって英国国教会の伝統にもたらされた古典的表現の中に見られるものですが、彼は、被造物がその賛美を言葉で表すことができないので、人間が「すべての被造物のためにささげ物（sacrifice）をする」必要があると考えました。[39] この考えは東方正教会でもよく知られるようになりましたが[40]（ユルゲン・モルトマンの記述は東方正教会から借用したものです）[41]、それは聖餐式においてすべての被造物を神にささげるという考えにとりわけ関連付けられています。近年ではこの考えはクリストファー・サウスゲイトによっても取り上げられましたが、彼はそれを自らの進化論的神義論（evolutionary theodicy）に組み込み、人間は「被造物の観想者（contemplatives）」であるだけでなく、被造物を神と共に悪から贖い出す共同の贖い主（co-redeemers）なのだと解釈します。[42]

こうした観点から見た司祭職は、一種の代表や仲介役を示唆します。人間は、被造物の神への賛美において、ほかの被造物を代表するというのです。ある説明によれば、人間は神と他の被造物を取り持つ、不可欠にして唯一の立場にあります。例えば、ジョン・シシオウラスは次のように書いています。

［キリスト者は］人間を、神と被造物とを結ぶ唯一可能な存在だと見なしている。人間は、自然を神との交わりに導いて聖別するか、あるいは自然を「モノ」へと貶め、人間の満足を充たすために使い尽くされることで初めて意味と目的を持つようにしてしまうかのどちらかである。[43]

しかし、他の被造物は人間の仲介を通してはじめて神との関係に入るという見解は、キリスト教の歴史における、あまりにも人間中心的な創造への見方の遺物にすぎないでしょう。そのような見方を支持する聖書の記述はないし、むしろ聖書にはほかの被造物が神と直接的な関係を持つことが書かれています（創世記9章10節と16節、ヨブ記38章～39章、詩篇50篇4節、104篇21節と27～28節、イザヤ書45章8節、ヨエル書1章20節、マタイ6章26節、黙示録5章13節）。

東方正教会の神学者に対するこのような批判に反論してエリザベス・セオクリトフは、人間を被造物の祭司だと見なす正教会の多くの文書は、他の被造物が神と直接関係を持つことを否定してはいないと指摘します。[44] 彼女自身は、被造物の神への聖餐礼拝（eucharistic offering）が創造に対する感謝である点を強調しています。

被造物自身の賛美のささげ物と、被造物の代わりに私たちがささげる礼拝との関係は、次のような観点から説明できるだろう。私たちの周囲の被造物において、被造物に対する神の御心とそれに対する被造物の応答を表す「言葉なき言葉」に私たちは遭遇する。それは比喩的な意味でだが、本物の被造物の「賛美」なのだ。それは、被造物が自らのためにささげる賛美である。しかし、被造物とそこに見出される創造主とをはっきりと意識し、被造物の賛美を私たち自身の感謝としてささげることで、この関係を明確に言い表すことは、私たち人間の特別な賜物なのだ。[45]

この見解は、私が先に示唆した詩篇148篇の意味合いに近いものです。ただし、天使も人間と同じように被造物による賛美を意識し、ささげることができるのを認識する限りにおいては、ですが。また、私たちがほかの被造物に貢献できるように、彼らもまた、私たちの礼拝を助け、彼らの賛美を私たちの感謝の中に取り入れることで自分たちの礼拝を豊かにできることを認識する必要があります。しかし、この人間の役割を祭司職と呼ぶのは、人とほかの被造物との相互互恵的な関係を曖昧にし、階級的理解を不当に強調しているように思われます。私は、セオクリトフが懸念するように、それぞれの被造物が他の被造物から独立して、個々の世界の中で神を賛美することを示唆しているのではありません。しかし、人間の仲介によって、被造物の礼拝の一体性が創り出されるのだとは思いません。人間が被造物による礼拝を認識し、それを喜ぶことで、彼らは私たちの礼拝を助けてくれているのです。[46]

詩篇の記者たちや私たち自身は、被造物の言葉なき賛美を人間の言葉に変えることができます。しかし、神が被造物による賛美を聞いて理解するために、私たちがそれを神に取り次ぐ必要があると考えることはできません。天は神の栄光を語り告げ、それを言葉なしでしていると詩篇19篇1～4節が宣言するとき、そこでのポイントは、天は言葉がなくても非常に素晴らしい賛美をささげているということなのです。天は耳に聞こえる言葉を語らないけれども、その声は地球上に響き渡るのです。被造物による賛歌を聞き、それを私たち自身の賛美の中に響かせ、宇宙的な賛美に加わるために、私たちはしばらく言葉を脇に置く必要があるのでしょう。他の被造物の言葉なき賛美に心を集中させる必要があるのです。その時、私たちはその賛美を人間の言葉に「翻訳する」、あるいは音楽や視覚芸術へと昇華させたい気持ちになるでしょう。これらの人間固有の賜物は、被造物の賛美を人間の賛美へと変容させたり、私たち自身の賛美をそれに付け加えたりします。よい翻訳というものはすべからく、翻訳されるもの以上のものでもあり、それ以下でもあるのです。私たちは被造物の賛美をさらに豊かなものにしますが、それを味わい尽くすことはありません。

私たちが被造物の声に耳を傾ければ傾けるほど、彼らの賛美は私たちの心を神の高みへと連れ上ってくれるでしょう。

自然とは何でしょうか――神的なものか、聖なるものか、俗なるものか

聖書的またキリスト教的伝統は、自然を神格化も神聖視もしないことで称賛されたり、非難されたりしてきました。[47] 自然を科学的・技術的に支配しようとする現代の試みの推進者にとっては、聖書とキリスト教の伝統が自然を神格化しなかったことには大きな価値がありました。彼らはあらゆる種類の自然崇拝に反対し、自然への迷信上の崇敬を取り払おうとします。そして人間の利益のために客観的な立場から自然を科学的に調査し、技術的に利用することを目指してきました。現代の環境保護主義者たちはこのような説明を受け入れ、聖書とキリスト教に反対してきたのです。[48] 自然を非神格化することによって、キリスト教は自然を容赦のない搾取にさらし、人間を環境的大惨事のがけっぷちに追い込んだので、私たちは自然に対する宗教的な敬意を取り戻す必要があるのだと。

本章で考察した聖書の視点からは、キリスト教の自然への態度に対する賛否両論は、一方では自然を神格化し礼拝する汎神論的ないしはアミニズム的見解（木にも石にも霊魂が宿るという説）、他方では自然は人間が利用するための単なる物体にすぎないと考える現代の科学的世俗的見解という、誤った二者択一を提示してきたことが分かるでしょう。被造物全体による神への礼拝という聖書的ヴィジョンはもう一つの可能性を照らし出します。

ここで「神的な（divine）」と「聖なる（sacred）」とをはっきり区別することは有益です。この二つは同意語ではありません（訳注＝「聖なる」の反対は「非神的な」ではなく「世俗的な」です）。「聖なる」は「神的な」と違って、「神的なものに献げられたもの、あるいは神的なものに関連したもの」という意味です。聖書では（また近代以前のキリスト教の伝統では）自然は確かに神格化はされていませんでしたが、世俗化（de-sacralised）もされていません。[49] 被造物は神ではないけれど、神に属しており、神によって価値が与えられ、私たちの目を神に向けさせます。よく観察すると、被造物は私たちの注意を彼ら自身に向けさせるのではなく、神に栄光を帰するように私たちを導きます。被造物自体がそのために存在するのです。被造物の神性を否定することは彼らを軽視することではなく、むしろ存在と様態において無限の多様性を持つ被造物を被造物たらしめることなのです。汎神論は被造物を曖昧な神的複合体の中に取り込んでしまいます。彼らを神の被造物として見ることは、彼らの本質を認めることです。被造物はそれぞれ神によって特別にまた別々に創造されたのです。その本質に注意を払うことによって、彼らと私たちの上に存在し、生命を与える神を常に賛美することができるようになります。彼らは神中心の被造物の共同体に属していて、その目的は神が与えてくれたものを賛美のうちに神にお返しすることなのです。

被造物の共同体[50]

人間と自然界の他の被造物が相互依存関係にあるというエコシステム（生態系）を言葉で表現するために、「共同体（コミュニティー）」という言葉を最初に使ったのはおそらくアルド・レオポルド（アメリカの森林保護主義の先駆者）の著作においてでしょう。彼は「大地の共同体」と「生命の共同体」（land community, biotic community）という言葉を交互に使い分けましたが、彼がこのうち大地の共同体の方に重点を置いたことは、土と水と植物群と動物群（人間はこの中に属している）との間の複雑で有機的な相互依存関係が決定的に重要であることを示すものです。[51]彼の関心事の一つは、人間は個々の人間同士だけでなく人間社会全体に対して、さらに大地の共同体全体に対して果たすべき義務があるという倫理を啓発することでした。

私たちが土地を酷使するのは、それを私たちの一商品（コモディティー）と見なしているからだ。土地を私たちの属している共同体として見る時、私たちは愛と尊敬の心をもって土地を使い始めるだろう。[52]

土地倫理（land ethic）がホモ・サピエンスの役割を、土地という共同体の征服者から、その共同体の一員、市民へと変える。この倫理は、共同体のほかのメンバーに対する尊敬と共同体全体に対する尊敬を含意する。[53]

このような相互依存関係が、それなしには存在しないような道徳的義務を課すことになるのかについては議論になっています。[54] しかし、ここではそれを論じる必要はないでしょう。[55] レオポルドの「生命の共同体」のイメージが私たちにとって大切なのは、旧約聖書が認識している人間とほかの被造物との共通性や相互依存関係のモデルとなるからです。そのことは、現代社会が直面する生態系の危機、特に気候変動の影響からあまりにも明白です。しかし、宗教的な見方を取り入れていないレオポルドと違って、聖書が展望する共同体は神中心の被造物の共同体なのです。

したがってウェンデル・ベリーは、人間を「神の被造物、被造物の聖なる共同体の一員」として語ります。[56] ほかのところで「大いなる経綸（Great Economy、相互に連結した被造物全体を表す言葉）」を語る際に、彼は次のように述べています。

大いなる経綸とは、単なる「部分の総和」ではなく、各部分のメンバーシップのことである。それらは互いに密接に結びつき、互いに依存し合い、お互いに、また全体から存在意義と価値とを与えられる。ユリの花について考えるべき（マタイ6・28）なのは、それが美しい野の花であり花の代表だからではなく、ユリの花も私たちの仲間であり、仲間であるがゆえに私たちもユリの花もいくつかの重要な面で同類であるからなのだ。[57]

私たちと野の花とに共通するのは、共に神の被造物だというだけでなく、神の被造物の共同体の仲間のメンバーとして一つの地球を共有し、地球の活動から影響を受けつつ、お互いに影響を与え合い、少なくとも生命と繁栄に共通の利益を持ち、創造主を讃えるという共通の目的があり、そしてまさにそのような仕方で依存し合っていることなのです。

一つの共同体は多種多様なメンバーから構成されているかもしれません。それは人間社会の多くの共同体について明らかに言えることです。被造物の共同体では、多様性はさらに大きいのですが、それによって共同体の構成員の相互依存関係が弱まることは決してありません。いくつかの面ではその相互依存関係はもっと大きくなります。人間は他の人間がいなくても最低限生き延びることはできるかもしれませんが、地球や空気、水や植物なしでは生きられません。また人間生活を可能にする、他の多くの被造物によって形成された自然環境の外では生きられません。もちろん、共通の共同体のメンバーシップは、共同体内で他のメンバーが他の役割を果たすことを妨げるものではありません。被造物の共同体は、人間の共同体よりもずっと大きな多様性を必要としています。生物の種と、自然界の無生物とは、被造物全体に対してなす様々な貢献において、高度に専門化されています。

自然界を現実的に見る時、それぞれの役割には激しい競争が伴うことを認めざるをえませんが、そこには競争よりも協調があるのです（これはダーウィン的な「適者生存」理論が強調されるときに曖昧にされがちですが、生態学は協調がもっと重要であることを私たちに気づかせてくれます)[58]。共同体の中では様々な役割がなされていますが、人間独特の役割も(それは数多くありますが)その例外ではありません。人間はいろいろな面で例外的な存在かもしれませんが、その例外性は、それなしには私たちは存在することすらできない共同体の中に深く組み込まれているのです。私たちは被造物の共同体に強引に自らを押し付けたり割り込んだりする部外者ではなく、その自然な一員なのです。

その他の独自性の中には、人間は地球上の他の被造物に対して例外的とも言うべき大きな力を持っていることがあります。しかし私たちは全能には程遠い存在であり、他の生命の共同体は人間なしに繁栄できることを覚えておくべきでしょう[59]――人類が登場する前にも彼らは繁栄していたように。人間の持つ潜在的で巨大な破壊力は、人間よりももっと大きな存在である自然界の力と活動を引き出す能力にあります――特に私たちが意図せざる場合に。人間の肯定的で創造的な業績のすべては、他の被造物の力を活用した結果です。それらなしには私たちは無に等しいのです。私たちが他の被造物に及ぼす力を、私たちの方こそ彼らにより多く頼っているという事実を無視して考えることは、私たちに道を誤らせます。現代の都会人は人工的に建設された世界に住んでいるので、歴史上のどの時代の人々よりもそのことにすぐには気づかないし、それが私たちの抱えている問題なのです。しかし、生態系の危機のことを考えずとも、私たちが自然界に多くを依存していることは少し考えれば分かることです。人間以外の被造物に関する聖書の多くの記事を、そのような記述は現代の技術偏重社会に生きる私たちとは無関係だと思って見過ごす代わりに、十分注意を払うことで、私たちは自分自身についても、人間の聖書的な理解についても、もっとよく理解できるようになるのです。ウエンデル・ベリーはこう主張します。

私には、聖書がどれほど屋外の本であるのかが十分に評価されていないように思える。ソローが語っているように、聖書は空に向かって開かれた本、「屋外の本」なのだ。聖書は部屋の外で読むのが一番良い。屋外であればあるほど良い。[60]

私たちが被造物の共同体の一員であることに気がつくことは、人間特有の力を放棄することではありません。それは、人間の力に限界があることを知ることなのです。現代の生態系の問題の多くは、全能になりたいという人類の倒錯した願望から生まれたものですが、その願望は私たちをあらゆる種類の技術開発計画へ引きずり込み、結果として予見不能で手に負えない問題を生じさせてきました。異常気象はそのような計算違いと無責任さがもたらした最たるものです。被造物の共同体の一員であることに気がつくことは、人間の全能性という幻想を払いのけ、もっと現実的な目で人間の力を見つめさせてくれます。そうして他の被造物への人間の「支配」は、思いやりのある責任を伴って行使され始めるようになるのです。

「支配」という人間特有の役割は、人類を他の被造物から独立させて、その上に立たせるものではありません。それは共同体の中で、また他の被造物共同体の仲間との関係の中で、その一員として行使されるべきものなのです。人間にとって、被造物の共同体における相互依存のネットワークの一部であることがどういう意味を持つのかを他のいろいろな角度から理解する時、また人間特有の力は他の被造物に本質的に依存していることを認識する時、「支配」は「互恵関係」というより大きな枠組みの中にあるのが分かるようになります。それは人間を自然から解放しようという現代の目論み、自然を上から見下ろして自分の好きなように利用しようとする態度とは無縁なものです。

レオポルドは人類（ホモ・サピエンス）を大地の共同体の「一介の（plain）メンバーであり市民」であると定義しました。「メンバーであり市民」であるという表現には同意できますが、「一介の」についてはおそらくそうではないでしょう。レオポルド自身は人間だけが持っている「生態学的良心（ecological conscience）」について語り、人間だけが意識的に実行できる土地倫理を提唱しています。私たちは、人間は「重要なメンバーであり市民」ですが、それでもメンバーであり市民であることには変わりないのだ、と言うことができるでしょう。

聖書の記述によれば、被造物の共同体のメンバーとは誰を指すのでしょうか？　創世記1章と詩篇104篇では、そのメンバーは生物で（人間と動物）、植物を含むその他の被造物は生物にとっての環境であり食料だとされているように見えます。しかし、被造物が神を賛美するようにと招かれている詩篇では、自然界のすべてのものがそこに含まれています。被造世界全体を包括的に記述している詩篇148篇のほかにも、詩篇96篇11～12節は着目すべきものです。

天は喜び、地は小躍りし
海とそれに満ちているものは　鳴りとどろけ。
野とその中にあるものはみな　喜び踊れ。
そのとき、森の木々もみな喜び歌う。主の御前で。
（詩篇98篇7～9節、黙示録5章13節も参照）

すべての被造物は神を礼拝し、神は被造物のすべてをそれら自身の存在のゆえに、またそれらが被造世界の複雑な相互関係の中で果たしている役割のゆえに尊ばれます。しかし、創世記1章や詩篇104篇14～18節におけるような、環境（environment）と生物（living creatures）の区別は重要です。現代では、「自然（nature）」と「環境（environment）」という二つの言葉は、自然界における環境と生物との区別を曖昧にするような使われ方をしてきました。特に、意識を持つ生物と無生物との区別が曖昧にされてきたのです。そのような使われ方は、他の被造物同士の方が、人間よりも互いに似ているという印象を与えてきました。そうして、人間は他の被造物とは違った存在だと見なす傾向が強まります。確かに、いろいろな場面で人間と人間以外の被造物を区別するのが必要なのは言うまでもないことです。ただし、イギリス人は時々イギリスと「他の世界」とを区別するとしても、それは他の国同士の方が、イギリス人よりも似ていると示唆しているのではないのです。このような区別は、存在論ではなく、単なる一つの見方として認識される場合にのみ有効なのです。

被造世界が、複雑な相互依存関係の中で生きる被造物の共同体であるならば、いくつかの被造物の行動は他の被造物にも影響を及ぼします。人間の生涯は自己完結的なものではなく、創造主や他の被造物との関係の中で生じるものです。人間の活動が自然界にもたらした混乱と破壊を、私たちは現実の生態系の中で認識していますが、それは旧約聖書の預言者たちによって予見されていました。次にそれを見ていきましょう。

すべての被造物が嘆いている

旧約聖書には、すべての被造物が創造主を賛美する数多くの記事と並んで、それとは対照的なもう一つの一連の記述があります。それらの下りは人間以外の被造物の声を比喩的に描いていますが、それは喜びではなく嘆きの声なのです（賛美と嘆きの間には並行性と対照性がありますが、印象的なのはそれが賛美の場合のように、直接神に向けられていることです。エレミヤ書12章10節）。被造物の嘆きは生態系の死（ecological death）と呼ばれるもの、大地の荒廃のゆえですが、それは植物を枯らし動物の命を奪います。嘆くのは「土地（land）」あるいは「地球（earth）」です（ヘブル語の *'eretz* が一定の地域の土地を指すのか、地球全体を指すのかを見定めるのは困難です。イザヤ書24章4節、33章9節、エレミヤ書4章28節、12章4節、23章10節、ホセア書4章3節。ヨエル章1章10節では土壌 *'adamah* が嘆いています。エレミヤ書12章11節、アモス書1章2節参照）[61]。土地を嘆かせているのは、人間の悪行が地上に住む人間以外のすべての植物と動物に被害を及ぼしていることです。例えば、エレミヤはこう嘆きます。

いつまで、この地は喪に服し、
すべての畑の青草は枯れているのでしょうか。
そこに住む者たちの悪のために、
家畜も鳥も取り去られています。
人々は、「神はわれわれの最期を見ない」と
言っています。

（エレミヤ書12章4節）

いくつかのケースでは、その影響は自然界の人間が関わる（農業や家畜）に及び、人間の悪行に対する裁きの役割を果たしていますが（申命記28章15〜44節）、他のケースでは人間以外の被造物の方がもっと大きな被害を受けています。特にホセア書の一節は教訓的です。

イスラエルの子らよ、主のことばを聞け。
主はこの地に住む者を訴えられる。
この地には真実もなく、誠実さもなく、
神を知ることもないからだ。
呪いと、欺きと、
人殺しと、盗みと、姦通がはびこり、
流血に流血が続いている。
それゆえ、この地は喪に服し、
そこに住む者はみな
野の獣、空の鳥とともに衰え果て、

海の魚さえも一掃される。

（ホセア書4章1〜3節）

海洋生物にまで及ぶ破壊的な影響は極度に誇張されているようにも見えますが、これは聖書の他の様々な預言の中にもよく見られるものの一つです。そもそもの文脈では誇張のように思える現象も、今日世界中で起こっている生態系の危機的状況から見ればきわめて現実的なものに映ります。

ホセア4章3節はある種の反創造（un-creation）を描いているかのようです、なぜならそこに登場する被造物（人間、野の獣、空の鳥、魚）の順番は、創世記1章の順序と逆になっているからです。地球の嘆きを描写しているもう一つの聖書箇所が、天地創造以前の混沌と虚無の状態へ逆戻りしている様を描いているのは明らかです。

私が地を見ると、
見よ、茫漠として何もなく、
天を見ると、その光はなかった。
私が山々を見ると、見よ、それは揺れ動き、すべての丘は震えていた。
私が見ると、見よ、人の姿はなく、
空の鳥もみな飛び去っていた。
私が見ると、見よ、豊かな地は荒野となり、
町々は主の御前で、その燃える怒りによって
打ち壊されていた。
まことに、主はこう言われる。
「全地は荒れ果てる。
ただし、わたしは滅ぼし尽くしはしない。
このため地は喪に服し、上の天は暗くなる。
わたしが語り、企てたからだ。
わたしは悔いず、やめることもしない。」
（エレミヤ書4章23～28節）

引用文の二行目にある「茫漠として何もなく」という興味深い表現は、旧約聖書ではここと創世記1章2節のみに出てきますが、そこでは何も創られない前の虚無の状態が描写されます。[62] こ

こでも誇張されたイメージに出会いますが、そこでは全被造物の反創造というより、[63]世界のただ中でのイスラエルの荒廃が示唆されています（26節）[64]。

人間の悪は生態系に悪影響を及ぼします。ウォルター・ブルッゲマンは、「契約の民イスラエルは、人間の行動は被造物全体の安寧にとって重要であるという驚くべき考えを持っていた」と言っています。[65]この考えは、被造物の共同体における関係は、創造の秩序によって秩序づけられるべきだという旧約聖書の強い感覚と一致しています。[66]人間以外の被造物はよくその秩序を守っているのに、人間はあまりにもしばしばそれを無視します。

空のこうのとりも、自分の季節を知っている。
山鳩も燕も鶴も、自分の帰る時を守る。
しかし、わが民は主の定めを知らない。
（エレミヤ書8章7節）

7節の「知らない」とは、故意に無視するという意味です。彼らは神が定めた道徳的秩序を知るのを望みませんでした。人間は世界の混乱要因で、世界の調和と自然のリズムを乱します。その結果、人間自身と被造物とに破壊的な打撃を与えます。旧約聖書の預言者たちは人間の悪がもたらす影響を、ある時は神が直接介入して裁きを下すことのように語り（イザヤ書24章1〜4節、ゼパニヤ書1章2〜3節）、ある時は神があらかじめ創造の秩序の中に組み込んでいたプロセスであるかのように語ります（ホセア書4章1〜3節）。この二つは必ずしも矛盾するものではありません。預言者たちは人間の行動と他の被造物の安寧とがしっかり結びついていると理解していたけれども、当然のことながら現代の生態学が教えている被造物間の相互依存関係については知りませんでした。概して、私たちはそうした相互関係を無視した結果、無視できないほどのあまりの大きな結果を招いて初めてその意味に気づくようになったのです。しかし多くの場合、これまでも、そして今でも破壊的な結果をもたらし続けている人間活動は、許される範囲の無知や単なる愚かさから生まれたものではありませんでした。そうした活動は、貪欲、権力欲、傲慢、侵略衝動によって突き動かされたものであり、人間社会の不正や抑圧と歩調を合わせるように生態系の破壊が進んだこともしばしばでした[67]。自然の秩序と道徳的な秩序とは決して無関係ではないのです[68]。

預言者の描く地球の嘆きというイメージは、新約聖書のローマ書8章18〜23節でパウロによって取り上げられています[69]。

ローマ人への手紙8章18〜23節

今の時の苦難は、やがて私たちに啓示される栄光に比べれば、取るに足りないと私は考えます。被造物は切実な思いで、神の子どもたちが現れるのを待ち望んでいます。被造物が虚無に服したのは、自分の意志からではなく、服従させた方によるものなので、彼らには望みがあるのです。被造物自体も、滅びの束縛から解放され、神の子どもたちの栄光の自由にあずかります。私たちは知っています。被造物のすべては、今に至るまで、ともにうめき、ともに産みの苦しみをしています。[70] それだけでなく、御霊の初穂をいただいている私たち自身も、子にしていただくこと、すなわち、私たちのからだの贖われることを待ち望みながら、心の中でうめいています。

被造物は苦しみから解放されることを待ち望んでいるというのですが、その苦しみとは一体何でしょう。このことが曖昧に理解されている理由は、多くの聖書注解者や翻訳者たちの間で22節の「ともにうめき」は、産みの苦しみの中にいる女性の苦しみを指すと解釈するならわしがあったからです。そのため現在の聖書訳では、二つのギリシア語の動詞（ソステナゼイ「ともにうめき」とスノオーディネイ「ともに産みの苦しみをする」）を副詞的な意味を持つ一つの英語動詞に訳してしまう傾向があります。例えばＮＲＳＶ（新改訂標準版）では、the whole creation has been groaning in labour pains until now となっています。しかし二つのギリシア語の動詞は同列に、また別々の異なる意味を持っていると理解した方がよいでしょう。前者には、預言者たちが「地球は嘆く」と語った言葉の響きがありますが、後者は神の裁きを体験することについての旧約聖書の隠喩に使われます（例として、エレミヤ4章13節。また第一テサロニケ5章3節を参照[71]）。「うめく」と訳される動詞（ソステナゼイ）は動詞のステナゼイと接頭語のスン（英語のwith）をつなげたもので、「ともにうめく」と訳すべきです。23節では接頭語のない形でこの動詞が再度登場し、26節ではその名詞形ステナグモス（「嘆き」または「ため息」）が使われます。この動詞は「嘆く」と訳すこともできますし、その方が預言者たちとの関係もはっきりしますが、私は慣れ親しんでいる「うめく」を使い続けています。

20節では、神によって「被造物は虚無に服している」とされます。多くの聖書注解者はこれを創世記3章の「アダムの堕落」と関連付けて解釈してきましたが、そこでは神はアダムの罪のために大地を呪い、そのために農業は重労働になってしまいました（創世記3章17節[72]）。しかしこの解釈は、被造物はいつかは解放されることを待ち望みながら、しばらくの間「滅びの束縛」と「産みの苦しみ」の中にある、というパウロの主張の妥当な根拠とは思われません。他方で預言書の中には、全被造物は人間の罪と神の裁きの結果として苦しんでいるという概念を見出します。そのような結果は、特に預言書の中では局地的な現象かもしれませんが、いくつかの場合には宇宙的な言語で描かれており、海にまでも及ぶのです（イザヤ書24章1～7節、エレミヤ書4章

23～25節、ホセア書4章3節、ゼパニヤ書1章2～3節)。地球を嘆かせているのは、植物であれ動物であれ、そこに住むものが枯れたり破壊されたりすることです。したがって、「滅びの束縛」あるいは「滅びの過程への隷属」(21節)は、人間の罪のために神が被造世界に与えた状態を適切に言い表しているのです。[73] パウロは「被造物は虚無に服している」(20節)と語るとき、「マタイオテイス」という名詞を使っていますが、「虚無」という言葉が示すように、被造物は滅びや破滅を宣言されることによって生存する意味や目的を失った、と言っているのかもしれません。人間の死が存在の終わりとして理解されるのなら、人生を無意味にするのと同じように。[74] これが最もそれらしい意味であるように思われます。しかし、「マタイオス」の根源的な意味は「空っぽの」で、それに関連する動詞の「マタイオウン」は「無をもたらす」なので、パウロはエレミヤのヴィジョン、すなわち全地が「茫漠として何もなく」なり、創造に先立つ無の状態に戻ってしまうことを念頭に置いていた可能性があります。その場合、神は人間の罪のために被造世界を反創造へ向かわせたとパウロは言いたいのでしょう。

　もしこの解釈の方向性が正しければ、パウロはアダムとエバの堕落の直後に起きた自然界での急激な変化、例えば人間や動物に死がもたらされたことについて言っているのではありません。この伝統的な意見を現代の知識(動物は人類が地球上に現れる数百万年前から死んでいたことなど)[75] と一致させるのは不可能ですし、創世記3章とも矛盾してしまいます。私の解釈では、地球は嘆き、土地は肥沃さを失い、草木は枯れ、動物は死ぬと預言者たちが語ったように、パウロは生態系の退行や砂漠化をイメージしていたのでしょう。ヨエル書の預言はそれを最も鮮明に言い表しているので、パウロのやや抽象的な説明を補ってくれるでしょう。

畑は荒らされ、地も喪に服す。
穀物が荒らされ、
新しいぶどう酒も干上がり、
油も涸れるからだ。

恥を見よ、農夫たち。
泣き叫べ、ぶどう作りたち。
小麦と大麦のために。
畑の刈り入れがなくなったからだ。
ぶどうの木は枯れ、いちじくの木はしおれた。
ざくろも、なつめ椰子も、りんごも、
野のすべての木々は枯れた。

喜びが人の子らから消え去った。
（ヨエル書1章10～12節）

穀物の種は土の下で干からび、
倉は荒れ果て、穴蔵は崩れた。
穀物がしなびたからだ。
ああ、なんと家畜がうめいていることか。[76]
牛の群れはさまよう。
牧場（まきば）がないからだ。
羊の群れも滅びる。

あなたに、主よ、私は呼び求めます。
火が荒野の牧場を焼き尽くし、
野のすべての木を炎がなめ尽くしました。
野の獣も、あなたをあえぎ求めています。[77]
水の流れが涸れ、

火が荒野の牧場を焼き尽くしたからです。
（同17～20節）

この箇所では、他の預言者たちは地球の嘆きについて語るところを、ヨエルはあらゆる種類の被造物が神に向かって嘆き、悲しみ、呻いている様子を描いています。地（10節）、家畜（18節）、野生動物（20節）、農夫（11節）、人々（12節）、そして預言者自身も（19節）。パウロはローマ人への手紙でこの嘆きを被造物全体の嘆きに一般化しているのが容易に分かります。自然界の砂漠化と荒廃化はヨエル書で広く記述されていますが、それらは嘆きの対象となっていて、パウロの言葉によれば、被造物は虚無に服しています。ヨエル書に描かれた被造世界のパノラマは詩篇104篇と似ていないこともないですが、もはや被造物を取り巻く環境はその中に生きるものたちを支えてはくれないのです。実際には、詩篇104篇にあるように、創造主は被造物に有り余るほどのものを提供しているけれども、ここではそれは取り上げられ、詩篇の喜びの声は嘆きと創造主に対する必死の嘆願に道を譲っています。

ローマ人への手紙8章20～21節によれば、「被造物が虚無に服したのは、自分の意志からではなく、服従させた方によるものなので、彼らには望みがあるのです。被造物自体も、滅びの束縛から解放され、神の子どもたちの栄光の自由にあずかります」。この虚無に服するという考え方の背景を預言書に求めるのが正しいのなら、パウロは「望み」についての根拠も預言書の中に見出しているのでしょう。

なぜなら預言者たちは、被造世界の劣化は神による自然界の復興を通じて回復させられることを期待していたからです。例えば、

荒野と砂漠は喜び、荒れ地は喜び躍り、
サフランのように花を咲かせる。
盛んに花を咲かせ、歓喜して歌う。
これに、レバノンの栄光と、
カルメルやシャロンの威光が授けられるので、
彼らは主の栄光、私たちの神の威光を見る。

（イザヤ書35章１～２節。以下も参照。
イザヤ書32章15～20節とアモス書９章13～14節、ヨエル書３章18節）

これらの聖句では、このように自然界が息を吹き返すさまは、自然に荒廃をもたらした人間の悪行に対する神の裁きから神の民が贖い出されることを伴っています。もし人々に希望があるの

なら、人間以外の被造物にも希望があるはずです。他の被造物に荒廃をもたらしたのが人間なら、人間と被造物は希望の運命をも共にするはずだからです。これがまさにローマ人への手紙8章19～21節の主旨なのです。

被造物の解放は歴史の終わりの時に起こるべきものですが、その時キリスト者は復活の栄光の中で完全な救いを得るでしょう（21、23節）[78]。被造物の隷属は人間の罪によるものなので、その解放は人間の悪が止む終わりの時を待たなければなりません。したがって、これらの節は人間の不正な扱いから生じた重荷から被造物を解放するための、人間の今ここでの行動を命じるものではありえません。それはこの箇所でのパウロの関心事ではありません。しかし、もし私たちが人間の悪行のせいで生態系の荒廃が起こったという診断を受け入れるのならば、世界に対して神が抱いている御心に忠実に従って生きようとする者は、被造物に与える損害をできるだけ回避し、損害を修復するように努めるでしょう。神の王国の到来の場合と同じように、私たちは自分の力で被造世界の解放を達成することはできませんが、それを待ち望むことはできるのです[79]。

ローマ人への手紙8章19～23節は「環境のマントラ（スローガン）」だと言われてきました[80]。それはつまり、この一節を解釈する上での釈義上の細かな問題点に取り組むことなく、それを一種の証拠聖句（プルーフ・テクスト）として、キリスト者に環境活動を命じる聖句として読むべきものだとされてきました。私は、旧約聖書の預言書にある「地球の嘆き」というテーマを背景にしてこの文章を読むことによって、その意味を明らかにしたいと願っています。重要なのは、人間の悪い所業と人間以外の被造物の安寧との間には密接な関係があるとパウロも預言者たちも考えているということです。パウロと預言者たちは共に、エレン・デイビスの言うように、「世界を聖書的に理解すること、つまり、この世界における物質的、道徳的、精神的秩序はお互いに完全に絡み合っており、三つの秩序がそれぞれ別種のものであるとする現代の迷信とは対照的だ」と考えていました。[81] パウロと旧約の預言者たちが人間の行動と生態系の荒廃との結びつきを、私たちが今日理解しているのと同じ方法で理解していたと言いたいのではありません。しかし、人間の物理的な行動（化石燃料を燃やすこと、海で魚を乱獲することなど）が地球のエコシステムに広範囲な破壊的影響を及ぼしていることを、現代の科学的知識はよりはっきりと示しています。このような人間行動を貫く倫理的・霊的側面については、私たちは聖書から学ぶことができます。

現代の多くのキリスト者にとって、この章で検討してきた聖書記事の中でも最も難しい問題は、生態系の破壊は神の裁きだという理解でしょう。神の裁きに関する記事の中には、行動には結果が伴うことが繰り返し示されていることを認識すべきです。[82] 創造の秩序の混乱がさらなる混乱を招き、それが自然に混乱をもたらす当事者である人間へと跳ね返ってくるのです。これを創造の秩序に固有のプロセスと考えることもできるし、神の介入の結果と考えることもできますが、聖書記者たちはこの二つは完全に両立するものとして扱っています。被造世界に対する神の正しい目的は、神が定めたプロセスに従って実行されますが、そのプロセスはすべて完璧に機械的に実行されると考えるのは間違いです。神の慈悲は人間の悔い改めに応えて裁きを遅らせたり、取り消したりすることもあるからです。神の正義と憐れみは共に働いていますが、大規模な裁きにおいては、この世界の在り様が示すように、それは無選別的な行使になりがちです。[83] つまり、最も苦しんでいる人が最も責任の重い人だ、ということではないということです。今私たちが問題にしていることに関しては、パウロも旧約の預言者たちも、人間が地上の必需品の不足に苦しむことは自業自得と見られても、人間以外の被造物は人間の行動の無実の被害者として認識されているのは明らかです。つまり、神は人間と他の被造物が人間の行動の結果を受けさせるがままにしており、それは神の摂理による被造世界の秩序の中で起こっているのです。しかし、聖書記者たちは全被造世界が人間の罪の結果から解放される時を展望していたことも忘れてはならないのです。この世における悪の問題に対する聖書の応答（解決ではなく）は広い意味で終末的で、それはパウロがローマ人への手紙8章19～23節で語っていることでもあります。うめいている全被造物の切実な願いは、全被造物が神の栄光を反映させ、神の永遠の命に与るようになるという、想像もできないような神の変容のわざによって満たされるでしょう。

賛美と嘆き

私は本章の最後のセクションを始めるにあたって、聖書は全被造世界が創造主への賛美に加わると同時に、地球とその被造物の荒廃のために創造主に対して嘆いている様を描いていることを指摘しました。これらの描写は、詩篇が神に向けられた人間の賛美と嘆きの両方を描いていることと並行関係にありますが、それらと同じくらいの頻度と多彩さがあります。嘆きが賛美を押さえつけてしまうことはないし、賛美が嘆きを隠してしまうこともありません。人間以外の被造物の神との関係において嘆きと賛美がどう関連しているのかを知る手掛かりとなるのは、先に引用したイザヤ書35章1～2節です。

荒野と砂漠は喜び、荒れ地は喜び躍り、
サフランのように花を咲かせる。
盛んに花を咲かせ、歓喜して歌う。
これに、レバノンの栄光と、
カルメルやシャロンの威光が授けられるので、
彼らは主の栄光、私たちの神の威光を見る。
（イザヤ書35章1～2節）

被造物の解放への切なる願いが成就するとき、地球から歓喜に満ちた賛美があふれ出るでしょう（イザヤ書44章23節と55章12～13節も参照）。

人間以外の被造物は、人間が汚染し、堕落させ、傷つけたために、神が意図した本来の状態から多くの面でかけ離れてしまった被造世界のために神の前で嘆いています。地上の荒廃こそが、被造物の神への嘆きなのです。被造世界は神の栄光を反映すると同時に、人間による神の栄光への冒瀆も反映しています。詩篇148篇は単なる純粋な賛歌ではありません。荒廃させられた神の世界を心に留めてこの詩篇を読み歌う人にとって、これは悪に抗いながらの、また新しい創造を希求しながらの賛美なのです。創造主を賛美するようすべてのものに呼びかける声は、嘆きの声がすべての被造物による終末的な歓喜の声にかき消されるまで、鳴り響き続けるでしょう。[84]

1 J. Baird Callicott, 'The New New (Buddhist) Ecology', JSRNC 2 (2008), pp. 162-182 によれば、近年の生態学的思考は「自然のバランス」というパラダイムから「自然の流れ」というパラダイムへとシフトした。しかし彼は、流れには厳しい制約があることを認めている。

2 詩篇104篇と創世記1章の間にもいくつかの関連があるが、それらはもっと頻繁に注目され、議論されてきた。Cf. Leslie C. Allen, *Psalms 101-150* (WBC 21; Waco: Word, 1983), pp. 30-31; Adele Berlin,

'The Wisdom of Creation in Psalm 104', in Roland L. Troxel, Kelvin G. Friebel and Dennis R. Magary eds., *Seeking Out the Wisdom of the Ancient: Essays Offered to Honor Michael V. Fox* (Winona Lake, Indiana: Eisenbrauns, 2005), pp. 71-83.

3 ［訳注］原文では、ボウカムはここで独自の私訳を用いる。(so as to bring forth bread from the earth.)

4 レバノン杉を「主が植えられた」、「主の木々」と呼ぶことの重要性は明らかではない。これらの巨大な木々は、その大きな胴回りと長命とで、神ご自身が地球に木を植えられた創造の時から生き残ってきたと考えられていたのかもしれない（創世記２・８〜９参照）。

5 Yehuda Feliks, *Nature and Man in the Bible* (London: Soncino Press, 1981), p. 31 によれば、これらは高い杜松（*Juniperus excelsa*）で、レバノンの山々の杉と共に育つ高い木である。

6 ここでの「岩だぬき（Coney）」はうさぎを指すのではなく（この語の英語は元来そのような意味だったが）、ロック・ハイラックスを指す（箴言30・26でも言及される）。George Cansdale, *All the Animals of the Bible Lands* (Grand Rapids: Zondervan, 1970), pp. 129-131; Feliks, *Nature*, p. 223 を見よ。彼らはここで名指しされる地上の動物で最も小さなものだ。

7 このフレーズは、Walter Brueggemann, *Theology of Old Testament* (Minneapolis: Fortress, 1997), p. 156 で用いられている。

8 William P. Brown, *Seeing the Psalms: A Theology of Metaphor* (Louisville, Kentucky: Westminster John Knox, 2003), p. 159.

9 Odil Hannes Steck, *World and Environment* (Biblical Encounters Series; Nashville: Abingdon, 1980), p. 86.

10 鳥が歌うことで本物の喜びを味わっているというのは、大いにありうることだと思われる。

Temple Grandin and Catherine Johnson, *Animals in Translation* (London: Bloomsbury, 2006), p. 280.

11 これに基づいて、Allen, *Psalms 101-150*, p. 33 は人間の「被造世界における中心性」を主張するが、彼は人間が他の動物と「世界を共有する」と続けている。私は果たしてこの詩篇が人間の「中心」的な地位を提起しているのかを疑っている。他方で、Brown, *Seeing*, p. 160 はこう書いている、「宇宙は人間の周りではなく地球の周りを回っていて、地球は神の備えの媒介役なのだ。」

12 Brown, *Seeing*, p. 158.

13 John Felister, *Can Poetry Save the Earth: A Field Guide to Nature Poems* (New Heaven: Yale University Press, 2009), p. 26.

14 しかし、創世記1章のすべての動物とは異なり、獅子は草食動物ではない（21節）。

15 Brueggemann, *Theology*, p. 156; 類似したものとして、Allen, *Psalms 101-150*, p. 34.

16 26節bの可能な訳は、「あなたを楽しませるためにあなたが造られたレビヤタン」（ＪＢ）だが、ＮＲＳＶの訳の方が妥当であるように思われるし、他のほとんどの英語訳もそうなっている。したがって、残念ながら私は神とレビヤタンが遊び仲間であるとか、あるいはレビヤタンが神のゴム製のアヒルまたは「特別なペット」だとするブラウンのイメージを支持することはできない（*Seeing*, p. 161）。この節のこのような理解によって、ラビの一人はこう言った。すなわち、毎日神は最初にトーラーを学び、次に裁きを行い、次いで動物たちを食べさせ、最後にレビヤタンと遊んでくつろぐのだと（'*Avod. Zar.* 3b）！

17 Brown, *Seeing*, p. 161 では、詩篇はレビヤタンを「神によって養われる命の秩序の群れ」の中に組み入れている、と述べている。この文脈ではレビヤタンは混沌の怪物ではないという議論については、Rebecca S. Watson, *Chaos Uncreated: A Reassessment of the Theme of 'Chaos' in the Hebrew Bible* (BZAW 341; Berlin: De Gruyter, 2005), pp. 235-237.

18 Scott Hoezee, *Remember Creation: God's World of Wonder and Delight* (Grand Rapids: Eerdamns, 1998), pp. 26-42を見よ。

19 私はこの一節について、以下でより詳細に論じている。Richard Bauckham, 'Reading the Sermon on the Mount in an Age of Ecological Catastrophe', SCE 22 (2009), pp. 76-88.

20 ヨブ38・39〜41、詩篇145・15〜16、詩篇147・9も見よ。マタイ６・25〜33のルカにおける並行記事で、イエスは鳥一般ではなく、烏（からす）に言及している（ルカ12・24）。それらはヨブ38・41と／あるいは詩篇147・９への仄めかしである。神が被造物を養うことの一般的な例として烏（からす）が取り上げられるのは、おそらく彼らの耳障りな叫びが、神の養いを求める声のように聞こえるからだろう。

21 とても貧しい人たちは、藁でさえ燃料として火の中に投げ込まなければならなかった。

22 動物より人間に価値があることについては、マタイ10・31と12・12、そしてルカ12・７と24も見よ。これらの節についての議論は、Richard Bauckham, 'Jesus and Animals I: What Did He Teach?', in Andrew Linzey and Dorothy Yamamoto eds., *Animals on the Agenda* (London: SCM Press, 1998), pp. 33-48、ここではpp. 44-47.

23 例として、マタイ５・29〜30と40などを参照。

24 John Naish, *Enough* (London: Hodder & Stoughton, 2008) は、「もっと、もっと」を「十分だ」に置き換えることについて語る。

25 私はこのテーマについて、以下で詳細に論じた、Richard Bauckham, 'Joining Creation's Praise of God', *Ecotheology* 7（2002）, pp. 45-59, cf. Edward P. Echlin, *The Cosmic Circle: Jesus and Ecology*（Dublin: Columbia Press, 2004）, pp. 128-139. Terrence E. Fretheim, *God and the World in the Old Testament: A Relational Theology of Creation*（Nashville: Abingdon, 2005）, pp. 267-278では、自然が神を賛美する五十のテクストが列挙されている。そのほとんどが、詩篇とイザヤ書35～66章だ。

26 ギリシア語版ダニエル書にのみ見出されるダニエル書へのギリシア語の付加は、燃える炉の中に投げ込まれた三人の若者に帰せられる詩篇を含むが、それは詩篇148篇のテーマを長々と展開したものだ（七十人訳ダニエル3・36～90）。それはプロテスタント教会の旧約聖書外典の中に見出されるが、ローマ・カトリックと東方正教会の聖書の続編にある。その礼典的使用は「感謝の祈り *the Benedicite*」として知られる。

27 Fretheim, *God*, p. 257.

28 Fretheim, *God*, p258.

29 おそらく同じ理由から、このテーマは旧約学界や、旧約聖書の創造というテーマにおける議論においても甚だしく無視されている。例えば、Ronald A. Simkins, *Creator and Creation: Nature in the Worldview of Ancient Israel*（Peabody, Massachusetts: Hendrickson, 1994）においてもたった一段落しか割かれていない（150頁）。

30 聖書記者たちが、烏（からす）の子の叫び（詩篇147・9）や若い獅子の咆哮（ヨブ38・41、詩篇104・21）を神への呼びかけとして扱うとき、彼らはいくらか擬人法にふけっているのだ。

31 Daniel W. Hardy and David F. Ford, *Jubilee: Theology in Praise*（London: Darton, Longman & Todd,

1984), p. 82.

32 Brown, *Seeing*, p. 164は、詩篇8篇と148篇を比較して「詩篇148篇の記者は支配の行使を『成し遂げている』、征服や殺戮によってではなく、賛美への促しによって。動物への支配は、賛美を可能にすることへと再定義されている」と書くとき、この誤りを犯している。しかしこの詩篇の動物たちには特別な重要性はない。彼らは天使たちや、星々や、海原や、天候や、山々や木々と共に、宇宙的な合唱に加わっている。支配はここでは再定義されているのではなく、無視されている。

33 天において神を礼拝する天使たちについての有益な議論が以下の文献にある。Michael Welker, *Creation and Reality* (trans. John F. Hoffmeyer; Minneapolis: Fortress, 1999), pp. 54-59.

34 Christopher Southgate, *The Groaning of Creation: God, Evolution, and the Problem of Evil* (Louisville: Westminster John Knox, 2008), p. 111.

35 Brown, *Seeing*, p. 164.

36 似たものとして、Fretheim, *God*, pp. 265-266.

37 Brian Swimme and Thomas Berry, *The Universe Story: From the Primordial Flaring Forth to the Ecozoic Era – A celebration of the Unfolding of the Cosmos* (London: Penguin, 1994), pp. 263-264.

38 私はこのような考えに強く反対する。Bauckham, 'Joining', pp. 49-51, 同様に Michael S. Northcott, *The Environment and Christian Ethics* (Cambridge: Cambridge University Press, 1996), pp. 132-134. Elizabeth Theokritoff, 'Creation and Priesthood in Modern Orthodox Thinking', *Ecotheology 10* (2005), pp. 344-3563, はこうした批判への応答だ。Swimme and Berry, *The Universe Story*, p. 264, が人間による祭司制についての非有神論的議論を提示しているのは興味深い。「我々自身の特別な役割は、この共同体全体が、

自意識の神秘的な様相において、自らについて省察し、また祝うことを可能にすることだ。」

39 George Herbert, 'Providence' in John N. Wall ed., George Herbert: *The Country Parson, The Temple* (Classics of Western Spirituality; New York/Mahwah: Paulist, 1981), p. 238.

40 John Zizioulas, 'Priest of Creation', in R. J. Berry ed., *Environmental Stewardship: Critical Perspectives – Past and Present* (London: T. & T. Clark 2006), pp. 273-290; Theokritoff, 'Creation and Priesthood', ここでは幾人かの現代の正教会の神学者たちの貢献が調べられ、区分されている。

41 Jürgen Moltmann, *God in Creation: An Ecological Doctrine of Creation* (trans. Margaret Kohl; London: SCM Press, 1985), pp. 70-71. Larry Rasmussen, 'Symbols to Live By', in Berry ed., *Environmental Stewardship*, pp 174-184, ここでは p. 181, はモルトマンの言い換え以上のことはしていない。

42 Southgate, *The Groaning*, pp. 110-113.

43 Zizioulas, 'Priest of Creation', p. 290.

44 Theokritoff, 'Creation', 特に pp. 345-350.

45 Theokritoff, 'Creation', p. 351.

46 私は神への賛美における相互互恵という考えをもう少し詳しく 'Joining', pp. 51-53で考察している。

47 ここで使われる語彙は混乱を招くものだ。非神化、脱神秘化、非秘蹟化、脱魔術化、などの言葉も様々な含意と共に用いられる。

48 自然の非神聖視についてのよりニュアンスに富んだ説明は、聖書にではなくキリスト教の歴史の中にある。Thomas Berry, 'Christianity's Role in the Earth Project', in Dieter T. Hessel and Rosemary Radford Ruether eds., *Christianity and Ecology: Seeking the Well-Being of Earth and Humans* (Cambridge,

Massachusetts: Harvard University Press, 2000), pp. 127-134 を見よ。

49 Fretheim, God, p 251; Christopher J. H. Wright, *Old Testament Ethics for the People of God* (Leicester: InterVarsity Press, 20004), pp. 111-112. R. J. Berry ed., *The Care of Creation* (Leicester: InterVersity Press, 2000), pp. 7-9, ここでは8頁にこうある、「自然のキリスト教の非神聖視（それは被造物であって創造主ではないという認識）は科学の試み全体に対する不可欠のプレリュードであり、今日の地球資源の開発に必須のものだった。私たちは自然に、それが神が創造したものだという理由で敬意を払う。私たちは自然を、それがあたかも神であって不可侵なもののように崇めることはしない。」私ならこう言うだろう、すなわち、自然は神が創造したものだという理由で聖なるもので、それが神によって価値を認められ、私たちが神を礼拝するのを助けてくれるという理由で敬意をこめて扱うべきものだ、と。より詳細なものとして、Richard Bauckham, 'Human Authority in Creation,' in Bauckham, *God and the Crisis of Freedom: Biblical and Contemporary Perspectives* (Louisville: Westminster John Knox, 2002), pp. 128-177 を見よ。ここでは pp. 163-164.

50 このフレーズの私の利用は、おそらく Moltmann, *God in Creation*, p. 31, 70 やほかの箇所から採ったものだ。

51 Aldo Leopold, 'The Land Ethic' in Aldo Leopold, *A Sand Country Almanac and Sketches Here and There* (New York: Oxford University Press, 1987 (1st edition, 1940)), pp. 201-226 を特に見よ。以下も見よ。J. Baird Callicott, 'Land Ethics: Into Terra Incognita', in Curt Meine and Richard L. Knight eds., *The Essential Aldo Leopold: Quotations and Commentaries* (Madison, Wisconsin: Wisconsin University Press, 1999), pp. 299-313; Norman Wirzba, *The Paradise of God: Renewing Religion in an Ecological Age* (New York: Oxford

University Press, 2003), pp. 100-105; Max Oeschlaeger, *The Idea of Wilderness: From Prehistory to the Age of Ecology* (New Haven: Yale University Press, 1991), chapter 7.

52 Leopold, *A Sand Country Almanac*, p. viii.

53 Leopold, 'The Land Ethic', p. 204.

54 Robin Attfield, *The Ethics of Environmental Concern* (2nd edition; Athens, Georgia: University of Georgia Press, 1991), pp. 156-160; そしてレオポルドの土地倫理の批判的評価として、Northcott, *The Environment*, pp. 106-110.

55 キリスト者としての観点からは、ほかの被造物への私たちの義務は、彼らが神によって創造され、神によって価値を認められているという点に依拠しているが、人間と彼らの相互依存性や彼らの間での依存関係は、こうした義務が具体的な責任や責務になっていく道筋に影響を及ぼすに違いない。

56 Wendell Berry, 'Christianity and the Survival of Creation', in Berry, *Sex, Economy, Freedom and Community: Eight Essays* (New York: Pantheon Books, 1993), pp. 93-116, ここでは p. 106. トーマス・ベリーは「地球共同体」という言葉を用いるが（Thomas Berry, *The Dream of the Earth* (San Francisco: Sierra Club, 1988), chapter2 を参照）、それは地球聖書計画にも取り上げられている（Norman C. Habel, 'Introducing the Earth Bible' in Norman C. Habel ed., *Readings from the Perspective of Earth* (Sheffield: Sheffield Academic Press, 2000), pp. 25-37, そして the Earth Bible Team, 'Guiding Ecojustice Principles', in Habel ed., *Readings*, pp. 38-53). トーマス・ベリーは地球共同体を「聖なる共同体」とも呼んでいる (Thomas Berry and Thomas Clarke, *Befriending the Earth: A Theology of Reconciliation Between Humans*

and the Earth（Mystic, Connecticut: Twenty-Third Publications, 1991）. Joseph Sittler, *Evocations of Grace: Writings on Ecology, Theology and Ethics*,（ed. Steven Bouma-Prediger and Peter Bakken; Grand Rapids: Eerdmans, 2000）, p. 204 は、被造物のことを「あふれる愛の共同体」と語り、人間のことを「仲間の世界（companion-world）」と語る。Richard L. Fern, *Nature, God and Humanity: Envisioning an Ethics of Nature*（Cambridge: Cambridge University Press, 2002）, chapter 7 は「被造物の交わり」について語る。

57 Wendell Berry, 'Two Economies', in Berry, *Home Economics: Fourteen Essays*（San Francisco: North Point Press, 1987）, pp. 54-75, ここでは pp. 72-73.

58 Northcott, *The Environment*, pp. 174-176.

59 Alan Weisman, *The World Without Us*（London: Virgin Books, 2007）を見よ。

60 Berry, 'Christianity', p. 103.

61 これらの文脈での *'aval* の意味については、Katherine M. Hayes, *'The Earth Mourns': Prophetic Metaphor and Oral Aesthetic*（SBLAB 8; Atlanta: SBL, 2002）, pp. 12-18; Fretheim, God, p. 175.

62 この二つの言葉は34・3でも並列的に現れるが、これら三つの箇所にのみボーフーという言葉が用いられている。

63 四重の「私が見ると」は、全地の四方向を指して使われているのかもしれない。

64 預言者たちの様々なテクストにおけるこのテーマについては、Hilary Marlow, *Biblical Prophets and Contemporary Environmental Ethics: Re-Reading Amos, Hosea and First Isaiah*（Oxford: Oxford University Press, 2009）; Terence E. Fretheim, 'The Earth Story in Jeremiah 12', in Habel ed., *Readings from the Perspective of Earth,* pp 96-110; Melissa Tubbs Loya, ' "Therefore the Earth Mourns": The Grievance of

Earth in Hosea 4:1-3', in Habel and Peter Trudinger eds., *Exploring Ecological Hermeneutics*（SBLSymS 46; Atlanta: SBL, 2008）, pp. 53-62; Laurie J. Braaten, 'Earth Community in Joel 1-2: A Call to Identify with the Rest of Creation', *HBT* 28（2006）, pp. 113-129.（短縮版は、Habel and Trudinger eds., *Exploring*, pp. 63-74にある）

65 Walter Brueggemann, *A Commentary on Jeremiah: Exile and Homecoming*（Grand Rapids: Eerdmans, 1998）, p. 59.

66 Robert Murray, *The Cosmic Covenant*（Heythrop Monographs 7; London: Sheed & Ward, 1992）, chapter 4.

67 Northcott, *The Environment*, p. 173, and chapter 2.

68 Northcott, *The Environment*, pp. 196-198, は旧約聖書における創造の秩序についての解説を七つのポイントに要約しているが、それは注目に値する。

69 これは一般的に受け入れられている立場ではないが、Laurie J. Braaten, 'All Creation Groans: Romans 8:22 in Light of Biblical Sources', *HBT* 28（2006）は説得力があるもののように私には思える。この章を書いた後に私の目に留まった論文として、Jonathan Moo, 'Romans 8:22 and Isaiah's Cosmic Covenant', *NTS* 54（2008）, pp. 74-89は、パウロは特にイザヤ書24～27章に依拠していると論じている。

70 ギリシア語原文では、パウロは二つの動詞を用いている。ソステナゼイとスノオーディネイだ。

71 この隠喩には肯定的な意味合いはなく、苦痛のみを指している。

72 Cherryl Hunt, David G. Horrell and Christopher Southgate, 'An Environmental Mantra? Ecological Interest in Romans 8:19-23 and Modest Proposal for its Narrative Interpretation', JTS 59（2008）pp 546-579, ここではpp. 560-563は、アダムとエバがこの節でのパウロの思考の背景であるという一般的な想定に疑問を

呈している。Olle Christofferson, *The Earnest Expectation of the Creature: The Food-Tradition as Matrix of Romans 8:18-27* (ConBNT 23; Stockholm: Almqvist & Wiksell, 1990）は、むしろ創世記の洪水の記述だと論じる。

73 したがってここで言及しているのは被造物である動物や食物の普遍的な死のことではなく（それが最も一般的な解釈であろうが）、人間が居住するところで頻繁かつ広範に起きる生態系の劣化および破壊である。

74 例えば、七十人訳の「シラ書」では、マタイオテイスは頻繁に「虚栄」、「虚無」、あるいは「無意味さ」という意味で用いられる。

75 この点は繰り返し指摘されてきた。例えば最近では、Christopher Southgate, *The Groaning of Creation: God, Evolution and the Problem of Evil* (Louisville: Westminster John Knox, 2008)), pp, 28-29.

76 これらは家畜で、20節の野生動物とは区別される。

77 稀に使われる動詞の *'arag* は「待望する」という意味かもしれない、詩篇42・２のように。これはローマ８・19のアポカラドキア（切実に待ち望む）の根拠となっているのかもしれない。Hays, '"The Earth Mourns"', p. 196では、「あなたを渇望する」と訳されており、こう論評されている。「動詞の *qara'*（呼ぶ）と *'arag*（慕い求める、待望する）の違いは、人間の話者の声に出す訴え［19節］と動物たちの声なき切望との違いを反映している。」

78 Hunt, Horrell and Southgate, 'An Environmental Mantra?', p. 572は正しくもこう論じる。「［ローマ８・19～23］に暗示されている物語はきわめて終末論的だ。」

79 これはクリストファー・サウスゲートの革命的なローマ８・19～23の解釈とは大きく異なる見方

だ（The Groaning, pp. 92-96）。彼は被造物が服している「虚無」とは進化の過程に固有の苦しみや悲劇であると解し、人間を進化の過程への神の癒やしを補助するものとして見ている。

80 Hunt, Horrell and Southgate, 'An Environmental Mantra?' は、John Bolt, 'The Relation between Creation and Redemption in Romans 8:18-27', *CTJ* 30 (1995), pp. 34-51 の用語を取り上げている。ここでは p. 34。

81 Ellen F. Davis, Scripture, *Culture, and Agriculture : An Agrarian Reading of the Bible* (Cambridge: Cambridge University Press, 2009), pp. 9-10.

82 Fretheim, *God*, 163-165, はこの問題を見事に扱っている。

83 Fretheim, *God*, 160.

84 この終末的な面については、Fretheim, *God*, p. 265 も参照。

第4章　野生のあるところ

生態学の観点からは、聖書にはいくつかの問題含みの見解があると非難されてきましたが、そのうちの一つは聖書が野生について否定的な見方を助長しているというものです。ロデリック・ナッシュは彼の古典的名著『原生自然とアメリカ人の精神（*Wilderness and the American Mind*）』の中で、旧約聖書は荒野を「呪われた土地」、「邪悪な環境、一種の地獄」として描いていると主張しています。[1] 聖書には荒野を霊的な試みの場、神と遭遇する場所として描く場面もありますが、「ヘブライ文化の伝統において、荒野は好まれてはいなかった」[2]。アメリカの清教徒（ピューリタン）について語るとき、「彼らの聖書は、荒野を憎むために必要なすべてのものを含んでいた」とコメントしています。[3] 最近ではロバート・リールが、聖書の中には荒野を肯定的に評価するところがあるのを認める一方で、荒野を混沌、無法、そして悪の領域とする聖書の見方があることに注目しています。[4]

エデンの園とは果樹園か、それとも森林か

このような主張に対する応答を始めるにあたって、エデンの園を取り上げるのが良いでしょう、エデンの園は荒野とは関係がないとしても。

創世記2章8〜15節

神である主は東の方のエデンに園を設け、そこに主の形造った人を置かれた。神である主は、その土地に、見るからに好ましく、食べるのに良いすべての木を、そして、園の中央にいのちの木を、そして善悪の知識の木を生えさせた。

一つの川がエデンから湧き出て、園を潤していた。それは園から分かれて、四つの源流となっていた。第一のものの名はピション。それはハビラの全土を巡って流れていた。そこには金があった。その地の金は良質で、そこにはベドラハとショハム石もあった。第二の川の名はギホン。それはクシュの全土を巡って流れていた。第三の川の名はティグリス。それはアシュルの東を流れていた。第四の川、それはユーフラテスである。

神である主は人を連れて来て、エデンの園に置き、そこを耕させ、また守らせた。

エデンの園とはどんな所なのでしょうか。確かにそこは理想的な幸福の場所であるに違いありません。なぜならエデンという名は「至福」とか「歓喜」を意味するからです。樹々が丁寧に植えられている、という意味ではそこは確かに庭園ですが、他の庭園と違って植えたのは人間ではなく神でした。それは古代のペルシア人が楽しんでいたような形式の庭園とは明らかに異なりますが、「パラダイス」という言葉は（旧約聖書のギリシア語訳ではヘブル語の訳語として最初にこの言葉が使われました）ペルシア人から借用したものです。聖書での庭園は、通常は植物園か果樹園です。２章９節から判断すれば、エデンの園は果樹園だったと言って間違いなさそうです。「神である主は、その土地に、見るからに好ましく、食べるのに良いすべての木を……生えさせた。」これらは果物の木のことです。「見るからに好ましい」とはおいしそうに見えるという意味かもしれませんが、ここでは木ではなく果物について言われているので、おそらく美的に美しいという意味でしょう。庭園の木が食用の果実を産み出すという事実は（後に神はアダムにすべての木から採って食べても良いが、善悪の知識の木からは食べてはならないと命じています）、すべての果物が実用的だ（食用に適している）ということを意味しません。

水辺のそばにあって香しい香りに満ちた豊かに実る果樹園が喜びの場であったことは、花婿による愛する人の記述である雅歌からも知ることができます。

私の妹、花嫁は、閉じられた庭、
閉じられた源、封じられた泉。
あなたの産み出すものは、
最上の実を実らせるざくろの園、
ナルドとともにヘンナ樹、
ナルドとサフラン、菖蒲とシナモンに、
乳香の採れるすべての木、
没薬とアロエに、香料の最上のものすべて、
庭の泉、湧き水の井戸、
レバノンからの流れ。
（雅歌4章12〜15節）

（ここで園と訳されている単語は、ヘブル語のパルデス［パラダイス］です。）後のユダヤ伝承では、エデンの園の木々はかぐわしい香りで知られていました。

しかし、エデンの園に関するいくつかの聖書の言及においては、エデンの園は森林であったかのような響きがあります。預言者エゼキエルは、アッシリア帝国を世界で最も高い木に譬えてい

ます。それに比べれば、エデンの園の木々は小人（こびと）のようだと言っています。

神の園の杉の木も、
これとは比べ物にならない。
もみの木も、この小枝とは比べられない。
すずかけの木も、その若枝のようではなく、
神の園にあるどの木も、
その美しさにはかなわない。
わたしがその枝を茂らせ、
美しく仕立てたので、
神の園にあるエデンのすべての木々は、
これを羨んだ。
（エゼキエル書31章8～9節）

この一文からは、エデンの園は果樹園ではなく、立派な大木が茂る森のような印象を受けます。ではなぜ森が庭と呼ばれるのでしょうか。おそらくその答えは、それが神ご自身の庭、神が

植えた庭だからでしょう。人間の造った庭は人工的ですが、神の造った庭は野生のままの自然なのです。（詩篇104篇16節には「主が植えられたレバノンの杉の木」とありますが、レバノン杉の森は聖書の世界では最も良く知られていたのです。）このような観点からは、エデンの園は元来、野生の輝かしい中心であったかのようです。[5]

おそらくエデンの園は、森であると同時に果樹園なのです。創世記2章は、野生のままの自然と人間の手で耕された自然とが別々のものとなって分離し、やがては競合し合う関係になる前の世界を描いています。この森の中でアダムはくつろぐことができましたが、後に人間は野生の中では決してそのようにはいられなくなったのです。

アダムとエデンの園との関係は注意深く見ていく価値があります。創世記2章9節には「神である主は、その土地に、見るからに好ましく、食べるのに良いすべての木を……生えさせた」とありますが、神はこれらをアダムのために植えられたものと思われます。創世記2章のストーリーにおいては、その時点では動物はまだいませんでした。アダムの他には魅力的な木を見るものは誰もいなかったし、果物を食料とするものはアダムの他にはいませんでした。しかし、エデンの園がアダムのために造られたと示唆するのならば、私たちは5節を読むべきです。アダムが造られる前は、「大地を耕す人もまだいなかった」のですが、それに対して15節では「神である主は人を連れて来て、エデンの園に置き、そこを耕させ、また守らせた」とあります。[6] これらの記述を読む限り、この世界におけるアダムの役割はエデンの園を管理し世話することにあります。つまりある意味では、エデンの園とアダムはお互いのために造られたと言えるのです。エデンの園はアダムを養い楽しませるためにそこにあるのですが、一方アダムは園を耕し世話するためにそこにいます。果物の木は注目されることで益を得ますが、園を潤す川についての記述を勘案すれば、アダムも何らかの灌漑作業をしていたのでしょう。[7] 後の時代のイスラエルの高地のようには、エデンの園は雨に依存しませんでしたし、実際、エデンの園は当時の大地全体を潤す四つの川の水源池でした。[8] アダムにはエデンの園のために水路を掘るという仕事がありました。しかし、後に彼がエデンの園から追放された時に骨折ることになる大地との格闘と比べれば（3章17〜18節）、この仕事は比較的楽な仕事でした。アダムの庭師的な仕事は、オディール・ステックが言っているように、「エデンの園を耕し栽培するという、気ままで楽しく満足感のある仕事」だったのです。[9] イスラエルの人々は農耕で生計を立てていましたが、できることならぶどう園や果樹園の栽培によって生活をしたいと望んでいたことでしょう。[10]

アダムは森で気ままに暮らしていて、果物の木を世話することで森が野生や自然の状態ではなくなるということはありませんでした。後にエデンの園の外では大地は茨やあざみを生えさせて彼を苦しめることになりますが（3章18節）、エデンの園ではそのようなことはなかったし、創造主の手のわざの刻印を残す原初の状態をアダムが乱すこともなかったのです。ここには自然と文化の調和があって、動物が舞台に登場し、そして創世記2章の物語のクライマックスとして女性が登場すると、その調和は彼らをも包み込みます。

もちろん、この牧歌的な風景の中心には、神とすべての被造物との調和があります。エデンの園は神の庭ですが、それは神が植えた園だからという理由だけでなく、神がその庭を喜び、神が創造した木々や動物や人間と交わる場所だからです。神は毎日夕方の涼しい頃（3章8節）、庭を散歩します。しかし神と最初の人間夫婦との調和が破れると、牧歌的風景のすべてが破れてしまいます。その時以来、野生のままの自然と人間の文化とはもはや同じものではありえなくなりました。時にはある程度の調和は実現するでしょうが、それでも自然と文化とは別々のものとなりました。両者のもつれ合った関係は人間の歴史を形成するのと同時に、人間社会そのもののストーリーとなりました。アダムとエバが知識の木の実を食べた結果、自然は自然の歴史を持つようになり、人間は人間の歴史を持つようになり、そして神は両者との歴史を持つようになったのです。

神がアダムをエデンの園に住まわせたのは、「そこを耕させ、また守らせ」るためでした（2章15節）あるいは、「そこを耕し、世話をさせるため」とも「そこで働き、保護するため」とも訳せるでしょう。エバン・アイゼンバーグはこう示唆します。アダムへの命令は「ヘブライ的な公案、つまり私たちが早急に解決すべき一種の謎［と見なすことができる］」。私たちはどのように人間のわざから自然を保護するのか、私たちの生命のために必要不可欠な資源をどのように汚染から守るのか。そして自然と人間の本性を維持したまま、どのように私たちは自然と共に働くことができるのだろうか」[11]。たぶんこの謎は、これまで人間の歴史の中でそれほど多くの人々を悩ませることがなかった問題なのでしょう。その理由の一部は、野生の自然が人間によって危機に瀕しているようには見えなかったためです。今日の私たちの世界は、人間的な耕作手段を超えるほど過度に開発された世界であるものの、過去においては野生のままの自然は常にそこにあったし、ほんのちょっとした機会にも人間の領域を野生へと引き戻そうと待ち構えているように見えるからです。もろくも壊れやすいのは人類の文明の方であって、野生ではないのだと。しかし今や状況は逆転しました。ビル・マッキベンが一九九〇年に『自然の終わり（*The End of Nature*）』を公刊した時、彼がその本の題名で意図したことは、特に異常気象をもたらしたことによって現代人は、自然は人間から独立したもので人間の影響や支配を受けないものだという考えに終止符を打ったということでした[12]。これは多少誇張気味な主張かもしれないけれど、そこにはまぎれもなく重大な真実があります。それは野生のままの自然が持つ最も基本的な特性に私たちの注意を向けさせますが、その特性とは野生が人間とは異なる何かだということです。野生とは、私たちが人間に適したものにし、開拓し、吸収し、変更し、再構築し、再発見した自然ではないのです。それは庭園ではなく、手つかずの野生、独立しており、ただあるがままの存在、つまり「他者（*other*）」なのです。

近代文明は自然に対して大きな衝撃を与えただけでなく、つい最近まで文明は自然に衝撃を与えるようなものとして形成されてきたのです。この事実により、野生の保存は多くの人にとって喫緊の課題となりました。もちろん、これは議論を呼ぶ見方です。ある人たちにとっては、私たちが管理できないような野生が消滅することは、望ましいのみならず追い求めるべき目標なのです。自然を完全に管理下に収めて、私たちが望ましいと考える姿に変質させること、それはテイヤール・ド・シャルダンがホミニゼーション（*hominisation*）と呼ぶものですが、それは十七世紀から今日まで科学技術推進者たちの夢だったし、今でもそれは技術至上主義者の間で夢として生き続けています。彼らにとってバイオエンジニアリングやＡＩ（人工知能）は、人間あるいはポスト・ヒューマンが進化のプロセスを完全に制御することを約束するものなのです。また、プラグマティスト（実用主義者）たちにとっての優先課題は、商業主義が価値あるものと認める商品へと自然を変換させることによって、人間の生活を物質的に向上させることです。このように考える人たちにとって、野生のままの自然は、娯楽や健康療法を楽しむ人々のためにわずかばかり取っておけばよいというほどのものにすぎません。それ以外にどんな価値があるというのでしょうか？

エデンの園を後にする前に、明らかにすべき最後の重要な点があります。ナッシュは、「エデンの園とその喪失の物語は西洋人の心に、荒野とパラダイスは物質的な意味でも霊的な意味でも正反対のものだという考えを植え付けた」と主張します。[13] そこにはいくらかの真理があるものの、なぜそうなのかはいまひとつはっきりしません。ナッシュはエデンの園と荒野を対比させた二人の預言者の言葉を引用できたでしょう。ヨエルはイナゴのもたらす被害についてこう書いています、「彼らの前は火が焼き尽くし、うしろは炎がなめ尽くす。彼らが来る前は、この地はエデンの園のよう。しかし、去った後は、荒れ果てた荒野となる。これから逃れるものは何もない」（ヨエル書２・３）。イザヤ書51章３節は、エルサレムが滅ぼされ荒れ地になった後に、贖いと祝福が来ることを語っています。「その荒野をエデンのようにし、その砂漠を主の園のようにする。」ここでは、創世記13章10節と同じように、エデンの園はよく潤った肥沃な地を表し、荒野は人も住まなければ食物も生み出さないような荒れ地のことです。この二つは正反対ですが、それらは土地から生活の糧を得るという人間の立場から見た土地の両極を表しています。どちらも、大多数のイスラエルの民が耕した通常の耕作地とは異なり、耕作には不向きです。ナッシュが考えるように、アダムとエバが楽園を去った時、彼らが聖書的な意味での「荒野」に向き合ったというのは正しくはありません。彼らは懸命に働いて地を耕さなければならなかったのですが、耕した地は耕作に適した土地でした。聖書の言う荒地とは異なるものです。この例は、用語の定義がいかに大切なのかを示しています。[14]

聖書における野生のままの自然

ここまでこの章では、「野生の自然」と「荒野」とを同意語として用いてきましたが、「荒野」という言葉の持つ曖昧さのゆえに、主に「野生の自然」を用いてきました。今日の環境保護の議論において、現代の生態学の議論では、「荒野」とは人間が操作したり、管理することのない自然の生息地すべてを指します。荒野とは、耕作されたり管理されたりする土地とは対極のものです。それは人間の文化や文明の外にあり、そこに生きているのは野生動物で、人間に飼い慣らされた家畜とは反対のものです。その意味で、荒野とは砂漠、ジャングル、森林、海岸線、山、あるいは人間の影響や支配を受けていないほとんどすべての土地なのかもしれません（時には海でさえ荒野＝wilderness＝と呼ばれることがあります）。しかし英語訳聖書では、ヘブル語のミドバーあるいはギリシア語のエレモスから訳された「荒野（wilderness）」という言葉は狭い意味で使われています。荒野は農業に使われない土地だけでなく、農業に適しない土地、乾燥した、または半乾燥地帯、不毛の地、野菜がほとんど採れない土地を指します。荒廃した地と呼べるかもしれませんし、この呼び方は聖書の民の荒野への態度をうまくとらえています。聖書で用いられる「荒野」は、農業には使えなくともやぎや羊の放牧地として使うことができます（例として、ヨエル1章19、20節、2章22節。「荒野の牧場」という表現があります）。この場合、荒野は耕作地と砂漠の境界線にあります。戦争によって荒廃した土地を指す場合もあります（エレミヤ書22章6

〜7節）。しかしそのほとんどは水も野菜もない砂漠のことで、人間はそこで生きることはできないし、まして農業を行うことは到底無理です。[15]

しかし、このような聖書的な意味での「荒野」だけが、現代的な意味での「荒野」なのではありません。聖書の中の「森」は、高い木々と深い草が生い茂った奥深い森林だけでなく、背の低い木や灌木（マキ、常緑高木）が繁殖する広い森林地域も含む言葉です。[16]聖書の時代、パレスチナ地方はまだかなりの部分が森でした。[17]森は人間にとって、砂漠のように住むこともできない無用の存在ではありませんでしたし、特に森は木材を提供し、マキは家畜によって食べられるものでした。それでも、森は野生の自然であり、人間はほとんど手を加えることができず、危険な野生動物が沢山いるため近寄り難い場所だったのです。当然ながら、聖書時代のパレスチナの耕作地の大部分はかつての森で（ヨシュア17章15、18節）、農耕を止めればそれは元の状態に戻ってしまったでしょう（ホセア2章4〜12節）。要は、聖書において野生の自然がどのように見られていたのかを知りたいのならば、聖書が荒野と呼ぶものだけでなく森もそこに含めなければならないということです。[18]

すでに見てきたように、ある見方からすればエデンの園からの追放はこの世界を人間の世界とその他の世界、耕作地と野生とに分離しました。別の見方からすれば、イスラエルの民が定住して農業を始めたことからそうした分離が生じました。[19]聖書の民イスラエルにとって、そこには彼らが住み、生活の場となった土地がありますが、それは神のものであり彼らのものではないのです。そこは人がその一員である被造物の共同体であり、人はその中で優位に立っています。家畜はその重要な構成員です。安息日の規定は人間だけでなく家畜にも適用されます（出エジプト20章10節、申命記5章14節）。ニネベの王がヨナの説教を聞いて悔い改めの断食を命じた時、その命令によって人間だけでなく家畜も食べることや飲むことを禁じられ、粗布をまとわなければならなかったのです（ヨナ3章7～8節）。これはペルシアの習慣でありイスラエルの習慣ではなかったのですが、[20]これを読んだイスラエル人はそれが馬鹿げたことだとは思わなかったでしょう。[21]家畜は人間社会の一部で、少なくともある程度神との関係を人間と共有していたのです。

森と荒野は人間の世界の外にあり、そこで人間が生存するのはほぼ不可能でした。逃亡者は森に逃げ込んだかもしれないし（サムエル記第一22章5節、同第二18章9節）、いつもはらくだと一緒に旅する遊牧民は砂漠で生き延びていました（創世記21章20～21節、イザヤ21章13～14節、エレミヤ49章28～30節[22]）。しかしイスラエルの民は、他に選択肢がない場合にのみそうしたことでしょう。荒野をさまよった記憶は、神の特別な守りと食物の提供のおかげで「燃える蛇やサソリのいるあの大きな恐ろしい荒野、水のない乾ききった地」（申命記8章15節）で生きのびた期間として記憶されました。ライオン、熊、イノシシはパレスチナの森にたむろしていました。これらの動物たちは人間にとって森を危険なものにするだけでなく（例として、サムエル記第二18章8節）、耕作地や放牧地に侵入して人間や家畜に被害を与えました。[23] このような記述は間違いなく野生の自然に非常に悪いイメージを与えます。イスラエルの農民の立場から見れば、森、特に荒野は人間の住めない、歓迎されざる、さらには人間に脅威を与えるものであり、そしてそれはきわめて現実的な評価でした。生存ぎりぎりの状態で暮らしていた農民にそれ以外の評価を期待するのは酷でしょう。[24]

預言書の中に繰り返し出てくる場面の一つに、神の裁きの下にある都市が征服され、破壊され、荒れ果てて人の住めない廃墟になるというものがあります。[25] 例えば、バビロンへの裁きです。

そこには永久に住む者もなく、
代々にわたり、住みつく者もない。
アラビア人もそこには天幕を張らず、
牧者たちもそこに群れを伏させない。
そこには荒野の獣が伏し、
彼らの家々には、みみずくがあふれる。
そこには、だちょうも住み、
雄やぎがそこで飛び跳ねる。

山犬はその砦で、
ジャッカルは豪華な宮殿でほえ交わす。
（イザヤ書13章20～22ａ節[26]）

これはもはや羊を放牧させ、遊牧民を一時的に休ませるのに適した荒野ですらありません。そこに足しげく通うのは野生の生物だけです。一方エルサレムは、バビロンほどではないにせよ同じような厳しい運命に直面し、野生動物のための放牧地となるでしょう。

なぜなら、宮殿は見捨てられ、
町の騒ぎもさびれ、
オフェルと見張りの塔は、いつまでも荒れ野に、
野ろばの喜ぶところ、群れの牧場になるからだ。
（イザヤ書32章14節[27]）

破壊された都市が廃墟となる様を描いた記述の興味深い特徴は、そこに住む動物について預言者が深い知識を持っていたことです。[28] 実際私たちは、これらすべての被造物について自信をもっ

てその名前や正体を識別することはできません。なぜなら、それらの名前は旧約聖書の他の箇所にめったに出てこないからです。砂漠に住む被造物の名前が最も多く出てくるのはエドムの荒れ果てた地を記述したイザヤ書ですが、ここではジョセフ・ブレンキンソップの翻訳を用いましょう。（訳注＝ここではブレンキンソップに合わせて新改訳２０１７を若干修正します。）

鷹と針ねずみがそこをわがものとし、
ふくろうと烏（からす）がそこに住む。［…］
その宮殿には茨が生え、
要塞には、いらくさやあざみが生え、
ジャッカルの住みか、だじょうの住む所となる。
ヤマネコはハイエナと集まり、
サチュロス（ギリシア神話の森の神）はその友を呼び
リリスは目を輝かせてそこに隠れ場をみつける。
ふくろうは巣を作り、卵を産み、卵をかえして、雛を翼の影に集める。
そこにトビも集い　友のいない者は誰もいない。
（イザヤ書34章11ａ節、13〜15節[29]）

しかし、イザヤ書の右記の引用箇所の翻訳について、ブレンキンソップとは対照的にエフダ・フェリックスは、ここに出てくる十二の生き物のうち（14節のヤマネコとハイエナを除く）十は砂漠に住む鳥であると主張します。さらに、十種の鳥のうち（トビと烏以外の）八つは多様な種類のふくろうだとします。[30] そして、多様なふくろうがどうして不吉で恐ろしく思われるのかをこう説明します。

羽のある鳥の中で絶滅の恐怖を例示実証するのにこれらの鳥ほどふさわしいものはない。そうした鳥たちは主に廃墟となった建物に巣を作る。［…］有名な神話の中で［…］それらはいつも絶滅のシンボル、災害の前兆として姿を現す。その理由は彼らの奇妙で恐ろしい姿にある。耳の形をした羽の房に囲まれた大きな頭、大きく開いてじっと見つめる目、その下にあるあごのようなもの［…］加えて、断末魔にあえぐ人間のいびきのような激しい息づかいや、苦悩する人間のうめき声をあげる。鳥の多くは彼らの発するその声にちなんで名前がつけられている。[31]

もちろんこれらはすべて夜の動物（被造物）で、そのホーホーという鳴き声はきわめて気味が悪く響きうるでしょう。また、ブレンキンソップがヤマネコとハイエナと訳している二つの動物には、甲高い声を出すもの、気味悪く吠えるものを意味すると思われる名前があります。ほとんどの鳥たちについては、その正体は当て推量ですが、その名前だけでも気味の悪さや心細さをかきたてます。[32]

少なくともこれらの五種類の鳥が、二十一種類の汚れた鳥のリストの中に含まれていて、それらは律法が食べることを禁じているものでしょう（レビ記11章13〜19節、申命記14章12〜18節）。それは、これらの鳥が捕食鳥か腐肉を食べる鳥だからです。しかしイザヤ書のこの箇所は律法の食物禁止規定を用いてはいません。注目すべき点は、預言者イザヤがこれらの鳥のすべてを、ふくろうの様々な種を含め知っていて、注意深くそれらを区別していたことです。彼はこれらの被造物を好きではなかったかもしれないけれども、それらをよく観察しその名前を覚えていました。確かに、イザヤはある意味でこれらの被造物を評価していました。それらについての彼の記述から伝わってくるのはその他者性、簡単に否定的に捉えられてしまいがちだけれども、実際には独自の肯定的な価値を持つそれらの性質なのです。

イザヤの描く砂漠の姿は、人間はとてもそこに住むことはできないけれども、そこに住む独自の生物たちがいることを明らかにしています。そうした生物たちがどんなに不吉で気味の悪いものであったとしても、彼らも神の被造物であり、神は彼らにふさわしい生息地を与えたのです。言い換えれば、砂漠の評価は、人間的な立場から見れば、人の住めない不毛の地という否定的なものにならざるをえないけれども、砂漠は人間以外の被造物の領域であると判断すれば、砂漠は神の造られた他の被造物の領域であるという事実が浮かび上がってきます。その意味するものは、すべての生息地が人間のためにあるのではなく、そのうちのいくつかは人間と全く異質な被造物のためのものなのだ、ということです。

このことは、人間に被造世界における特権的な地位が与えられていない詩篇104篇とヨブ記38〜39章の被造世界の二つのパノラマでは、野生動物は否定的に見られていないという事実を説明しています。人間も動物も、神が造られた多様な生物種の一つにすぎないのです。人間が開拓された肥沃な地域で生きるように、森林はライオンやコウノトリのための場所であり、山はやぎや穴熊の住処、荒野は野生のろばやライチョウの生息地、岩山はハゲタカのための地なのです。野生の地が「良くない」のはもっぱらそれが人間の役に立たないからなのですが、旧約聖書は地球の全部が人間の利用や居住のためにあるとは考えてはいません。第一印象と違って、聖書の野生の自然に対する評価は現代の私たちのそれに近いように思われます。すなわち野生の自然は人工化されていない自然で、その価値は人間の利用や楽しみのためにどれだけ使われているかにあるのではなく、荒らされていない他者性にあるということです。

聖書は（聖書的な意味での）荒野を、人間にとっての利用価値という観点から否定的に見る傾向がある一方、森についてはそれほど否定的には見ません。都市の荒廃を、森林状態への逆戻りとして描くことはほとんどありませんし（ホセア2章12節、ミカ3章12節）、実際、森の破壊を嘆くべき土地の荒廃の一部と見るケースはもっと沢山あります（イザヤ10章18～19と33～34節、エレミヤ21章14節と46章23節、エゼキエル20章45～48節、ゼカリヤ11章1～3節）――このうちのいくつかは比喩的な表現かもしれませんが。[33] もともと耕作地の大部分は森を伐採してできたもので荒野を耕したのではないので、旧約聖書では反感が森より荒野の方にずっと多く向けられているのは驚くべきことです。このことが示しているのは、この反感は耕作地と野生の自然との間の競合関係とはほとんど無関係だということでしょう。事実、ヨシュア記17章15～18節以外に、イスラエル人の農耕していた土地がかつては森であったことを示す文献はほとんどありません。おそらく森の伐採は人々の記憶が及ばない時代に終わっていたのでしょう。結局のところ、アダムは茨やあざみと戦わなければならないと警告されたのであって（創世記3章18節）、木を根っこから引き抜かなければならないと警告されたのではありませんでした。イスラエル人にとっての森の「問題」とは、それが耕作されていないことではなく、危険な野生動物がそこに生息していたことでした。そうした動物の旧約聖書におけるイメージは際立っていました。このことは、人間がそこに住むことを不可能にしましたが、それは神が野生動物のために備えた生息地だったのです（詩篇104篇30節）。注目すべきは、イスラエルの土地に関する律法は野生動物にも食物が必要なことを考慮して（たぶんその動物とはイスラエル人の耕す農場の間にある森林の窪みに住む動物のことでしょう）、七年毎の安息年には地の産物を貧しい人や家畜だけでなく、「あなたの地にいる獣のために」残しておく、という規定を設けていたことです（レビ記25章7節、出エジプト記23章11節）。

エコトピアに戻る（1）森

迫りくる荒廃というヴィジョンと同じく、しばしば裁きの向こう側にある救いというヴィジョンも数多くあります。[34] それらは人類が繁栄するための理想的な条件を投影しているという意味ではユートピアと言えますが、私たちはこれをエコトピアと呼んだ方がいいでしょう。[35] なぜならそれらのヴィジョンは常に人間以外の被造物を取り上げて、人間と他の被造物（植物も動物も）との間の理想的関係を思い描いているからです。神学用語を用いれば、それらは終末論的だと言えるでしょう。新約聖書の観点からは、そうしたヴィジョンは万物が刷新されるという聖書全体のヴィジョンの中に含まれるものだからです。しかしそれらは原初的（protological）だとも言えます。なぜならそれはアダムとエバの追放、すなわち人間と野生との断絶の前の状況を喚起するものだからです。私たちはそこに、森が登場するエコトピアのヴィジョンと、野生の動物が登場するエコトピアのヴィジョンの両方を見出します。そして、聖書の民から見た森の唯一の問題とはそこに生息する野生動物だったということを思い出すなら、エコトピアのこの二つの側面は密接に関連しているのが分かります。しかし、それらを一つずつ見ていきましょう。

先に引用したイザヤ書32章14節のエルサレムに対する裁きの託宣のすぐ後に、イザヤはこう続けています。

しかし、ついに、
いと高き所から私たちに霊が注がれ、
荒野が果樹園となり、
果樹園が森と見なされるようになる。
（イザヤ書32章15節）

ここでは命を与える神の霊が荒廃した土地をよみがえらせています。そこには実り豊かさが増し加わっていく様子があります。荒野、果樹園（カルメルの明らかな意味は「果樹園」ですが、「耕作地」の方がよいかもしれません）、そして森。果樹園があまりにも実り多いので、しまいには森と見なされるのです。私たちはここで、果樹園であり森であるエデンの園というテーマに舞い戻るのですが、その森は恐ろしいものではなく、豊かに実りを提供してくれるものなのです。

預言者はこう続けます。

公正は荒野に宿り、
義は果樹園に住む。
義が平和をつくり出し、
義がとこしえの平穏と安心をもたらすとき、
私の民は、平和な住まい、
安全な家、安らかな憩いの場に住む。
［…］
ああ、幸いなことよ。
すべての水のほとりに種を蒔き、
牛とろばを放し飼いにするあなたがたは。

（イザヤ書32章16〜18節、20節[36]）

16節と17節は、土と植物と木からなる自然界の繁栄は人間社会の正義と平和（シャローム）によって成し遂げられるだけではなく、その正しい関係は人間社会と自然界との完ぺきな調和と結びついていることを指し示しています。言い換えれば、創造の秩序が重んじられるだろうということです。動物たちは20節になるまで言及されませんが、それは人々が家畜動物を自由に放し飼いにしていることを意味します。なぜなら、それらの動物は危険な捕食動物の危険にさらされていないからです。[37]野生動物はもはや脅威ではないのですが、それらに何が起こったのかは私たちには明らかにされていません。

荒野が実り豊かになり、やがて森になっていくというもう一つのヴィジョンがイザヤ書35章にあります。これは先に考察したエドムの荒廃の情景のすぐ後に来るものです。ジョン・ワットが記しているように、35章は「刷新と新しい誕生についての大げさなほどの言葉を用いている、ちょうど34章9〜15節が死と荒廃についてそのような言葉を用いているように[38]」。イザヤはここで、捕囚から解放されたイスラエルの民が喜び歌いながら砂漠を通って帰還する際、その周りに生命が満ち溢れる様子を想像しているのです。

荒野と砂漠は喜び、荒れ地は喜び躍り、
サフラン[39]のように花を咲かせる。
盛んに花を咲かせ、歓喜して歌う。
これに、レバノンの栄光と、
カルメルやシャロンの威光が授けられるので、
彼らは主の栄光、私たちの神の威光を見る。

［…］
荒野に水が湧き出し、
荒れ地に川が流れるからだ。
焼けた地は沢となり、
潤いのない地は水の湧くところとなり、
ジャッカルが伏したねぐらは
葦やパピルスの茂みとなる。
［…］
そこには獅子もおらず、
猛獣もそこに上って来ることはなく、
そこには何も見つからない。
贖われた者たちだけがそこを歩む。
（イザヤ書35章1～2節、6～7、9節）

ここでも、危険な動物たちの問題は、それらが森を通ってこの道に近づくことを否定することで回避されています。生命の宿らない荒野と不毛の土地は一斉に花を咲かせ、喜びの歌声をあげます。この変容のクライマックスは、杉や背の高い常緑樹で覆われた有名なレバノンの山のような、あるいはシャロンの谷へ斜面を下って美しい木々が立ち並ぶカルメル山のような壮麗な木々が与えられることです。[40]（カルメルという名前はイザヤ書32章15節の「豊かに実る畑」、あるいは「果樹園」と訳されている言葉と同じものです。カルメル山の由来がここにあるにせよそうでないにせよ、その山の名前とこの用語には密接な関係があります。）

この一文で特に注目すべき点は2節にある並行表現で、一方では「レバノンの栄光」と「カルメルの威光」、他方では「主の栄光」と「神の威光」となっているところです。その意味するところは、木々の神々しさは神ご自身の栄光を反映しているということで、[41]被造世界の失われた部分は、とても印象的な木々によって奇跡的に補われるのです。

類似した預言で、木々についてより詳細に記しているのがイザヤ書41章18～19節です。

わたしは裸の丘に川を開く。
平地のただ中には泉を。
荒野を水のある沢とし、
砂漠の地を水の源とする。
わたしは荒野に、杉、アカシヤ、

ミルトス、オリーブの木を植え、
荒れ地に、もみの木、
すずかけの木、檜をともに植える。

これらの森林の木は、大きな灌木であるミルトスも含めて、みな役に立つものです。高い木は材木になり、オリーブは果物として、ミルトスは香りのよい枝が重宝され、その他の木々も木陰を作ってくれます。しかし木々の価値は有用性だけでは測れません。それらの木々は古代中近東における野生の森の全体像を形成し、創造主の手によって栄光に満ちた生命がそこからあふれ出ます。ここで思い描かれているものよりも肯定的な森の描写は、想像するのが難しいでしょう（イザヤ55章13節も参照）。

エコトピアに戻る（2）野生動物

聖書の人々は、危険な野生動物（ライオン、熊、蛇など）を、彼らの生命を脅かすだけでなく家畜にも危害を加え彼らの暮らしそのものに脅威を与えるので恐れました。創世記の原初の歴史における人間と野生動物との敵対状態は、アダムとエバの堕落の後にこの世界に暴力が蔓延した結果として描かれています。もともと人間も他のすべての動物も草食動物でした（創世記1章29

～30節、9章3節）。（このことが現代の読者に提起する問題については、以下で論じます。）しかし、草食だからといって、そこに暴力がなかったということにはなりません。それはカインとアベルの場合や（創世記4章1～16節）、カインの末裔レメクの物語（同19～24節）からも明らかです。食物をめぐる争いは人間と動物との間にも、動物同士の間にも対立をもたらすことになりました。たぶんこれが、ノアの大洪水の前この地が「暴虐で満ちる」ようになった理由です（創世記6章11、13節）。暴力が発生したのは「すべての肉なるもの」に責任があり、その中には人間だけでなく動物（少なくとも地上の動物と鳥）も含まれます。大洪水はこの問題への本当の解決にはなっていません。暴力は人間や動物の生活の中にあまりにも深く住みつくことになりました。そこで、神が大洪水の後でノアと契約を結ぶにあたって意図したことは、暴力そのものを根絶するのではなく、暴力がはびこる状況を規制することでした。こうして人間が他の被造物を支配するという責務は、人間を危険な動物から守ることに形を変え（創世記9章2節）、人間は動物を殺して食べることが許されるようになりました。ただし、あらゆる生命の神聖さを認めさせるために、血を飲むことは禁じられました（同9章3～4節）。

動物を殺して食べることが許可されたにもかかわらず、イスラエルの民は実際には野生動物を狩猟してその肉を食べることはなかったことは特筆すべきでしょう。危険な動物については言うまでもありません。律法の食事規定の中で食べることが許されている動物は、ほとんどすべて家畜でした（例外的に認められたのは鹿、ガゼル、および少数の野生の鳥だけです）。そのためエレン・デイビスは、この食事規定は「人間の中にある殺しの本能を飼いならすための聖書的方式である」と言ってはばかりません。[42] イスラエル人は危険な野生動物を狩猟することも食べることもなかったので[43]、野生動物は彼らに危害を与える存在ではあっても、彼らは野生動物に危害を与える存在ではないと考えたのは自然なことでした（他方、今日の私たちは生物の種が急速に消滅していることに対して責任があることを知っています）。

したがって、預言者エゼキエルの描くエコトピアでは、人々はもはや敵国からの略奪も野獣からの攻撃も受けることがなくなり、安心して暮らします（エゼキエル書34章28節）。なぜなら、神は「彼らと平和の契約を結び、悪い獣をその地から取り除く。彼らは安らかに荒野に住み、森の中で眠る」ようになるからです（同34章25節[44]）。理想は、人々がアダムと同じように再び森に住めるようになることですが、そのためにはまずイスラエルの土地から危険な野生動物を取り除く必要があります（これは必ずしも、それらが絶滅するということではありません）。ここでもまた私たちは、旧約聖書が森に対して否定的な態度をとっている唯一の理由は危険な動物にあることを知ります。耕作地と森とは対立しているという開拓農民の感覚は、ここにはありません。

さらに魅力的なのは、メシアの平和な王国についてのイザヤの有名な預言です。

狼は子羊とともに宿り、
豹は子やぎとともに伏し、
子牛、若獅子、肥えた家畜がともにいて、
小さな子どもがこれを追って行く。
雌牛と熊は草をはみ、
その子たちはともに伏し、
獅子も牛のように藁を食う。
乳飲み子はコブラの穴の上で戯れ、
乳離れした子は、まむしの巣に手を伸ばす。
わたしの聖なる山[45]のどこにおいても、
これらは害を加えず、滅ぼさない。
主を知ることが、
海をおおう水のように地に満ちるからである。

（イザヤ書11章6～9節）

現代人の間ではこの聖書箇所は動物間の平和な姿を描いたものにすぎないと、これまでたびたび誤解されてきました。実際には、ここで描かれているのは人間世界の間での平和であり、そこに家畜動物（子羊、子やぎ、子牛、若い雄牛、雄牛）や、通常は人間の暮らしや命への脅威とされる野生動物（狼、豹、獅子、熊、蛇など）も含まれます。描かれているのは人間世界と野生の自然との和解です。特筆すべきは、人間と家畜動物はすべて脆弱な存在である子どもによって代表されていることです。6〜7節で対になっている動物はそれぞれ注意深く選ばれていて、捕食動物と対になる動物には彼らに捕食される動物の中でも典型的なものが選ばれています。[46]特に7節からは、肉食動物が家畜と同じように草食動物のようになっているため、平和な状態が実現しているのは明らかです。間違いなく、そこには人間も含まれます。捕食動物の餌食となってきた野生の動物のことは言及されていませんが、彼らもまた平和に暮らしているように見えます（特に9節以下から）。しかし、そのことはこの箇所の関心事ではなく、ここでは人間の活動領域における野生との和解に関心が向けられています。8節のコブラと幼子の対については、幼子はコブラの捕食対象ではない点で他と異なっていますが、それでも子どもが知らずに蛇の隠れ家に手を突っ込めばその毒は危険です。[47]

人間の暴力はなくなっていますが、それはこの章の前半部分（1節から5節）に記されているメシアの活動によるものと考えられているのでしょう。そこではダビデの末裔であり、非常に豊かな御霊を与えられ、特に貧しい者たちのために正義を行う人物が描かれています（11章1〜5節）。

イザヤ書32章15節から20節ですでに見てきたように、人間社会に正しい関係が確立することには、人間社会と野生の自然との和解が伴います。[48] 貧しい人々を圧制者の手から守ることへのメシアの関心（11章４節）と、弱い動物を肉食動物から守ることにはテーマ的な関連性があるかもしれません。けれども、３～５節と６～９節との間に関連性があるからといって、この動物の描写は国家間の平和を寓話的に描いているだけだ、ということにはなりません。[49] これを国家間の寓話と取るには、人間と野生動物との関係、特に未来における両者の理想的な関係の描写が本物の関心事だったという証拠が旧約聖書にはあまりにも多いのです。エゼキエル書34章25節やレビ記26章６節ですでに見てきたように、外国の略奪から守られるという約束と、危険な動物の捕食から守られるという約束は並行関係にはあっても別々のものですが、エコトピアはその両方の問題を扱います。

イザヤ書11章は、９節と10節になるまでは諸国民の間のイスラエルの問題については何も語りません。

わたしの聖なる山のどこにおいても、
これらは害を加えず、滅ぼさない。
主を知ることが、

海をおおう水のように地に満ちるからである。

その日になると
エッサイの根はもろもろの民の旗として立ち、
国々は彼を求め、
彼のとどまるところは栄光に輝く。

（イザヤ書11章9～10節）

10節の「エッサイの根」への言及は、1節の「エッサイの根株」と共にインクルーシオを形成しています（「インクルーシオ」とは、これらの言葉がブックエンドのように両側からこの聖書箇所を挟み込むことです）。そして私たちに、この箇所の構造がキアズム（交差法）、または同心構造になっていることを気づかせてくれます。[50]

A　エッサイの根株から新芽が生える（1節）
B　主の知識が彼の上に留まる（2節）
C　理想的な時代——人間社会の中での正しい関係（3～5節）

C[1]　理想的な時代――人間社会と野生動物との間の正しい関係（6〜9節）
B[1]　主を知ることが地に満ちる（9節）
A[1]　エッサイの根が旗として立つようになる（10節）

この構造によれば、主の知識がメシアをして人間社会に正義を確立するのを可能にするように、主の知識が野生動物との平和も可能にします。その結果が主の「聖なる山」での暴力の根絶ですが、イザヤ書2章2〜3節に着目するならば、「聖なる山」とはシオンの山、神殿のある山のことのようです。[51] しかしこれは、エゼキエル書28章13〜14節にあるように、エデンの園は山に位置していたという事実をも暗示しているのかもしれません。物事は初め、メシア自身の民と主ご自身の地において正されますが、主を知ることが広がっていくこととその結果が諸国民に及ぶことも視野に入れています。諸国の民はメシアの評判に引き寄せられて主を求めるようになります、イザヤ2章1〜4節にあるように。この託宣は11章のものと並行的かつ補完的な関係にありますが、その結果が諸国民の間の普遍的な平和です。

エゼキエル34章25〜30節にあるエコトピアでは、動物と諸外国からの脅威は共に取り除かれるものの、その二つの脅威がどのように変容していくかには言及されていません。それに対してイザヤ書のエコトピアでは、その両方が望ましい方向に変容していきます。諸国は互いに平和に暮らし（2章4節）、野生動物は人間や家畜と平和に暮らします（11章6～9節）。暴力に代わって平和が中心テーマとなり、それが11章9節に要約されます。「わたしの聖なる山のどこにおいても、これらは害を加えず、滅ぼさない。」

暴力問題への関心と、平和が暴力に置き換わることとは、この箇所を創世記1～11章の原初の歴史に結びつけるカギとなる主題です。[52] イザヤのエコトピアは、地球上の全生物はそもそもは草食であったこと（創世記1章29～30節）[53]、大洪水の前に「すべての肉なるもの」が暴力に染まっていたこと（創世記6章11～13節）、そして引き続く人間と野生動物との敵意ある関係、その結果神が肉食を容認したこと（創世記9章2～6節）、これらのことを暗に仄めかしています。このイザヤの箇所では、人間と危険な蛇との間に築かれるであろう親しい関係が強調されています。これは創世記3章15節の、蛇に対する呪いを反映しているのでしょう。「わたしは敵意を、おまえ［蛇］と女の間に、おまえの子孫と女の子孫の間に置く。」女の子孫は、イザヤ書11章のエコトピアでは「乳飲み子」と「乳離れした子」として表されていて、彼らは蛇の穴の近くで安全に遊んでいるのです。[54]

ここには人間の他の生物への支配に関する仄めかしもあるようです（創世記1章26、28節）。動物間の平和の最初の描写（イザヤ書11章6節）はこう締めくくられます。「小さな子どもがこれを追って行く。」ここには羊飼いの行動への仄めかしがあるに違いありませんが、[55] 家畜は彼らを牧場へと連れて行ってくれる羊飼いに喜んでついて行きます。小さな子どもですら羊やぎの一群を導くことができます。なぜなら、そのために強要や暴力を用いる必要がないからです。[56] エコトピアでは、小さな子どもが狼や豹やライオンを導くことができるのです。これは野生動物に対する人間の優しくて有益な奉仕の姿で、野生動物は喜んでそれを受け入れています。これは預言者イザヤが、創造の直後の人間と動物の関係がこのようなものであっただろうと考え、メシアの時代にもこのようになるだろうと思い描いた姿です。このことは、大洪水の後にノアに示された支配の方法（創世記9章2節）が本来あるべき姿ではなく、人間と野生動物との暴力的な状況に合わせたものであったことを明確に物語っています。ジョン・オーレイが指摘しているように、イザヤの描くエコトピア的未来での子どもたちへの言及は、「危険も支配関係もない、喜ばしい相互関係を強調している[57]」のです。

一部の学者は、イザヤ書11章6節から9節までがエデンへの帰還であることを否定しています。例えば、ブレヴァード・チャイルズはこう書いています。

預言者の描く光景は、理想的な過去に回帰することではなく、義なる支配者を通じての神の新たな行動によって被造世界が回復することだ。……イザヤが思い描いているのは、原初の無垢な神話時代への回帰ではなく、神の義なる御心によって抱かれる新しい創造のわざが、神の主権によって実現されることなのだ。[58]

神の新しい創造のわざが思い描かれている、というのは確かにその通りです。新しい創造はエデンの園を上回るものですが、それはエデンの園の秘めていた可能性を実現するものだと言うこともできるでしょう。人間と動物とに元来備わっていた無垢な性質は、未来がどのようなものであるのかについて、預言者に一つのモデルを提供しています。それは神が創造の初めから被造物に抱いていた御心を新しい創造が実現する未来と関連付けさせて、神の意図されたことが将来完全に達成されることを予見させます。それが達成された後には、被造物が再び暴力にはまり込むことはなくなります。

雑食動物としての熊は、菜食だけでも生きていけることを私たちは今や知っていますが、ライオンの場合には、それは生物学的に不可能です。草食ライオンがいるとすれば、それはもはや別の種だと言うべきでしょう。このことは、創世記の原初の時代や、イザヤの描くエコトピア的未来を学ぶ現代の読者にとっては、難しい問題です（前者の問題については、化石の調査によって人類誕生のずっと以前から肉食動物がいたことを私たちは知っています）。創世記に関わる問題点は、1章29～30節の草食主義を七日間の創造の記述のユートピア的側面として見ることで対処できます。人間と地上の生き物に菜食を与えた後に、神はご自分の手のわざのすべてをご覧になり、「非常に良い」と宣言されました（創世記１章31節）。実際には、被造世界はまだ「非常に良い」わけではなく、ここでの記述は終末において「非常に良い」状態になることを待ち望んでいるのです。創世記１～11章の記者または編者と預言者イザヤにとっての関心事は、神の良き被造世界に内在する暴力です。暴力は、それが人間同士の間であれ、動物の間であれ、あるいは人間と動物の間であれ、神の被造物への究極的な目的の一部ではありえないのです。神がその御手のわざを「非常に良い」と言うとき、それはあってはならないものなのです。終末的未来という視点から見る限り、私たちは人間と動物とがお互いに平和で仲良く暮らし、お互いを豊かにするような仕方で共存するような新しい創造を期待すべきなのです。それがどのように実現するのかを言うことはできませんが、それと同じことは新しい創造の多くのことについても言えます。（アンドリュー・リンゼイは、イザヤの描く平和的な王国のヴィジョンは、「刷新をもたらす神の愛は、基礎的な生物学について私たちが知っていると考えていることによってですら推し量ることはできないというイマジネーションあふれる認識へと私たちを導く」と適切にも宣べています。[59]）新しい創造はこの世界を刷新することを指していますが、それは最初の天地創造のみが比肩しうる新しい創造のわざによってもたらされます。聖書の預言的ヴィジョンから私たちが知りうることは、それは人間のためだけでなく被造世界全体のための新しい未来だということです。人間中心的な立場から見ても、動物はこの世界の人間生活とあまりにも深く関わっているので、動物のいない人間の未来は新しい世界における人間生活を充実させるどころか、矮小化してしまうでしょう。神が「非常に良い」との期待のもとに宣言したこの世界には、動物は欠くことができないものなのです。

聖書の預言は単なる未来の予告ではなく、その預言が描く未来の光の下に、今適切な行動を取るようにと読者に呼びかけるものなのです。シブレイ・タウナーは次のように記しています。

聖書が描く将来の自然の姿は、現在の倫理的生活スタイルに向かって刺激的な役割を果たす。その生活スタイルは全体的、相互依存的で、階級的ではない。それは肉体や物質を堕落したものとして拒否しない。なぜなら、神がそれらを拒否しないからである。[60]

平和的な王国のイザヤのヴィジョンを念頭に置くと、人間と動物との間の暴力を黙認できないのは、人間社会に戦争ではなく平和を促進しようとする試みの否認が受け入れられないのと同じことです。どちらの場合にも、平和は神の約束ですが、どちらの場合にも、神が私たちに与える約束と希望に対応するような生き方をすることができます。それは神の終末的な行動を人間が先回りして行うことではありません。神の行動のみが、その王国を宇宙的な規模で確立します。私たちが神に代わってそのようなことをしようとするのは災害のもとです。なぜなら私たちにはユートピアもエコトピアも作り出すことはできないからです。そのような試みはいつも災難をもたらしてきました。私たちは神の王国を待ち望むことはできますが、それはあくまでも人間の限界を知った上で、現実的かつ妥当性のある仕方においてです。シブレイ・タウナーはこの件に関する彼の結論を次のように総括しています。

私たち人間と自然との正常な関係は、自然を強引にねじ曲げてでも私たちのイメージに完全に合致させることではない。それは形を変えた新しい自然の抑圧にすぎない。むしろ私たちは謙虚になって自然と調和して生きる道を求めるべきである、創造主のみが与えうる平和の契約を指し示すような仕方で。[61]

エコトピアにおけるイエス

旧約聖書における荒野の意味についてこれまで学んできたことから見ると、イエスの荒野つまりヨルダンの砂漠での逗留を「エコトピアにおけるイエス」と呼ぶのは逆説的に聞こえることは確かでしょう。「荒野の誘惑」は二つの福音書に詳しく書かれていますが（マタイの福音書4章1～11節、ルカの福音書4章1～13節）、特にこの情景はかつてイスラエルの民が出エジプトの後に荒野をさまよい、試練を受けたことを想起させます。いわばイエスは、イスラエルの民の体験を追体験し、彼らが屈服することになった誘惑に打ち勝ったのです。しかし、マルコの福音書のイエスの荒野での経験についてのもっと短い記述に、イザヤ書11章が重要な背景となっていることを見て取れます。
マルコだけが野生動物に触れています。

イエスは四十日間荒野にいて、サタンの試みを受けられた。イエスは野の獣とともにおられ、御使いたちが仕えていた。（マルコの福音書1章13節）

この荒野の記事はイエスが洗礼を受けた記事のすぐ後にありますが、この洗礼の場面でイエスはメシア的な神の子と呼ばれ、イザヤ書11章1〜2節のイザヤ書のメシアのように、聖霊によってメシアとしての任務を受けています。それから聖霊は、イエスが神の王国の宣教に乗り出す前に、ある課題を果たさせるべくイエスを荒野に連れていきます。イエスはなぜ荒野へ行ったのでしょうか。これまで見てきたように、荒野は人間の寄り付かない領域だからです。この荒野でイエスは三種類の人間以外の存在と出会います。サタンと野獣と天使（御使い）たちです。イエスは人間世界で自分の使命に乗り出せるようになる前に、メシアとしてこの三者との関係を確立しなければなりませんが、そのことが福音書の残りの記事を占めています。

荒野の誘惑に関するマルコ福音書の記述は短いけれど、一行一行が重要です。イエスが三者に出会った順番（最初にサタン、続いて野の獣、最後に御使いたち）は意味のないものではありません。サタンは義なる人にとって当然の敵であり、抵抗すべき存在です。天使たちは義なる人にとって当然の友で、イエスに仕えます。しかし両者の間にある野の獣はどちらとも取れます。野生動物を人間に対する脅威とみなす一般的な認識によれば、野生動物は危険な敵とみなされるでしょう。特に、人間の住む所ではなく野生動物の住処である荒野ではなおさらそう言えます。しかし他方では、イエスはメシア王でありその王国を開始しようとしているので、彼の野生動物との関係は適切なものとなり、イザヤ書11章のようなエデンの園へ回帰することを期待すべきではないでしょうか。

サタンは単にイエスの敵であり天使は単にイエスの友であるなら、その間に置かれた野生動物はイエスが敵を友にした存在です。荒野におけるイエスは、先見的な仕方で、人間世界と野生動物の間に平和を実現させていますが、それはイザヤのエコトピアです。「イエスは野の獣とともにおられ」というマルコの福音書の短いけれども印象的な言葉には、エコトピアに対する敵意も抵抗もありません。イエスが動物たちと平和な関係にあることを示しています。「誰々とともにいる」という表現はマルコの福音書にしばしば登場しますが（3章14節、5章18節、14章69節。4章36節も参照）、それは親密で近しい関係を示しています。（ノアの箱舟に乗った動物たちも「ノアとともにいた」と書かれていることも、関係があるかもしれません。創世記7章23節、8章1節、同17節、9章12節）。マルコは、王なるメシアであるイエスによって代表される人間と野生動物たちとの間の理想的な関係を思い描いていた可能性があります。それは動物の支配、あるいは野生動物を人間にとって有用な家畜として迎え入れることだったかもしれません。しかし「野の獣とともに」という簡潔な表現にはそのような意味合いは含まれません。イエスは野の獣を友としたのです。彼らと平和に「ともに」いたのです。[62]

ダグラス・ホールは聖書の中の「ともに」という前置詞の意味に注目しました。その重要性は、「ともに」は愛のことばであること、また聖書の伝統ではそれは関係性を表すことばであることと関係します。それは「ある存在と、と、も、に、ともにある（*with-being, being-with*）」という意味合いがあります。[63] ホールはこう記しています。

より優れた表現によって、キリスト教神学とキリスト教倫理は人間の関係性の中でも特に重要な二つの関係、神との関係と私たちの仲間（隣人）との関係を、どう言い表すべきかを知っていた。しかし、キリスト教神学は、被造物としての私たちの三重の関係性のうちの一つ、つまり私たちと人間以外の被造物との関係の、根源的な存在論的前提［存在するとは、ともに存在すること］の意味について、ほとんど探求してこなかった。[64]

箱舟の中のノアと荒野にいるイエスは、人類と他の被造物が「ともにいる」ことの本質的な意味を考える上で良い出発点になります。

マルコの福音書1章13節の元々の文脈では、野の獣は人間にとって脅威でした。メシアによる野の獣との平和は、人間と動物との疎外関係や敵対関係を癒やすことによって、人類をその脅威から自由にすることを約束したのです。今日マルコ1章13節を読むクリスチャンは、全く違った文脈の中でそれを理解しています。私たちは野生動物の生存を脅かし、その生息地を侵害し、それまで住んでいた荒野をもはや住むことのできない不毛の地にしてしまっています。この点を明確にするためには、イエスがユダヤの荒野で出会った動物のうち、どれだけ多くの種が過去一世紀の間に消滅したかを考えてみるだけでよいでしょう。野生のろば、砂漠のレイヨウ、アダックス、だちょう、その他にも多くの動物がいました。しかしマルコの描く荒野におけるイエスと動物たちとの平和な友好関係のイメージは、そのような状況の逆転を可能にします。荒野でのイエスと野生動物との打ち解けた関係は、動物は彼ら自身にとっても神にとっても、人間への有用性とは関係なく価値ある存在であることを確証してくれます。イエスは野生動物を人間世界へ迎え入れようとはせず、平和の中で荒野でそのままにし、神の被造世界の共同体の中で世界を人間と共有する被造物であることを認めているのです。野の獣とともにいるイエスのイメージは、人間が他の被造物と兄弟として生きる可能性を示す聖書的なシンボルなのです。イエスが開始した神の王国のすべての面がそうであるように、それが完成するのは終末的な未来においてのみです。しかし、野生動物を尊重し、彼らの生息地を保存することによって、現在においてもそれを十分に予感できるのです。

別のものであることの価値

ここでもう一度、原初のエデンの園に話を戻しましょう。

また、神である主は言われた。「人がひとりでいるのは良くない。わたしは人のために、ふさわしい助け手を造ろう。」神である主は、その土地の土で、あらゆる野の獣とあらゆる空の鳥を形造って、人のところに連れて来られた。人がそれを何と呼ぶかをご覧になるためであった。人がそれを呼ぶと、何であれ、それがその生き物の名となった。人はすべての家畜、空の鳥、すべての野の獣に名をつけた。しかし、アダムには、ふさわしい助け手が見つからなかった。神である主は、深い眠りを人に下された。それで、人は眠った。主は彼のあばら骨の一つを取り、そのところを肉でふさがれた。神である主は、人から取ったあばら骨を一人の女に造り上げ、人のところに連れて来られた。人は言った。

「これこそ、ついに私の骨からの骨。
私の肉からの肉。
これを女と名づけよう。
男から取られたのだから。」
それゆえ、男は父と母を離れ、その妻と結ばれ、ふたりは一体となるのである。
（創世記2章18〜24節）

この引用個所で最初に注目すべき点は、出来事の順序です。最初に男が、続いて動物、そして女が創造されます。この順序は、聖書記者が男女間の関係および人間と他の動物との関係について何か語りたい時にこれまでもよく用いてきた物語作りの技法です。実際のところ、この順序は創世記1章とは異なっています。1章では、動物は人間の男女が同時に創造される前に創造されています。創世記のこの部分の編集者が、この矛盾に悩まされていなかったのは明らかです。それは創造の順序をどちらとも文字通りには受け取っていなかったからに違いありません。もし2章のこの箇所を文字通りに受け取ったなら、動物は何かの間違いだったことになってしまうかもしれません。神は動物たちに、彼らがアダムに必要な「助ける者」になれると思わせて、結局それが間違いだったことが明らかになるのだと。[65] しかし、実際には動物たちは物語の中で彼らなりの重要性を持っています。動物たちがここで出てくるのは、独りでいる人間の孤独を和らげてくれるのは異性だけなのだと言いたいからではありません。

ここでのポイントは、アダムが動物たちを名づけたことです。このことはアダムの動物たちに対する力を示すものだとしばしば見られてきましたが、[66]そういう風に解釈するのに十分な理由はないし、ほとんどの解釈者は今やそれを支持しません[67]（もしそのような意味に解するとしたら、アダムが女をエバと名づけたことは〈創世記2章23節、同3章20節〉彼女への力の行使として解釈しなければならなくなります[68]）。名づけるという行為は本質的には認識することです。[69]アダムはこの世界における動物の立場を認識しました。彼は動物に興味を持ち、それぞれの特徴を見分け、類似点と相違点を認識しましたが、それらはすべて、神の創造のゆえにそれぞれの動物に与えられた特徴でした。アダムは動物の種を分類し名前をつけた最初の動物学者と言えるかもしれません。チャールス・ピンチェスはこう記しています。

アダムは動物を名づける仕事が与えられたが、彼にとっての動物の有用性に従ってそうしたのではなく、動物たちをありのままに見ることができる存在だからそうしたのだ。私たちが種を名づけて研究するとき、私たちはアダムの仕事を引き継いでいるのだ。[70]

別の見方をすれば、アダムは最初の詩人でした。なぜなら、対象を言葉で表現したいという人間的欲求は詩の根源にあるものだからです。[71]

また、名づけるということは関係性の前提でもあります。行為は関係性への第一歩です。生まれた子どもに名前をつける親はその子を独立した人格として認め、他人がその子を一人の人間として見分けるための手立てを与えているのです。こうして子どもは人間関係の中に入っていきます。創世記の物語における動物とエバの対比の意味は、アダムが動物とは重要な関係を結べなかったということではなく、同じ種に属しながらも異なる存在（異性）との特別な関係を動物とは結べなかったというだけのことなのです。アダムが初めて女を見た時の驚きの言葉、「これこそ、ついに私の骨からの骨。私の肉からの肉」は、同じ種に属する他者がいたことを認めた言葉でした。それは単に、例えば動物は言語を用いないのでアダムの最も重要な必要を充たせなかったというのではなく、動物の「他者性」はエバのそれとは異なる種類のものだったからなのです。それでも、このもっと大きな「他者性」はそれ自身で大きな価値があり、アダムにとってもそうなのです。

他者性（otherness）は疎外感（alienation）とは別のものです。人間が野生動物から疎外されてしまったのは、エデンの園を失った結果です。しかし、動物の他者性、より一般的に言えば彼らの野生は、良いものなのです。ほかの被造物の持つ他者性に私たちが喜ぶという経験は、それらの被造物がそれ自身で、また神にとって価値があることを示すしるしなのです。私たちがほかの被造物の中に他者性を見出して喜ぶとき、私たちは彼らの中に人間とは無関係の独立した価値を認めています。それは、ヨブ記の38章と39章で神がヨブに与えた経験の一部です。ほかの被造物の他者性についての私たちの肯定的な体験は、自然の美しさを喜ぶことだけではありません。私たちは自然のすべてが美しいとは思わないし、多くの人にとって昆虫の多くは美しくはないでしょう。自然は奇妙なだけでなく、気味が悪いとさえ思うこともあります。しかし、私たちが人間以外の実在（reality）、自分のものとはできない実在と出会い、それに私たちの好みや価値観を付与するとき、それは人間の創造物に変わってしまいます。野生の中に、私たち自身の投影ではない何ものかを見出します。真の荒野が私たちに及ぼす影響は、それが私たちには属していない世界であるということによるもので、荒野が私たちに及ぼす良い影響は、逆説的ではありますが、私たちから完全に独立した固有の価値によるものなのです。

人間支配の及ばない自然が徐々に消滅していくことについて、マッキベンはこう語っています。「私たち自身のエゴという怪物が周囲のあらゆるものに反映されようとしている。[72]」たった一つ例を挙げるなら、生物工学が私たちを導こうとしている道がそれです。あらゆるものに人間の干渉や修正が行われている世界で、私たちはあらゆるものの中に人間だけがいるのを見出すでしょう。そして奢りまたは嫌悪を感じるでしょうが、謙虚さや畏怖の念は決して感じないでしょう。[73]

これは人間の芸術活動や技術の進歩を誹謗しているのではないし、私たちがイギリスで享受している自然の多くは、私たちも気づかないうちに人間の存在や活動によって手が加えられてきたという事実を忘れているわけでもありません。人間によって手が加えられた自然の果てしのない多様性はそれ自体で価値がありますが、それは野生が人間から独立していることによって持つ特別な価値とは異なっています。人間の芸術活動、例えば絵画、自然を賛美する詩、野生の姿を紹介するドキュメンタリー映画は、自然を認識する上で手助けになるでしょうが、それらの活動が自然に取って代わろうとしない限りにおいて、そうなのです。

自然の持つ他者性との出会いは、神というより偉大な他者との出会いのための秘跡（sacrament）になりえます。逆に言えば、近代の西洋社会で人々の間に神の意識が失われていることは、都会生活が多くの人々を野生や、人間があまり手を入れていない自然からさえも遠ざけていることと無関係ではないでしょう。古代世界の都市では、人々は自然から離れて生活することは決してなかったのですが、今日の都市生活者はあたかも人間が創造したかのような空間で生活しているように見えます。人工の光が登場する前はすべての人が夜空を楽しんでいたけれど、今日の都会では夜空を見ることは容易ではありません。

人間が手を付けていない自然の持つ他者性と出会うことで、神の他者性との出会いの道が開けてきますが、聖書的またキリスト教的な伝統の中では、それは汎神論的な感覚で自然を神聖視することを通じてではなく、神が創造された他の被造物の中に他者性を認識することによるのです。それがヨブや詩篇104篇の記者が経験したことでした。人間が造った世界で、私たちは安易に自分を神々だと思い込んでしまいますが、野生のままの自然の他者性と出会う時はそうではありません。私たち人間は他の被造物と関係を持つ時に、自分が被造物であることに気がつきます。すべてのものが神の被造物なのです。被造物の他者性を知ることで、私たちの中には神の他者性はそれとは質的に全く違うものであるという思いが生じます。

私たちの家族と他の動物たち

本章では、これまでもっぱら聖書における野生の描写に焦点を当ててきましたが、ここでは聖書文学における家畜動物の記述を取り上げることにしましょう。聖書と人間以外の被造物に関する議論で、家畜が取り上げられることは滅多にありません。けれども家畜は聖書の人々の生活にとって常にかけがえのない存在であり、聖書にも頻繁に登場します。たぶん、野生動物よりも多いでしょう、なぜなら野生動物よりも家畜動物の方が接触の機会がはるかに多かったからです。旧約聖書では地上の大きな動物を常に二種類に区別しています。一つは家畜動物（ベヘマー、英語ではcattleと訳される場合が多い）、もう一つは野生動物（ハイヤー）[74]または「地の獣（ハイヤー・ハアレツ)」です。天地創造、大洪水およびノアとの契約の場面における被造物の種の計画的なカタログにおいて、この区別がなされていること(例えば、創世記1章24~25節、7章14、21節、8章1節と9章10節。同様に詩篇148篇10節も参照)はたいへん重要で、この区別は創造主の意図に沿ったものだということを示唆しています(逆に言えば、聖書には動物の家畜化は動物にとっても人間にとっても良いことではなかったという示唆はありません)[75]。同様に重要なのは、創世記9章2節に記された、他の点では完全なリストの中に家畜動物が含まれていないことです。そこでは、人間とその他の生き物との間の敵意を考慮して、人間による支配が再定義されています。家畜動物は、人間を他の動物から守るための人に対する「恐れとおののき」を持つ必要はないのです。家畜動物は人間のパートナーであり、潜在的な意味でも敵ではありません。

家畜動物は事実上拡大された人間の家族の一員と見られています。そのことは安息日の規定の中に最もはっきりと認めることができます。「七日目は、あなたの神、主の安息日である。あなたはいかなる仕事もしてはならない。あなたも、あなたの息子や娘も、それにあなたの男奴隷や女奴隷、牛、ろば、いかなる家畜も、また、あなたの町囲みの中にいる寄留者も」(申命記5章14節。出エジプト20章10節を参照)。これによって最も恩恵を受けるのは、羊ややぎよりは牽引用や運搬用の動物、ろばやらば、牛などです。これらの労働用の動物は農作業の助け手と見なされているので、人間の助け手と同じようにそこで生産される産物を食べることができました。律法

（トーラー）では、家畜には「所有者」あるいは「主人（バアル）」がいますが、主人という言葉は女性の夫と同じ言葉で、それらの家畜動物は金銭的価値のある財産としての取り扱いを受けられました（出エジプト21章33～36節）。家畜動物の安寧を請け負うための規定もあります。「脱穀をしている牛に口籠をはめてはならない」（申命記25章4節）[76]。つまり、「脱穀している牛が自分の足で踏みつけた穀物を食べることを妨害してはいけない」ということです[77]。家畜動物には自らの働きによって得た産物の分け前に与る資格があるのです。他の律法では家畜を苦しみから守るようにとの規定もありますが、そうした規定は彼らの所有者のためのものでもあります（申命記22章1節と出エジプト23章4～5節）。

聖書記者たちは、彼らの家畜動物の先祖が野生動物だったとはもちろん知りませんでした。ほとんどの場合、家畜になるまでのプロセスは、聖書の民イスラエルが出現するずっと前から始まっていたからです[78]。しかし、少なくともヨブ記では、家畜がその同類の野生動物とよく似ていたことはよく知られています。ヨブに対する神の問いかけが野生のろばと野牛に及んだ時（ヨブ記39章5～12節）、ヨブが何をしようともこれらの野生動物を制御できないということは、それらと対になる家畜動物と対比させることで一層明らかになります。人間のために働かせたり人間世界の領域に住まわせたりすることのできない野生動物とは対照的に、家畜は従順な動物で人間の指図に喜んで従うものだという暗黙の理解があります。ヨブ記39章19～25節を一読して驚くのは、馬が野生動物に分類されていることですが、たぶんそれは馬が戦場で示す野生的で荒々しい性格のためでしょう。馬は激しく、攻撃的で勇敢で、さらには自己主張が強い動物です。聖書は野生動物と家畜との間にはっきりとした区別をつけていますが、両者の違いは絶対的なものではありません。家畜の中にも他の動物より「もっと野生的な」動物はいくつもあります。

聖書の人間以外の自然の描写の議論において、家畜動物が無視されてきた理由は、聖書のこの分野に関心を持っている多くの人たちの間で人間が家畜を所有することの正当性が議論の的になってきたからでしょう。ディープ・エコロジーの思想においては、家畜動物は不自然なものと見なされます。人間は家畜を本来の生態系から切り離し、人工的な環境に押し込めて飼い慣らすことによって、自然のバランスを壊しているからです。動物の権利の提唱者たちにとっても、家畜化は奴隷化の一種です。[79] しかし、どちらの見方も聖書には見出せません。聖書記者にとって、家畜は単にそこにいたのであり、野生動物とは異なり本能的に人間と互恵関係を持つよう順応したのです。[80] 家畜は創造の秩序に属しています。人間はそれらを征服したのでもなければ、自然の生息地から引き離したのでもありません。彼らの所属する世界は人間の世界なのです。

家畜化のプロセスについて私たちが知っていることや推測できることは、この聖書的見解から大きく逸脱していないでしょう。家畜がどんなに飼い慣らされていようとも、それらが肉体的にも心情的にも人間との共生に適合していることには疑いの余地はありません。野生生活を求め、容易に野生の環境に適合することができる家畜は何種類かはいるけれども、大多数の家畜動物は本能的に人間社会に依存し、自らそこから離れようとはしません。犬はもともと狼の種に属していましたが、今ではもはや狼ではないし狼に「逆戻り」することもありえません。動物の家畜化がどのようなプロセスで進んでいったかは決して明らかではないものの、最近の研究によって人間が意図的にあるいは承知の上で野生動物を家畜に変えたという説は失墜しました。人間が動物を「家畜化した」と言うのは誤解を招きます。なぜなら、あたかも人間が動物に対して一方的に働きかけたかのように聞こえるからです。もっと妥当な言い方は、家畜化とは共進化（訳注＝系統的に無関係な生物が相互に関連し合い同時に進化すること）のプロセスの中で、人間と動物がお互いに利益を得る関係を築き上げたものと見ることができます。[81] そのような種の間の関係は自然界では普通のことであって、特に人間の場合にはそのような関係があるという事実だけでなく、そのような関係が数多く存在するという意味において、さらに農業や環境を開発する人間の方法においてそうした関係が生じているという意味で特筆すべきものがあります。

家畜の中でも犬や猫、そしておそらく豚も、多かれ少なかれ自ら進んで家畜になったと思われるところがあり、自らの利益のために人間の囲いに入り、人間に使われることを良しとしているかのようです。他のケースについてはさらに議論する余地がありますが、家畜化の現象は動物の種類の違いによって、あるいは場所の違いによってそれぞれ違った形で起こったようです。古代の人々の、できるだけ多くの種を人間の利用に供する試みに戦略があったわけではありません。意図的な戦略があったのは交配の場合だけで、それは種の持つ長所を伸ばし欠点を少なくするためでしたが、それは人間とほかの種との共生をもたらした家畜化のプロセスに元来備わった特徴であったとは思えません。さらには、人間と様々な家畜との実際面での関係はその性格によって大きく異なってくるし、人間と家畜の関係の性格や価値の大きさは時とともに変わるものでもあります。例えば、ペット（愛玩動物）と家畜とは現代では全く異なるカテゴリーだとされますが、聖書時代のイスラエルを含むもっと以前の時代では、純粋にペットとして飼われていた動物はまれでした（ヨブ記41章５節は例外的なケースです）。しかし人間と農場で働く動物や人が乗る動物との間に温かい関係を築くことは可能だったし、実際にそのような関係はよくありました（感動的な例としてはサムエル記第二12章３節）。例えば、羊の群れは小さい群れで、羊飼いは人間と過ごす時間以上の時間を羊と一緒に過ごしたので、羊一匹一匹の顔を覚え名前をつけていました（ヨハネの福音書10章３節[82]）。

したがって、家畜化は「不自然な」ことではないし（そう考えるのは自然状態を静的に捉えすぎでしょう）、人間が動物を奴隷のように支配することでもないのです。もちろんそれは、人間は家畜との関係を悪用することはありえないということではありません。特に現代の西洋においては、畜産は過去の良い農慣行とは違って組織化された無慈悲な行為に取って代わられ、かつての悪い農慣行よりももっと悪い仲間と手を組んでしまいました。それは聖書のどこを参照しても正当化できないものです。決定的なのは、聖書は家畜を人間の利用する単なる道具とは見なさず、野生動物と同じように自らの生活を持つ主体的存在と見ていることです（創世記9章9、16節、民数記22章23〜30節、そしてイザヤ1章3節を参照）。

人間と家畜動物との正しい関係を聖書記者がどのように見ているかという問題について非常に参考になるのは、羊飼いと羊との関係についての数多くの比喩的描写です。それは王とその民との関係を示す一般的な比喩で、聖書もしばしばその比喩を用いますが、だからこそそれは神とその民との関係を表す比喩としてふさわしいものになります。しかし、この関係が求めていたのは支配ではなく、責任をもって優しく世話することです。羊飼いは羊の幸せのために私利私欲なく世話をするという行動モデルなのです。よく知られている詩篇23篇では、羊飼いは羊を青草と水のほとりに導き、羊を危険から守ります。より鮮明なのはエゼキエル書34章で、そこでは神の民を導くはずの人間の「羊飼い」が羊を搾取し、世話をしないことを神は厳しく非難しています。

牧者が養わなければならないのは羊ではないか。あなたがたは脂肪を食べ、羊の毛を身にまとい、肥えた羊を屠るが、羊は養わない。弱った羊を強めず、病気のものを癒やさず、傷ついたものを介抱せず、追いやられたものを連れ戻さず、失われたものを捜さず、かえって

力ずくで、しかも過酷な仕方で彼らを支配した。（エゼキエル書34章2b～4節）

それから神は、群れの真の羊飼いとして、彼らのために悪い羊飼いが怠ったことをなすことを約束します（エゼキエル書34章11～16節）。ヨハネの福音書10章でイエスが自らのことを「良い牧者」としているのは、エゼキエル書34章の伝統に非常に強く影響を受けています。[83]

もちろん羊飼いが羊の世話をするのは、羊が人間のために役立つからです。箴言27節23～27節が示すように、羊ややぎは主として羊毛やミルク（チーズになります）を提供する生きた資源として価値があり、食用のためではありませんでした（それも除外されませんが）[84]。羊に対する羊飼いの配慮が隠喩的に理想的なものとなる時、人間の共同体のための羊の有用性は完全に無視されます。エゼキエル書34章では、まるで悪い羊飼いだけが毛を切りその肉を食べるかのようです。しかし、羊にとって良いことと人間にとって良いこととを切り離すことができるのは、比喩的な意味においてのみ可能なのです。なぜなら人間と羊の関係は実際には互恵的だからです。羊も人間も互いに恩恵を受けています。もし羊飼いが羊の世話をせず、群れから外れた羊を捜しに行かなければ、野生動物がその羊を食べてしまいますが、そうした野生動物が羊に恩恵を与えることはないのです。また、人間が子羊や羊を屠る時も、少なくとも生命に対する敬意と尊敬の念をもってそれを行うことができます。すべての生命は神にとって貴く聖なるものだからです。

獣医デイヴィッド・ウィリアムスは詩篇23篇について興味深いコメントをしています。彼はまず、イギリス農場動物保護協会（ＦＡＷＣ）が提唱した、家畜の福祉にとってカギとなる要素である「五つの自由」を引用します。

（1）渇き、空腹、栄養不良からの自由
（2）不快感からの自由
（3）苦痛、怪我、病気からの自由
（4）普通に行動する自由
（5）恐れと苦悩からの自由[85]

それから彼はこうコメントします。

詩篇23篇は、ＦＡＷＣの「五つの自由」を詩にしたようなものだ……満たされる必要、適切な環境、十分な食料と水、臨終の際の保護さえある。羊飼いの鞭と杖（それらはいとも簡単に支配の手段と見なされてしまうが）は、支配は正しく行使されるなら動物には益となることを示す良き導き手である。生涯にわたって適切な世話を受ける動物には善意と慈愛が確かに伴う。彼らの一生を通して付いていくことは間違いない。ここには旧約聖書の時代、イエスの時代、そして現在における良き動物福祉活動の模範がある。[86]

箴言12章10節

義なる人は彼らの家畜のネフェシュを知っている（ヤダー）。
しかし、邪（よこしま）な人の慈しみ（ラハミム）は残忍だ。
（ボウカム訳[87]）

時々、聖書の短い一文が感情に強く訴えることがあります。聖書の格言は、箴言の格言やイエスの説教のように、思考を喚起するようにできています。今回の箴言の場合、10節の一行目は明快です。つまり、義人は動物に対しても思いやりがあり、食べ物や休息にも気を配っているということです。けれども、その正確な意味は難しいのです。なぜなら、ヤダーという動詞（「知る」）とネフェシュという名詞（「人生、願望、感情、人格、魂」）には共に幅広い意味があるからです。出エジプト記23章９節に出てくる同じ言葉は示唆を与えてくれます。

あなたは寄留者を虐げてはならない。あなたがたはエジプトの地で寄留の民であったので、寄留者の心（ネフェシュ）をあなたがた自身がよく知っている（ヤダー）。

この文脈では、二行目は、「あなたたちは寄留者であるというのはどのようなものなのかを知っている」と訳せるかもしれません。イスラエル人は、それがどんなことなのかをよく知っていました、なぜなら彼ら自身がかつてそうだったからです。言うまでもないことですが、動物の所有者（人間）は動物であるとはどんなことかを経験から知ることはありません。しかし、もし私たちが二行目をより一般的に「あなたたちは寄留者たちに共感できる」と訳すとしたら、箴言12章10節の意味により近づけるかもしれません。寄留者たちが何を感じているのか、表面的には明らかではなくても、イスラエルの民は彼らが心の中でどう感じているかを語ることができました。動物の感情は外見からは明らかではないし、その気持ちを声に出して所有者に伝えることもできないけれど、良い所有者は動物がどう感じているのかを語ることができます[88]。私たちはこう言えるかもしれません。「義なる人は彼らの動物の感情を気遣う。[89]」それは動物に対する善意以上のことを語っています。ここに描かれているのは動物のことを十分よく知って、いつ休みを必要としているのか、いつ水を求めてあえいでいるか、こうした状況にある動物の気持ちを人間の友人のように理解できる農夫です。近代的な集約農業に従事している者と違って、伝統的な農作業に従事している農夫は、同じろばに何年間も乗っていたバラムのように、このようなことができたでしょう。[90] このような知識は、同情心を通じてのみ得られます。

この格言の二行目は、正しい人の慈しみと比較すれば、邪な人の慈しみは残酷さと変わりはないのだという意味でしょう。ブルース・ワルトケは一例を挙げています。「最近の農家の一部では効率の良い機械を使うことによって鶏や家畜を虐待している。生産性を高めるために最良のエサを与え、彼らを太らせて市場で売ることが慈しみだと思っているようだ。[91]」慈しみ（ラハミム）はこの文脈では印象的な言葉です。これには優しさというニュアンスがあります。これは神の主要な特性の一つで（出エジプト記34章６節）、名詞のみならず特に同義語の動詞が、神の慈しみを指す言葉として旧約聖書で非常に多く使われています。最も重要な例として詩篇145篇９節があります。

主はすべてのものにいつくしみ深く
そのあわれみは
造られたすべてのものの上にあります。

動物に対する義人の慈しみは、造られたすべての被造物に対する神ご自身の慈しみを反映しています。ロバート・マーレーはこの格言について、「動物が人の倫理の領域へと、運び込まれている」と言っていますが、[92]「慈しみ」はそれ以上のことを表現しています。それは神の性格の本質を示すものであり、イエスも次のように語ったとき、そのことを指していたのです。「あなたがたの父があわれみ深いように、あなたがたも、あわれみ深くなりなさい」（ルカの福音書6章36節）。旧約聖書の背景に照らして考えると、イエスはここで私たちに、人間と同様に動物にも、つまりすべての仲間の被造物への慈しみを求めているのだと推察できます。

1 Roderick Frazier Nash, *Wilderness and the American Mind* (4th edition; New Haven: Yale University Press, 2001), pp. 14-15.

2 Nash, *Wilderness*, p. 16.

3 Nash, *Wilderness*, p. 35.

4 Robert Barry Leal, 'Negativity towards Wilderness in the Biblical Record', *Ecotheology* 10 (2005), pp. 364-381. Robert Barry Leal, *Wilderness in the Bible: Toward a Theology of Wilderness* (Studies in Biblical Literature 72; New York: Peter Lang, 2004) も参照。そこでは「神の善き創造としての荒野」（7章）により注目するが、荒野に対する聖書の否定的な態度の方がもっと注目を集めている。旧約聖書

は荒野に完全に否定的な態度を取っているとする考えは、次の著作に多くを負っている。Johannes Pedersen, *Israel: Its Life and Culture*, 2 vols. (Oxford University Press: London, 1946-1947), pp. 454-460 (on 'wilderness' in the biblical sense of desert land)，これについては以下を参照。Peter Addinall, 'The Wilderness of Pedersen's Israel', *JSOT* 20 (1981), pp. 75-82.

5 Cf. Evan Eisenberg, *The Ecology of Eden* (London: Picador (Macmillan), 1998), p. 93.

6 1章で、私はアバドという動詞はこの文脈では「仕える」と訳すべきだとする提案を拒否している。

7 Hiebert, *The Yahwist's Landscape*, p. 52.

8 四つの川は、地球の四つの方向または四隅に対応している。

9 Odil Hannes Steck, *World and Environment* (Biblical Encounters Series; Nashville: Abingdon, 1980), p. 74; 同様に Robert Murray, *The Cosmic Covenant* (Heythrop Monographs 7; London: Sheed & Ward, 1992), p. 100; 以下に反対して Claus Westermann, *Genesis 1-11: A Commentary* (trans. John J. Scullion: London: SPCK, 1984), p. 221.

10 Bernhard Lang, *The Hebrew God: Portrait of an Ancient Deity* (New Haven: Yale University Press, 2000), p. 157.

11 Eisenberg, *The Ecology*, p. xix. より一般的で、もっと単刀直入な読み方は、人間が耕作する土壌の肥沃さを維持することに注目するものだろう。アイゼンバーグのアプローチは、エデンが野生の精髄であるという彼の見方に依拠している。

12 例として、Bill McKibben, *The End of Nature* (London: Viking, 1990), p. 54:「私たちは自然からその

独立性を奪い、それは自然の意味にとって致命的なことだ。自然の独立性はその意味であり、それなくしては自然はなくなり私たちだけが残る。」

13 Nash, *Wilderness*, p. 15.

14 アメリカの清教徒たちや、アメリカ西部の初期の開拓者たちについてのナッシュの議論で浮かび上がるこの言葉の用い方は、「荒野」とは全くの野生のことで人間の管理の埒外にあり、人間の仕事はそうした野生を「征服して」すべての自然を人間の支配下に置くことであり、その最善のケースがパラダイスだ、というものだ。このような用い方が、アメリカでの荒野という言葉の後の使い方を決定づけたように見える。

15「荒野」の特性については、「ミドバー」TDOT 8.87-115、ここでは95と101－2を参照せよ。

16 森林の種類については、Michael Zohary, *Plants of the Bible* (Cambridge: Cambridge University Press, 1982), pp. 28-30 and 33. を見よ。

17 Zohary, *Plants*, p 29 の地図を見よ。しかし、Yehuda Feliks, *Nature and Man in the Bible* (London: Soncino Press, 1981), pp. 26-31 と比較せよ。

18 Leal, *Wilderness* において、聖書題材を扱う際に（パートAとB）彼は聖書が荒野と呼ぶものだけを指しているのに、現代の環境問題の話になると（パートC）彼は現代的な感覚で荒野に森や海を含めてしまっているのは大きな問題だ。それでも、彼はこの二つの用い方の違いに気がついている（Wilderness, pp. 36-37)。

19 Michael S. Northcott, *A Moral Climate: The Ethics of Global Warming* (London: Darton, Longman & Todd,2007), p.234 では、エデンからの追放を「狩猟から農耕への古代の移転」を象徴するものと

見ている。Max Oeschlaeger, *The Idea of Wilderness: From Prehistory of the Age of Ecology* (New Haven: Yale University Press, 1991), p. 31; Daniel Hillel, *The Natural History of the Bible* (New York: Columbia University Press, 2006), p. 245:「エデンからの追放は、農耕の始まりについての民衆の記憶だ。」確かに、エデンは人間世界と野生との分離に先行するものだが、アダムが猟師の特徴を持っているとするのは妥当ではないように思われる。「大地を耕す」という同じ表現が、園の内外で共に使われていることに注意せよ（2・5と15、そして3・23）。

20 Leslie Allen, *The Books of Joel, Obadiah, Jonah and Micah* (NICOT; Grand Rapids: Eerdmans, 1976), p. 224.

21 ヨナ書はユーモアに溢れているが、ここではそうではない。

22 Talmon, 'midbar' 103 にさらに例がある。

23 例として、列王記第二 2・24、エレミヤ5・6、ミカ5・8。

24 農耕を営む文化を特徴づける人間世界と野生との対立については、Tihamer, R. Kover, 'The Domestic Order and its Feral Threat: The Intellectual Heritage of the Neolithic Landscape', in S. Bergmann, P. M. Scott, M. Jansdotter Samuelsson and H. Bedford-Strohm eds., *Nature, Space and the Sacred: Transdisciplinary Perspectives* (Farnham, Surrey: Ashgate, 2009), pp. 235-247.

25 以下で論じる例も。エレミヤ9・10～11、49・33、50・3と12～13、51・25～26と43、エゼキエル29・10～12、そしてゼパニヤ2・13～15。

26 この一節については以下の訳を参照。Joseph Blenkinsopp, *Isaiah 1-39* (AB19; New York: Doubleday, 2000), p. 276.

27 ここでの群れは野生動物の群れ、アフリカノロバやその他だ。しかし、Ronald A. Simkins, *Creator and Creation: Nature in the Worldview of Ancient Israel* (Peabody, Massachusetts: Hendrickson, 1994), p. 224 の、この場所は「野生動物、魔物や混沌の象徴的な住処［ボウカムの強調］となるだろう」という主張にはテクスト上の根拠はない。

28 野生生物への注意深い観察についての証拠としては、ヨブ4・10～11や、ヨエル1・4の描写も見よ。

29 Blenkinsopp, *Isaiah 1-39*, pp. 448-449.

30 Feliks, *Nature*, pp 100-104; pp. 448-449 も参照せよ。

31 Feliks, *Nature*, pp. 102-103. Virginia C. Holmgren, *Bird Walk through the Bible* (New York; Dover, 1972), pp. 68-73 も見よ。そして特に Hilary Marlow, *Biblical Prophets and Contemporary Environmental Ethics: Re-Reading Amos, Hosea and First Isaiah* (Oxford: Oxford University Press, 2009), p. 203-233.

32 あれやこれやの荒廃した情景にあるのは鳥たちや哺乳類ではなく、邪悪な霊たちであるという考え（この考えはいくつかの英語訳に反映されている）はおそらく誤りだろう。Feliks, *Nature*, p. 103 は、サチュロスやリリスという名前は、鳥たちを悪霊と同一視する通俗的な見方によって後に与えられたものだろうと考えている。しかし、John D. W. Watts, *Isaiah 34-66* (WBC 25; revised edition; n.p.: Thomas Nelson, 2005), p. 536 は、少なくともリリスはまごうことなく悪霊的であると考え、一方 John B. Geyer, 'Desolation and Cosmos', *VT* 49 (1999), pp. 49-64, ここでは pp. 55-62 は、これらの節で言及されている被造物のうちのいくつかは悪霊だという考えに傾いていて、それらの不吉な名前によって示唆される唸り声や怒鳴り声は動物学的な区分以上に作者にとって重要だっただろうと考えている。

あまりにも多くの種が区別されているイザヤ書34章では、これはありそうにない。
33 イザヤ19・17は状況の反転として描かれる裁きの例である。40・4を参照。
34 Simkins, *Creator*, pp. 209-211は、「破局／新しい創造の神話」について語る。
35 私は「エコトピア」という用語を、Bill Devall, *Simple in Means, Deep in Ends: Practising Deep Ecology* (London: Green Print, 1990), p. 34から借用した。
36 私は19節を省いた。「あの森は雹が降って倒れ、あの町は全く卑しめられる。」この節はとても曖昧で、訳は不確かだ。註解者たちは、ここでの「森」は政治的な隠喩に違いなく、ユダ王国またはアッシリア王国を意味していると示唆する。さもなければ、この節は15節と全く矛盾してしまう。木を政治的な象徴とする手法はイザヤ書では広く用いられている。
37 Karl Löning and Erich Zenger, *To Begin With, God Created: Biblical Theologies of Creation* (Collegeville: Liturgical Press, 2000), p. 181.
38 Watts, *Isaiah 34-66*, p. 542.
39 この花が何であるのかは定かでない。
40 Feliks, *Nature*, pp. 110-112; Zohary, *Plants*, pp. 106-107.
41 ホセア14・8で、ヤハウェはもみの木と比較されている。栄光（カボド）と威光（ハーダー）は共に神について、イザヤ2・10、19と21、詩篇145・5と12で使われている。
42 Davies, *Scripture*, pp.95と103.
43 毛皮にするために、いくつかの野生動物の狩猟はなされていた。Oded Borowski, *Every Living Thing: Daily Use of Animals in Ancient Israel* (Walton Creek, California: AltaMira Press, 1998), 7章を見よ。

44 レビ26・6は似ているが、もっと穏便だ。なぜならそこには人々が森の中に住むという考えが欠けているからだ。
45 この意味は「土地」または「大地」になりうるが（NRSV）、9節と10節の文脈からは前者の可能性が高い。Robert Murray, *The Cosmic Covenant* (Heythrop Monographs 7; London: Sheed & Ward, 1992), p.200 n 26.
46 Feliks, *Nature*, pp. 87-89.
47 自然の現実についての例は、Feliks, *Nature*, pp. 89-90を見よ。
48 Gene M. Tucker, 'The Peaceable Kingdom and a Covenant with the Wild Animals', in William P. Brown and S. Dean McBride eds., *God Who Creates: Essays in Honor of W. Sibley Towner* (Grand Rapids: Eerdmans, 2000), pp. 215-222, ここでは217頁。
49 John W. Olley, '"The Wolf, the Lamb, and a Little Child": Transforming the Diverse Earth Community in Isaiah', in Norman C. Habel ed., *The Earth Story in the Psalms and the Prophets* (Earth Bile 4; Sheffield: Sheffield Academic Press, 2001), pp. 219-229, ここでは225頁は、寓話的理解に反対の立場から論じている。
50 Marlow, *Prophets and Environmental Ethics*, p. 238を見よ。
51 Olley, '"The Wolf"', p. 227は、こうまで言う。「聖なる山での未来の礼拝生活のヴィジョンには動物たちも含まれている。」
52 これについては、特にLöning and Zenger, *To Begin With*, pp. 175-176を参照せよ。
53 創世記1・29〜30に照らせば、「聖書は動物世界の中での暴力には関心がない」、「人間と動物世界の間の」暴力にだけ関心を寄せている、というのは正しくない（Simkins, Creator, p. 226）。

54 イザヤ65・24～25での、イザヤ11・6～9の要約はこれとは異なっている。「蛇はちりを食べ物とし」は、創世記3・14の呪いを追認している。このことは、創世記への引喩をより明確にし、同時に人間と蛇との間の敵意が終わったことを前提としている。

55 Murray, *The Cosmic Covenant*, p. 104 は、こう訳している。「少年がそれらを連れていく。」

56 羊飼いである子どもについては、Borowski, *Every Living Thing*, p. 48 を見よ。

57 Olley, '"The Wolf"', p. 224.

58 Brevard S. Childs, *Isaiah*（OTL; Louisville: Westminster John Knox, 2001）, p. 104. しかし、Tucker, 'The Peaceable Kingdom' では、変容の度合いはエデンへの回帰を表すには小さ過ぎると考えている。

59 Andrew Linzey, *Animal Theology*（Urbana: University of Illinois Press, 1995）, p. 82-83（強調点を追記した）。Christopher Southgate, *The Groaning of Creation: God, Evolution, and the Problem of Evil*（Louisville: Westminster John Knox, 2008）, pp. 88-89, はジェイムズ・ディッキーの詩を引用しているが、そこでは新しい創造において捕食者と犠牲者がどのようになるのかが想像されており、サウスゲイトが言うように、「種の特徴は保持されるが、痛みや死や破壊はなくなる」。

60 W. Sibley Towner, 'The Future of Nature', *Int* 50（1990）, pp. 27-35, ここでは p. 33.

61 Towner, 'The Future', p. 34.

62 私はマルコ1・13のこの解釈を、以下で詳細に論じた。'Jesus and the Wild Animals（Mark 1:13）: A Christological Image for an Ecological Age', in J. B. Green and M. Turner eds., *Jesus of Nazareth: Lord and Christ: Essays on the Historical Jesus and New Testament Christology*（Festschrift for I. Howard Marshall;

Grand Rapids: Eerdmans, 1994), pp. 3-21. 最近の研究の中では、この見解はJoel Marcus, *Mark 1-8*（AB 27; New York: Doubleday, 1999）, pp. 167-168で採用されている。

63 Douglas Hall, 'Stewardship as Key to a Theology of Nature', in R. J. Berry ed., *Environmental Stewardship: Critical Perspectives – Past and Present*（London: T. & T. Clark, 2006）, pp. 129-144, ここではp. 140（強調は原著）.

64 Hall, 'Stewardship', p. 141.

65 Bruce Vawter, *On Genesis: A New Reading*（New York: Doubleday, 1977）, p. 73は「間違った始まり」について語っている。

66 例として、Elijah Judah Schochet, *Animal Life in Jewish Traditions*（New York: Ktav, 1984）, p. 11; Vawter, On Genesis, p. 74.

67 特にGeorge W. Ramsey, 'Is Name-Giving an Act of Dominion in Genesis 2:23 and elsewhere?', *CBQ* 50（1988）, pp. 24-35を参照。

68 Ramsey, 'Is Name-Giving', pp 26-29は、口頭表現における差異は意味に違いをもたらさないことを示している。

69 Westermann, *Genesis 1-11*, pp 228-229; Ramsey, 'Is Name-Giving', p. 34:「もし名づけるという行為が名前を与えるという意味合いがあるならば、それは識別という性質のものだ。」

70 Charles Pinches, 'Each According to Its Kind: A Defense of Theological Speciesism' in Charles Pinches and Jay B. MacDaniel eds., *Good News for Animals? Christian Approaches to Animal Well-Being*（New York: Orbis, 1993）, pp. 187-205, ここではp. 200.

71 John Felsteiner, *Can Poetry Save the Earth? A Field Guide to Nature Poems* (New Haven: Yale University Press, 2009), pp. 21-23. Cf. H. W. Garrod, quoted in C. Day Lewis, *The Poetic Image* (London: Jonathan Cape, 1947), p. 25:「昔々世界は新しく、語ることは詩人であることで、対象に名づけることは霊感だった。」
72 Bill Mckibben, *The Comforting Whirlwind: God, Job, and the scale of Creation* (Grand Rapids: Eerdmans, 1994), p. 79.
73 Cf. McKibben, *The Comforting Whirlwind*, p. 83.
74 どちらの言葉も哺乳類一般に用いられる（例として、創世記6・20、7・23、8・17のべヘマー、創世記8・19のハイヤー）が、たいていはこれらには独自の意味合いがある、特に一緒に用いられる場合には。
75 創世記における人間の元来の草食性はこの点を弱めるものとして見られるかもしれないが、旧約聖書のイスラエルでは、すべての家畜動物は肉食を提供するということ以外で有益な存在だった。
76 パウロの驚くべき、また問題含みのこのテクストの第一コリント9・9～11における釈義については以下で議論されている。Robert N. Wennberg, *God, Humans, and Other Animals* (Grand Rapids: Eerdmans, 2003), pp. 297-298; Anthony C. Thiselton, *The First Epistle to the Corinthians* (NIGTC; Grand Rapids: Eerdmans, 2000), pp. 685-688. これは、トーラーが初期クリスチャンのために書かれたというパウロの確信から読まれるべきだ。
77 Anthony Philips, 'Animals and the Torah', *ExpTim* 106 (1995), pp. 260-265, ここでは p. 260.
78 家畜の鶏はパレスチナでは遅れて登場したように思われる。
79 Rosemary Radford Ruether, 'Men, Women, and Beasts: Relations to Animals in Western Culture', in Pinches

and McDaniel eds., *Good News for Animals?*, pp. 12-23, ここでは14頁、は「組織化された安寧、女性、征服された人々、動物の支配」はすべての支配されるグループ（女性、征服された人々、動物の支配）が象徴的に同じであるとするのを促してきた、と考える。彼女はこうも示唆する。「動物を鋤につないで、鞭でそれらを使役することが示唆するのは、畜カプラウは奴隷の型だということで、同様に鎖につながれて公共の仕事のために重い石を引く奴隷は『獣』だということだ。」

80 近代的な見方からは創世記４・20は家畜化を描いていると考えられるとしても、ヤバルが遊牧を始めたという以上の意味はないだろう。動物が変わったとの示唆はない。

81 T. P. O'Connor, 'Working at Relationships: Another Look at Animal Domestication', *Antiquity* 71（1987）, pp. 149-156; Stephen Budiansky, *The Covenant of the Wild: Why Animals Chose Domestication*（London: Weidenfield & Nicolson, 1994）; Richard W. Bulliet, *Hunters, Herders, and Hamburgers: The Past and Future of Human-Animal Relationships*（New York: Columbia University Press, 2005）, chapters 5-6. 幾人かの作家はこれを神学的用語で表し、人間と家畜動物との「契約」と呼ぶ。

82 聖書で個々の動物が名づけられているのはここだけのように思われるが、動物を名づける習慣は過去において農夫たちの間で大変一般的だったので、これが聖書的社会において一般的に行われていたことを信じない方が難しい。

83 良い羊飼いとしての神は、イザヤ40・11とエレミヤ50・6〜7と17〜19も参照せよ。

84 John W. Rogerson, 'What was the Meaning of Animal Sacrifice', in Andrew Linzey and Dorothy Yamamoto eds., *Animals on the Agenda*（London: SCM Press, 1998）, pp. 8-17, ここでは pp. 13-14.

85 David Williams, *Animals Rights, Human Responsibilities*（Grove Booklet E151; Cambridge, 2008）, p. 17.

86 Williams, *Animals Rights*, p. 22.
87 Murray, *The Cosmic Covenant*, p. 113; Bruce K. Waltke, *The Book of Proverbs Chapter 1-15* (NICOT; Grand Rapids: Eerdmans, 2004), pp. 526-527 に、この節への役立つコメントがある。
88 Richard J. Clifford, *Proverbs: A Commentary* (OLT; Louisville: Westminster, 1999), p. 131:「動物の状態を共感を持って理解すること、特に動物が十分に食べているかどうか。」
89 Roger Norman Whybray, *Proverbs* (NCB; London: Marshall Pickering, 1994), p. 193 は、ネフェシュを「感情」と訳すことを示唆する。
90 民数記22・30では、ろばはバラムに、ただならぬことが起こっているのを知るべきだと語る。「私は、あなたが今日この日までずっと乗ってこられた、あなたのろばではありませんか。私がかつて、あなたにこのようなことをしたことがあったでしょうか。」
91 Waltke, *The Bok of Proverbs*, p. 527.
92 Murray, *The Cosmic Covenant*, p. 113.

第5章　アルファからオメガへ

これまでの四つの章では、もっぱら旧約聖書に焦点を当ててきました。新約聖書については、旧約のテーマを取り上げているいくつかの箇所を瞥見しただけでした（3章ではマタイの福音書6章25～33節とローマ人への手紙8章18～23節についての箇所、4章ではマルコの福音書1章13節の箇所を参照）。そうしたのには、もっともな理由がありました。聖書の創造神学はその大部分が旧約聖書の中で発展し、新約聖書の前提となっています。忘れてはならないのは、新約聖書が旧約から独立した、クリスチャンの文書集では決してないということです。新約聖書の記者自身が旧約聖書を前提として考えていて、新約聖書の正典を収集し権威づけるプロセスは、教会には旧約聖書を補完するものとして理解されていました。旧約聖書はすでに教会にとって権威あるものとして認められた、正典となっていたからです。したがって、旧約聖書ですでに確立されていたものが新約聖書で繰り返されないのは驚くことではありません。新約聖書の記者たちは、メシアであるイエスの到来によって旧約聖書の預言が成就したことで、どのような違いが生じたのか、そのことに焦点を当てています。ですから、人間以外の被造物に関して私たちが見出すのは、旧約聖書の被造物の理解に対する、キリストの光に照らした解釈です。聖書全巻を順を追って読んでいけば、イエス・キリストは新約聖書において初めて被造物の共同体に加わったと言えるかもしれません。けれども、新約聖書の記者たちはそのようには見ていませんでした。イエス・キリストの生と死と復活の光に照らせば、イエスが神の被造物全体に関わっていなかった時などは決してなかったと彼らは理解したのです。新約聖書は旧約聖書の創造神学に取って代わったのではなく、イエス・キリストの光を通して旧約聖書をさかのぼって読み直したのです。

新約聖書が旧約聖書を前提としていることから生じる結果の一つは、旧約聖書では地と海と空とに満ち満ちている様々な被造物を詳細に描いているのに対して、新約聖書はほとんどの場合それらの被造物をひとまとめにして、「万物」とか「すべての被造物」という短い言葉で表現していることです。人間以外の被造物を念頭に置いていない読者は、それらの一般的な表現がすべての被造物を含んでいるという事実を容易に見落としてしまうでしょう。「世界（コスモス）」という言葉が主として人間社会を指すことが多いのは事実ですし（例としてコロサイ人への手紙1章6節、ヨハネの福音書においては数多く）、時々「すべての造られたもの（パサ・クティシス）」にもそれが当てはまりますが（マルコ16章15節とコロサイ1章23節）、頻繁に登場する「すべてのこと（タ・パンタ）」[1]という言い回しは間違いなく全被造物を含んでいます、「天と地」という言い回しと同じように（例としてマタイの福音書28章18節）。

旧約聖書との一つの違いは、新約聖書におけるそれらの言及には、しばしば明らかに天界の天使たちが含まれていることですが、旧約聖書ではそれは一般的ではありません。

新約聖書の読者の中には、新約聖書は旧約聖書ほど人間以外の被造物に対して関心を持っていないという印象を持つ人がいるのは理解できますが、その印象は、少なくとも部分的には、「すべてのこと」のような言葉の包括的な意味合いに、あまり重きを置いてこなかったことに起因します。新約聖書が人間以外の被造物に特別な関心を示すことはあまり一般的ではないとしても、常に被造物の一般的なカテゴリーの中にそれらを含めています。神は人間以外の被造物を創造し、それらに配慮し必要な物を備え、永遠の未来を計画しているのです。新約聖書において、イエス・キリストへの信仰とイエス・キリストを通じての救いは、人間を他の被造物から切り離すことはありません、後世のキリスト教思想ではしばしばそう考えられてきたのだとしても。反対に、イエスへの信仰やイエスによる救いは、人間と他の被造物をもっと緊密に結びつけました。なぜなら、これから見ていくように、新約聖書はイエス・キリストが自らをすべての被造物と密接に結びつけている様を描いているからです。

聖書の「壮大な物語（メタ・ナラティブ）」

新約聖書がイエス・キリストを被造世界とどのように関連付けているかを理解するために、私たちは聖書の「壮大な物語」について考える必要があります。なぜなら聖書は、しばしば壮大な物語と呼ばれるものを語っているからです（代わりに、「大いなる物語〈グランド・ナラティブ〉」という言葉も使われます）。壮大な物語とは、あらゆるものの意味について語るためのストーリーです。それは、自分自身や世界について語る他のすべての物語を内包する、全体的な物語を包括的に描くことです。例えば、古典的なマルクス主義は、階級格差を伴う異なる経済構造が、必然的に歴史上の各段階に登場するという類の壮大な物語でした。近現代の西洋社会を支配してきた成長という考えも壮大な物語です。ポストモダン主義者によるあらゆる壮大な物語の拒絶にもかかわらず、成長あるいは進歩という考えは死に絶えていません。この考えは経済のグローバル化という壮大な物語へと変容し、技術革新による救済や自由民主主義の世界的大勝利は、最も強力な現代の壮大な物語なのです。それを意識した対抗馬は、イスラム世界の壮大な物語で、特に急進的なイスラム主義者はそれを西洋支配に抵抗するために用いられるべきものと理解しています。

聖書の壮大な物語はきわめて野心的な物語です。なぜならそれは永遠から永遠へと、特に創造から新しい創造へと前進していくからです。聖書の偉大なストーリーの始まりと、そのストーリーの未来の結末とは象徴的、神話的、あるいは寓話的な形で語られます。なぜならそれらは、現実について私たちの持ちうる知識を超えたことがらについてであり、したがってこれら聖書の初めと終わりとが、宇宙についての私たちの増大する科学知識と競合する必要はありません。聖書の壮大な物語の初めと終わりは神学的に意味深いイメージで物語られ、その間に起こった歴史上のストーリーは歴史書やそれに類するものとして様々な形で聖書に収録されています。この壮大な物語にはいくつかの重要な段階があります。人類とそれを構成する諸民族のストーリーがあります。神の特別な民であるイスラエルの波乱に満ちたストーリーがあります。イスラエルの召命は、神の民であるとはどのような意味であるのかを示す、すべての民族のためのモデルとなっています。そしてイスラエルのストーリーの中に、イエスのストーリー、その誕生、宣教、死、復活、そして天への高挙のストーリーがあります。さらにはイエスとその教会の宣教を通じて、イスラエルのストーリーがどのようにすべての民族と全世界を含めながら拡大していったのかを示すストーリーがあります。このストーリーは、その初めから展望していたゴールへと続いていきます。そのとき神は、新しい創造のわざにおいて、全被造物をご自身の永遠へと導くのです。

この壮大な物語の短い要約において、私はイエスの福音書のストーリーを物語の重要なステージの一つとして含めました。私たちはそれを中核的ストーリー（master story）、他のストーリーの意味や方向性にとってカギとなるストーリーと呼ぶことができるでしょう。しかし、ある意味でイエスのストーリーはそれ以上のものです。なぜなら新約聖書の記者たちがそうしているように、イエスのストーリーという観点から物語全体を見わたす時、この世界のストーリー全体が実はイエス自身のストーリーであることに気づくからです。私たちは被造物全体と歴史的なストーリーを超越した全体を含めることによってのみ、イエスのストーリーを十分に語ることができます。逆の言い方をすれば、イエスに関連付けることによってのみ、私たちは世界のストーリーを満足に語ることができるのです。もちろん、世界のストーリーもイエスのストーリーもどちらもまだ完結していないので、聖書は暫定的な形でしか世界やイエスのストーリーを語ることができません。すべてのことが将来において成就する時、新約聖書はそれをイエス・キリストが裁きのために栄光を帯びて到来する時だと語っていますが、その時私たちはイエス・キリストとの関係における世界の究極的な意味を知ることになるでしょう。そして、すべての現実とイエス・キリストとの関係が神によって私たちの眼前に示される時、イエス・キリストの完全な意味を知ることになるでしょう。

ヨハネの黙示録で、イエス・キリストは言います。「わたしはアルファであり、オメガである。最初であり、最後である。初めであり、終わりである」（黙示録22章13節）。アルファとオメガはギリシア語のアルファベットの最初と最後の文字なので、この三つの句は同じ意味を持っています。それは神の称号であり（黙示録1章8節と21章6節）、もともとはイザヤ書に由来します。そこで神はご自身を「初めであり、終わりである」（イザヤ41章4節、44章6節、そして48章12節）と宣言しています。それは神が万物の唯一の創造者、全歴史の主権者たる主、万物と全歴史の目標であるという意味です。神は被造世界のすべての壮大な物語を包含した方なのです。起源でありゴールである存在として、すべてのストーリーは神のものです。新約聖書、特にこの場合は黙示録の観点から見ると、歴史上の人物であるメシアたるイエスは、唯一の神と、神としてのアイデンティティを共有しています。イエスもまた、「アルファでありオメガである。最初であり、最後である」方なのです。彼は被造世界の全歴史の起源でありゴールなのです。イエスを「アルファでありオメガである」と呼ぶのは、歴史をキリストの壮大な物語として要約することなのです。

エコ物語としての壮大な物語

本章にとって、聖書全体の壮大な物語のキリスト論的性格は大変重要です。しかし、本章のテーマにとって同じく必要不可欠なのは、次の点です。すなわち、聖書の壮大な物語は、神、人間、そして人間以外の被造物との相互関係に関するものだということです。この物語には少なくともこれら三つの主要な存在が登場しますが、それぞれが単なる行動主体という以上の重要性を持っています。けれども、これら三つのうちで、キリスト教思想において第三の登場主体である「人間以外の被造物」はしばしば過小評価されたり、軽視されたり、あるいは全く忘れられることもありました。そしてしばしば、私たちはキリスト教の伝統の中で、人間以外の被造物のことを神と人間の歴史が織りなすドラマの舞台――その舞台は一時的なもので、ドラマがクライマックスに達する時には、解体され除去される運命にある――と考えてきました。そしてもっと悪いことには、キリスト教の伝統においてしばしば、自然に深く根差しているという人間の宿命は、そこから解放されるべきものだと考えられてきたのです。本書の読者には、人間以外の被造物に対するこれらの宗教的蔑視が一切聖書に由来するものではないことがすでに明らかであることを願っています。聖書は人間と他の被造物との関係を示す記事で満ち溢れており、その理由の一部は、土壌と人間以外の被造物との密接な関係の中で営まれてきた人間の生活にとってそれが不可分なものだったからです。問題は、聖書を読むクリスチャンがしばしばこのような記事に真剣に向き合ってこなかったことです。彼らはそれを、単なる歴史的背景の一部、ある種の生活様式として考え、聖書テクストのメッセージや重要性を考える際にそれらはわきに追いやってもいいと思ってしまったのです。あまりにもしばしば、聖書のメッセージは人間と神の関係でなければならないと考えられてきました。言い換えるなら、こうした聖書の記事は人間と神について語るために用いられた詩的なイメージにすぎないと考えられたのです。しかし、現代の人間社会が再び目を覚まして人間と他の自然界との関係を本気に考えるようになった今、私たちクリスチャンはもう一度訓練を受けて、聖書がきわめて真剣に人間とそれ以外の被造物との関係を取り上げていることを読み取るべきです。

私たちは神と人間とその他の被造物の三重の関係を、三角形という図式で考えることができるでしょう。聖書の壮大な物語の重要な登場主体であるこれら三者は、それぞれ三角形の三つの頂点を占めています。そして、三つの辺はそれぞれの関係性を表しています。[2] 目的によっては、対角線で結ばれた四角形を考えた方がよいかもしれません。四つの角は、神、人間、他の生物、および無生物を表していて、それぞれが他の三者と関係を持っています。この図形は、創世記1章や他の多くの聖書箇所（例えば、創世記2章19〜20節、6章7節、9章2、5、10、15、16節）が生物と無生物（植物を含む）をはっきり区別していること、また人間には無生物よりも生物の方により多くの共通点を認めていることをうまく表現しています。創世記1章と詩篇104篇は、無生物を生物の環境あるいは生息地として扱っています。この見方は、現代の「環境学」の議論において自然のすべて（野生動物も無生物も共に）を「環境」として、すなわち人間にとっての環境として捉えていることとは大きく異なっています。聖書は生物を自らの生命の主体であると認めていますが、この点では植物や山とは異なっています。しかしこれは、植物や山がそれ自体で価値あるものだということを否定するものではありません。創世記1章で神は、生物が現れる前に、最初の三日間に創造したものを見て良しと宣言し、そして詩篇148篇では、生物も無生物も共に神を礼拝するようにと呼びかけられていますが、これらが明らかに示しているのは、無生物の被造物は生物の生息地として価値あるだけでなく、それらが神にとって価値ある存在であることです。また私たちは、現代の生態学（エコロジー）が科学的に詳細に解明しているあらゆる種類の被造物間の相互関係や相互依存性を視野に入れるべきですが、聖書はそのことをもっと一般的な仕方で認識しています。しかしながら、生物は際立った存在で、そのようなものとして扱われるべきです。それらを対象化し、道具化する現代の慣行、例えば工場式農業は、神の被造物に対するおぞましい犯罪行為です。私たちが生物を、例えばノアとその動物たちのように神の契約のパートナーとして認識するなら、そのようなことは容認できないでしょう。

もちろん、聖書は人間のための書です。先ほどの図形（三角形または四角形）での神と人間以外の被造物とを結ぶ線に関して言えば、聖書は神の人間以外の被造物との関係がどの程度まで人間と関連しているのかについて関心を集中させます。私たちは、自分たちと神との関係および他の被造物との関係、そしてそれらがどう収れんするのかを理解して生きるために、神と人間以外の被造物との関係を十分知る必要があります。しかし、神は人間を通じてのみ、他の被造物との関係を持つことができる、というような人間中心主義的な幻想を避けるなら、神と他の被造物との関係には私たちが決して知ることができないものがたくさんあるに違いないと容易に理解できます——少なくとも、歴史が終わるまでには。推測するほかはないような問いがあります。例えば、他の被造物は神を意識できるのでしょうか、おそらく人間とは非常に異なる仕方で。人間と他の被造物との関係とは無関係に、悪の力は他の被造物にも働いているのでしょうか。なぜ動物の世界には苦しみや死があるのでしょうか。神の創造の目的から見た場合、地球の外側にある広大な宇宙の拡がりの中で何が進行しているのでしょうか。私たちの知識のすべてを動員して行う知的推測（その中には拡大し続ける科学的宇宙探索も含まれます）は除外されるべきではありませんが、私たちが達した暫定的な結論については敬虔な留保を保つ必要があるでしょう。人間以外の被造物を聖書的にまた神学的に考察するとき、神について考える時のように、私たちは神秘の縁を歩いているのです。その際にしばしば、ヨブと同じように畏怖の念を抱いたり困惑したりするのは驚くにはあたりません。

私たちの知りうることは、他の被造物は神にとっても、私たちの神との関係にとっても大切だということです。このような信条は、聖書が語るキリスト教の壮大な物語には本質的なものです。それではどうして、キリスト教の伝統の中でそのことがしばしば見失われてしまったのでしょうか。その答えの多くの部分については、今日の他の壮大な物語（メタ・ナラティブ）、他の世界観、他の文化観に影響されたためだと言わねばなりません。それらは様々な仕方で人間以外の被造物の価値を貶めてきました。キリスト教の初期の時代に、プラトン主義（特に後の支流として知られる中期プラトン主義および新プラトン主義）は、キリスト教がその知的財産を利用する際に利点と同時に危険も生み出してきました。プラトン主義は、世界を強固な霊肉二元論という観点から理解し、そこでは物質は（グノーシス主義とは異なり）悪だとは見なされないものの、霊との比較ではずっと劣ったものと見なされました。二元論とは以下のような考え方です。霊は永遠だが、物質は一時的なものだ。人間はこの二つにまたがっていて、物質的な肉体と不滅の心（霊または精神）の両方を持っている。しかし本当の人格は不滅の部分にある。人間の心（霊、精神）の願望と運命は、肉体から自由になって、清らかな世界に入る（あるいは戻る）ことにあり、その世界は神と神々の世界である。したがって、人間が物質世界との関係に煩わされるのは、この世界の人生においてのみである。人間とは、物質的な世界とはきわめて異なった存在なのだ。

教会の時代の最初の数百年間、クリスチャンたちはプラトン主義のこのような考え方と戦ってきました。そしてプラトン主義化されたキリスト教の受容できない部分への防波堤となってきたのが、体の復活への信仰でした。その復活にはイエスの復活と、終末における人類の復活の両方が含まれます。神は人間を、体を持つ存在として創造され、霊と肉とは不可分な統一体なのです。そしてイエスの体のよみがえりはクリスチャンの疑念を超えて、人間の運命は物質から解放された純粋な霊的存在となることではなく、体を備えた存在になることなのだということを実証しました。その体とはもちろん変容された体で、体、魂、そして霊（body, soul, and spirit）を備えた全人的な存在として変容されるのです。原則的には、この点は主流のキリスト教の伝統においては堅持されてきましたが、実際には、我々の運命は体を捨て去り、他の物質的な世界との関係を断つことだというプラトン的な考え方の影響は非常に強く残っています。この考え方は十九世紀の観念論（idealism）から力強い後押しを受けましたが、観念論は心または霊こそがこの世界の本当の現実であるということを独自の仕方で主張しました。

しかし現代になって、この種の霊肉二元論は、影響力という面では、もっと現代的なある一つの現象に道を譲ってしまいました。その現象とは、人間が自然のすべてを征服して利用し、ユートピアを実現しようという科学的・技術的なプロジェクトのことです。このプロジェクトは理論的には十七世紀初頭の思想家フランシス・ベーコンの中で生まれたものですが、それは私たちの誰もが知っているように、私たちにとって価値あるものを多く生み出した一方で、現代の生態系危機を生み出しました。実際この思想は、私たちにとって価値あるものと考えられているものの多くが実は環境破壊を引き起こしている、という混乱状態を引き起こしたのです[3]。トマス・ベリーが指摘しているように、「改善し続ける状況へと人類を導くはずの進歩は、私たちにおとぎの国の代わりに不毛の世界をもたらしている[4]」。このことを予測できなかったのは、ある種の壮大な物語か、世界観のゆえなのです。

自然を科学技術によって支配しようとする現代のプロジェクトは、プラトン的二元論から来る別の種類の二元論と協働しました。自然がそこにあるのは人間が作り替えて役立てるためであり、人間の利益という観点からは、作り直された自然は手つかずの自然よりも良いのだということになります。さらには、現代のプロジェクトが成し遂げようとしているのは、人間の自然からの漸進的な解放と、人間の自然に対する漸進的な支配でした。私たちの不自由な自然への依存は、自然を私たちの意のままにデザインするという完全な服従に基づく自由な支配へと取って代わられるのです。つまりある意味では、現代のプロジェクトは、プラトン主義と同じように、人間の向かうべき運命を物質世界からの解放だと考えたのです。しかし、現代のプロジェクトにおいては、自然は純粋な人間の世界を作るための材料となることで、廃棄されてしまうでしょう。もちろん、自然は復讐を開始しています。けれども、世界を科学技術によって再創造するという夢は、バイオ工学や人工知能の開発に取り組んでいる技術信奉者の心の中に生き続けています。彼らが望む世界では、人間から独立した自然は存在しないのです。こうした夢の中では、プラトンの二元論は新しい装いをもって復活しています。その未来は、肉体を備えた十全性にあるのではなく、純粋な知性、機械へと変容された心、物質化されることで不死を達成する心のためのものです。私たちはこのような非人間的な科学技術の願望に対抗するために、初期の教父たちがプラトンの二元論と戦ったように、体の復活を信じるキリスト教信仰を防波堤とすべきです。

現代のキリスト教神学は、頻繁に科学技術による自然支配のプロジェクトと結託してきましたが、その主な理由はこのプロジェクトの目的がより良い人間社会を目指すものだったからです。本書と特に関係があるのは、現代の聖書解釈に及ぼす影響です。自然と人間の歴史という現代の二元論は、聖書の中に読み込まれました。旧約聖書では、救済史が重要になり、創造の神学は自然宗教の烙印を押されてしまいました。イスラエルの神は自然の神ではなく、イスラエルの歴史の中で行動し、知られる神でした。（奇妙なことに、多くの学者が）創造と歴史を相対するものとして扱っているように見えます――創造を貶めるほどに。[5] この二分法は新約聖書の解釈にも持ち込まれ、救済は純粋に人間に関するもので、それは人間の歴史に、一部の解釈では個人の救いのみに関するものだと見なされるようになりました。独自の仕方で、新約聖書の解釈は、人間の自然からの解放という現代版の壮大な物語を反映し、暗黙の裡にその物語にお墨付きを与えるようになってしまったのです。

　もちろん、聖書解釈は文化的な影響なしになされるものではなく、前の時代の解釈上の誤りは、文化が移り変わることで初めて明らかになることもしばしばです。近年になってやっと私たちは、世界についてより全体論的で統合的な、そしてエコロジカルな見方をするようになりましたが（とはいえ、この見方が自然と歴史の二分法を打ち負かしたわけではありませんが）、それは私たちが聖書の別の読み方をするのを助けてくれます。聖書の壮大な物語は、人間が自然界と支配関係ではなく相互依存関係の中で生きること、とりわけ自然から解放されるのを目指すのではなく、複雑な相互依存関係の中で生きることを前提としているのを明らかにします。創世記1章の、支配せよという人間への命令は、人間と他の被造物との互恵関係の中でのみ機能するのです。聖書の壮大な物語にとって、歴史とは他の被造物との関係における人類のストーリーです。救済とは、被造世界を別のものに取り換えることではなく、それを刷新することです。歴史と終末的な未来における神の目的は、人間を自然の中から取り出すことではなく、人間の自然との関係を修復することなのです。人間が他の被造物と深く関わり連帯していることを完全に理解して初めて、人間が地球上の他の被造物との比較において、ある意味できわめて特別な存在であるという感覚を理解できるようになります。人間の生息地やライフ・スタイルの比類のない多様性は、世界全体の理解を人間に与えます。その理解は、人間が世界全体に対して適切な責任を（それは決して全責任ではありません）神の下で持つことを可能にします。人間がこの地球上で他の被造物に対して持っている比類なき影響力は、その責任を重大なものにします。

ここまでは、これまでの各章での関心事を要約するものでした。この要約の目的は、イエス・キリストのストーリーとしての新約聖書の壮大な物語を展望する一助とするためです。そのストーリーは、相互依存関係にある人間と他の被造物を包含するキリスト論的エコ物語なのです。私たちはこれから、イエス・キリストと全被造物との関係を視野に入れている、新約聖書のいくつかの主要な箇所とそのテーマとに焦点を当てていくことにします。最初に取り上げるコロサイ書の引用箇所はキリスト論的エコ物語を最も良く概観しています。

コロサイ書における宇宙的キリスト

コロサイ人への手紙1章15節～20節

①第一ストローフィ

御子は、見えない神のかたちであり、
すべての造られたものより先に生まれた方（*the firstborn*）です。
なぜなら、天と地にあるすべてのものは（*in him all things in heaven and on the earth*）、
見えるものも見えないものも、
王座であれ主権であれ、
支配であれ権威であれ、
御子にあって造られたからです。
万物（*all things*）は御子によって（*through him*）造られ、
御子のために（*for him*）造られました。
御子は万物（*all things*）に先立って存在し、
万物は御子にあって（*in him all things*）成り立っています。

②第二ストローフィ
また、御子はそのからだである教会のかしらです。
御子は初めであり、
死者の中から最初に生まれた方（*the firstborn*）です。
こうして、すべてのこと（*all things*）において第一の者となられました。
なぜなら神は、ご自分の満ち満ちたもの[6]をすべて御子のうちに（*in him*）宿らせ、
その十字架の血によって平和をもたらし、
御子によって（*through him*）、御子のために万物を（*to him all things*）和解させること、
すなわち、地にあるものも天にあるものも（*on earth or in heaven*）、
御子によって和解させることを良しとしてくださったからです。

コロサイ書の賛歌に対する釈義的なコメント

この引用聖句は通常賛歌と呼ばれますが、確かにそこには詩的な響きがあり、その構造や密度の深い意味に注意して読むようにと読者を誘います。その一方で、イエス・キリストへの徹底した集中によって、ほとんど頌栄のような性格が与えられます。多くの研究者が考えるように、この賛歌がパウロの本書簡執筆以前から存在していたのかどうか[7]、そして引用する際に若干の修正

が加えられたのかどうかはこの際あまり重要ではありません（私自身は、パウロの書簡に見られるこうした詩的な箇所はパウロ自身によって他の目的のために書かれ、それから書簡に挿入されたという見方に傾いています）。しかし、この一節が二つのストローフィから構成されていて、[8]それぞれキリストにおける万物の創造と、キリストにおける万物の和解を扱っています。右記の引用聖句の中で、私は二つのストローフィの中で明らかな文字通りの対応関係にある部分をイタリック表記で示しました。

どちらにおいてもキリストは「最初に生まれた方」で、
「万物（すべてのもの）」という言葉が繰り返され（最初のストローフィでは四回、第二のストローフィでは二回）、
どちらのストローフィも、「天と地にあるすべてのもの」に言及し、
いずれのストローフィでも、キリストの万物との関係は、三つの前置詞、「にあって（*en*）」、「によって（*dia*）」、「のために／へと（*eis*）」を用いることで表されます。

この賛歌が私たちに印象づける事柄の一つは、創造と和解のどちらもが宇宙的な広がりを持っていることです（六回登場する「すべてのこと」、「万物」という言葉や、より具体的な「見える

ものと見えないもの、天にあるものと地にあるもの」という表現を通じて）。創造と和解の両方に全被造世界が含まれていることについて、これ以上強調できないほどです。和解の及ぶ範囲は、創造の及ぶ範囲と同じくらい広いのです。

同様に印象的な点は、イエス・キリストの強調です（それに対して神は、賛歌の冒頭で、キリストとの関係を明示するために一度言及されているだけです）。ジョセフ・シットラーは、「この聖句は、二つの巨大でゆるぎない柱、キリストと万物の間で勝利の音楽を奏でている」と記しています。[9] この賛歌は、新約聖書における聖書の壮大な物語の最も透徹したキリスト論的要約です。それは「キリストの人格に、全時間的で全宇宙的な重要性」を帰しています。[10] 私たちは、この賛歌全体の主題が人間であるイエス・キリスト、受肉した神の子であることを明確にする必要があります。その人間性においてのみ、キリストは「見えない神のかたち」なのです、この賛歌の最初の一行がそう描いているように。[11] 言い換えれば、最初のストローフィのキリストは疑いなく先住のキリストなのですが、彼は実際のところ、すでに受肉したものとして見られているのです。パウロは先在のキリストに言及する時にいつもこの方法を用いています。[12] ここで、先在のキリストがイエスと同定されていることをきわめて真剣に受け止める必要があります、なぜならパウロは先在のキリストをイエスと呼んでいるだけでなく、「見えない神のかたち」だと言っているからです。天地創造の前から先在していたキリストは、イエスという被造物的存在としてこの世界に入ることで、見えない神を見えるようにすることが初めから定められていたのです。実際、第二のストローフィを視野に入れれば、それは単に見えない神のかたち（アイコン）であるイエスというだけでなく、十字架につけられたイエスなのです。イエスの犠牲的なそして恥辱に満ちた死は、[13] 何にも増してイエスが全被造物のために果たした重要な意味を照らし出しています。

したがってこの賛歌は、「イエスより偉大な」宇宙的キリストについてではなく、[14] 神の満ち満ちたものがその人の中に現れているイエス・キリストの普遍的な意義を認識するようにと私たちを招いているのです。この賛歌は聖書神学において繰り返し出てくる普遍性と特殊性との関係の、特筆すべき例です。特殊性（訳注＝史的イエスのこと）は普遍性［神］の中に溶解してしまうことはありません。むしろそれは、普遍的な重要性の焦点です。第一のストローフィが被造世界について語っていることは、人間イエス・キリストと被造世界との関係についてです、なぜなら創造のわざの主体であった方はイエス・キリストとなることが定められていて、またすでに同定されていたからです。

キリストが「すべての造られたものより先に生まれた方」であるというのは、その後に続く内容から、彼が被造物の中で最初に造られた者という意味ではありえません。むしろ彼はすべての創造に先立つ存在でありながら、被造物とは非常に親密な関係にあるので、全被造物に対して長子という地位、つまり至高の立場を持っているのです（詩篇89篇28節を参照）。彼が「死者の中から最初に生まれた方」であるというのは、いくらか違った意味合いがあります。死者の中からよみがえられた方として、復活と全被造物のための新しい創造の先駆けとなったということだからです。キリストと創造、キリストと新しい創造との対応関係は、彼を「最初に」と呼ぶことで強調されます。それは通常、創造の初めと関連付けられる言葉です（創世記1章1節、詩篇102篇25節、箴言8章22節、ヨハネの福音書1章1節、ヘブル人への手紙1章10節、ヨハネの黙示録3章14節）。最後に、この並行関係は前置詞によって符号化されています。「にあって」、「によって」、「のために／へと」。このような一連の前置詞は、神と世界との関係を語る時に通常用いられました。神ご自身が起源であり、創造の主体であり目標です（ローマ人への手紙11章36節参照）。ここでイエス・キリストは、神の世界との関係のすべてにおいて含まれています。イエスは神の世界との関係、創造と和解のいずれをも共有しています。ちょうどイエスが被造物のアイコンであり、また被造世界における神の住処であるように。

これらすべての結果として、イエス・キリストは親密に全被造物と関連付けられます、そしてそれにより、最初の創造と新しい創造との連続性が、特にその領域において強調されます。キリストが万物を創造し、キリストのために万物が創造され、キリストが万物を保持し、キリストが万物を和解させたのです。コロサイ書簡の最初の読者にとって特別に関心があったのは明らかに「諸力（the powers）」でした、それは私たち現代人にとっては謎めいているものの被造物で、「王座であれ主権であれ、支配であれ権威であれ」と描写されています。第一のストローフィは非常にしっかりした構造をしているので、それらが他のすべての被造物と同じく、イエス・キリストを通じて、またキリストのために造られたということに一切の疑問の余地はありません。

なぜなら、天と地にあるすべてのものは、
見えるものも見えないものも、
王座であれ主権であれ、
支配であれ権威であれ、
御子にあって造られたからです。

すべてのものは造られたという表明がここでも繰り返されますが、そこには「諸力（the powers）」のリストが含まれていて、それらはおそらく「見えないもの」に分類されます。もっとも、一部の学者はそれらが「見えるもの」と「見えないもの」に分けられ、そして霊的な力と地上的な力の両方を含むものと理解されるべきだと考えています。[15] これが正しいかどうかはともかく、この賛歌が強調しようとしているのは、この世界にどんな力があるとしても、キリストから独立した力は一つもなく、すべてのものはキリストによって造られ、したがって万物はキリストによって、またキリストに対して「和解された」ということなのです。これらの諸力を恐れていたコロサイのキリスト者たちはこの手紙によって、キリストはすべての権威の上にある方であること（コロサイ人への手紙2章10節と15節も参照）、それらの創造主であり和解主であることを確信したのです。

この二つのストローフィの間で、言外に示唆されているのは、こうした諸力は被造世界の中で神から与えられた役割から逸脱してしまったか、あるいは飛び出してしまったということです。おそらくパウロはこのことについてあまり明確にしようとはしなかったのでしょう。悪の起源について、聖書は多くを語りません。しかし、ある意味では悪の諸力はなだめられる必要がありました（2章15節でこのことは軍事的な言い方で表現されています）。万物が和解させられたという第二のストローフィの声明は、パウロや他の新約聖書記者の「開始された終末論（inaugurated eschatology）」に基づいて理解されるべきでしょう。十字架は、原則的にはこの結果を達成しているのですが、まだ完遂はされていません。新しい創造は完成にはほど遠いのです。それでもコロサイのキリスト者たちは、自分たちがもはや闇の敵対的な諸力に服していないということに疑問を持たない必要がありました（1章13節）。

このように要約された聖書全体の壮大な物語は、全被造物のストーリーとイエス・キリストのストーリーの両方の賛歌として提示されます。この二つは本質的に結びついています。キリストは万物の創造主なので、万物の運命は彼と固く結びつけられています。万物は御子のために造られたので、彼は万物がその目的に達するのを請け負うのです。これが意味するのは、福音書のストーリー、つまりイエスの生と死と復活のストーリーが全被造物にとって中心的で決定的なものであるということです。マリアンヌ・メイ・トンプソンは、「キリストという小宇宙で起こることは全世界という大宇宙で起こることなのだ」と表現しています。[16]キリストにおいて神が満ち満ちておられるというのは、天と地に満ちている神の臨在が彼の中に集中しているということです。キリストの犠牲的な死は、彼が全被造物の苦しみや滅びを分かち合ったということです。キリストの復活は、全被造物の刷新の始まりです。このように、物語全体がきわめて特別な形でイエス・キリストのストーリーに集中しているのと同時に、全被造物を包括的に含んでいるのです。被造物のすべてを理解しようというキリスト者のどんな試みも、イエス・キリストと福音書のストーリーの光に照らしてすべてのことを見なければなりません。

キリストを通して、「天と地にあるすべてのものは」キリストと和解します。[17]この全般的な表現を、全被造物はキリストと敵対関係にあるので個々に和解しなければならない、という意味に理解する必要はありません。このことは、天にいる神に忠実な天使にはまるで当てはまらないし、また例えばこれが木について当てはまると考えるのも困難です。むしろその意味は、創造主から離反した者たちの暴力によって調和を乱された全被造物が、それらの被造物の和解によって平和の状態に戻されるということなのです。しかし、賛歌の創造の記述の中でもとりわけ目立つ「諸力（the powers）」は、和解されるべき対象に含まれるべきです。諸力について用いられる四つの言葉（王座、主権、支配、権威）はすべて政治的な組織を指すもので、したがって和解も主として政治的なたとえ（メタファー）として見るのが妥当です。[18] それは、敵対関係にある政治権力が平和な関係に導かれていくプロセスを暗示しています。「十字架」（単なる死ではなく）への言及も、もちろん政治的です、なぜならイエスは政治的な権力によって処刑されたからです（第一コリント2章8節を参照。なお「この世の支配者たち」が人間なのか、不可視な霊的存在なのかには議論があります）。コロサイ書の諸力が超人間的存在なのかどうかにかかわらず、彼らは確かにイエスを死へと導く人間の政治プロセスに関与したと思っていたのです。逆説的に、イエスはそのような死に自らを委ねることを通じて、それらの諸力をご自身と和解させたのです。この賛歌は、キリストとの和解と平和づくりとの両方に言及しています。前者はキリストからの離間を乗り越える、被造物とキリストとの和解を指していますが、後者はその和解から生じる被造物間の平和的な関係を意味しているのかもしれません。ここで言う平和とは単に争いがないことではなく、被造物が互いに正しい関係になる時に起こる、全被造世界の一致、調和および幸福のことです。

したがって、コロサイ教会の最初の読者たちにとってのこの賛歌の意義とは、単にキリストが神の万物（諸力も含まれます）への至高の支配を共有しているということだけではありませんでした。その至高の支配は、創造の秩序と世界の安寧のためだという意味合いも含まれているのです。敵対的な諸力への怯えや、友好的ではない運命の力に支配されているという感覚の中で、コロサイの信徒たちは創造の秩序が究極的には善なるものであるという確信を失いそうになっていました。この賛歌は彼らに、キリストは被造物が善なるものであることの神の証しであることを語っています。諸力は、究極的には神の被造物のための賢明で善なる目的に服することになります。反逆する諸力に対し、この神の目的はイエスの死と復活によって再び確証されたのです。十字架は、創造の善なる秩序を乱し破壊する混沌の力の勝利であるかのように見えましたが、神の目的の神秘において、十字架は平和をつくり出し、世界の良き秩序を回復させ、創造全体を再びつくり上げるための犠牲となったのです。諸力の敵意を回避するために他の手段に訴えるよりも、コロサイのキリスト者たちはキリストご自身が全被造物を回復させる神の知恵であるとの確信を持つことができました。

コロサイ書の賛歌についてのエコロジー的考察

（1）この賛歌はイエス・キリストにおいて統合された全被造物の全体的なヴィジョンを提供しています。「万物を成り立たせている」のはこの方です。彼は万物と親密に関わり合い、全被造物はイエス・キリストをその源、焦点、癒やし、目標とすることで意味を持ちます。逆に言えば、イエス・キリストは人間との関係だけでなく、神と、そして全被造物との関係においてこそ最も完全に理解されるのです。「宇宙的なキリストはイエスよりも大きい」というのはこのような意味です。つまり、宇宙的なキリストがイエス以外の誰かであるということではなく、イエスの完全な意義は全被造物との関係において見出されるということです。前置詞を伴うフレーズ（「御子にあって」、「御子によって」、「御子のために」）はすべて関係性に関するものです。すべての被造物が互いに深く結びついているのと同様に、すべての被造物はイエス・キリストと親密に結びついています。被造物とキリストとの関係は、最終的に全被造物の平和を構成するようになるという意味で、キリストは全被造物の目的なのです。全被造物を理解するためには、十字架につけられ、よみがえられたイエスとの関係において理解しなければならないのです。

（２）しかしこの全体像は、キリストが今の宇宙の秩序の中で明らかな形で啓示されているという意味ではありません。宇宙の秩序は存在しますが、キリストが世界の主であることに疑問符をつけさせるような宇宙の無秩序もまた存在するからです。世界をキリストのものとして認識するためには、十字架を通じての万物の和解を認識しなければなりません。これは、それ以前に不調和が存在していたことを前提とします。このアプローチを今日の世界に適応させて、ユルゲン・モルトマンはこう記しています。

> 今日における宇宙的キリスト論は、贖い主キリストを人類に突き付けなければならない。この人類は混沌に陥り、有害な廃棄物に冒され、普遍的な死の宣告を受けている。こうした男女を絶望から救い出し、自然を絶滅から守れるのはキリストだけなのである[19]。

このような文脈では、イエス・キリストは十字架を通じて万物を和解させる方であるのと同時に、復活を通じて（「死者の中から最初に生まれた方」として）万物を刷新する方として世界にかかわっています。このように、被造世界を理解するためには、**十字架につけられ**、そして**よみがえられた**イエスとの関係で理解しなければならないのです。

（3）したがって、十字架につけられ、よみがえられたイエスが、福音書に啓示された世界の隠された神秘であると理解できるかもしれません。全被造物の中で働いている神の隠された目的は、イエス・キリストにおいて目に見える形を取りました[20]。被造物そのものからだけでは、被造物の運命は平和であることや、特にその平和が暴力的な征服ではなく自己犠牲的な愛を通じてもたらされると言うことはできないでしょう。現代の科学と、特にダーウィンの進化論が明らかにしたのは、ほとんどの古代人が考えていたのよりずっと、暴力が世界の全プロセスにおいて主要な地位を占めてきたことでした。

宇宙、地球、生命、意識、これらすべては暴力的なプロセスによるものである。宇宙学、地質学、生物学および人類学の基本的用語はすべて、緊張と暴力の色彩を色濃く帯びている。宇宙全体も、宇宙の個々の要素も、格別には強くない［…］生命は、より複雑な生命になろうとする種の闘争の結果生じ、また発展してきた。人類は、過酷な自然界のただ中を進んできて、自然界に暴力を押し付けてきた。彼ら自身の間でも、人類は絶え間ない闘争を経験してきた。[21]

これはあまりに一方的な見方です。例えば進化論においても、種は対立すると同時に協調します。しかし、進化のプロセスに暴力が不可欠の要素として存在することも否定できません。神がキリストによる自己犠牲的な愛によってその暴力を超越したことは、福音書が被造物全体について証ししていることです。[22]

（4）被造世界での敵意や暴力は、確かに「諸力」と関係しています。パウロが見えない霊的力に言及しているのは確かなように思われますが、コロサイのキリスト者たちはそれらの力が彼らの運命を決定し、彼らの人生の悪の源泉であると感じていました。しかし、それらの見えない力は目に明らかな形を取ることもありました。自然災害、病、死、抑圧的な政治・社会体制、などです。パウロはコロサイの人々がこれらの諸力について思っていることを必ずしも追認してはいませんが、これらの敵対的な力がどんなものであったにせよ、キリストは天においても地においても、それらを武装解除したことは確証しました、少なくとも被造物全体に広がる平和を決定的に確立したという意味で。現代の文脈で考えてみるなら、この洞察を今日の自然破壊をもたらしている諸力に当てはめることができるでしょう。グローバルな経済システム、過剰消費を促す大量消費主義、最も民主化されている政治体制においてさえ避けられない「短期成果主義」などです。今日の世界におけるこれらの現実の力は人間の手に負えないもので、人々の集合的な意志を実行するよりもむしろ破滅的な方向に私たちを導いているように思えるかもしれません。神の目的へのこれら諸力の敵意は、神の世界を台無しにし、破壊しようとする人間の意志の合計よりもさらに大きなものです。このような文脈では、キリストによるこうした諸力の武装解除は私たちの行動にかかっていることが理解できるでしょう。それらの力が圧倒的に思えても、私たちはそれらの力に立ち向かい、人間と他の被造物との間の平和を追求していくことで、それは実現していくのです。

（5）けれども、「諸力」の問題はまた、エコ神学に最も難しい質問を投げかけます。人間が被造世界に損害を与えているのと同様に、自然界そのものにも何か悪いものがあるのでしょうか。人類の存在に関わりなく、人類が登場するずっと前から問題があったのでしょうか。伝統的な神学用語でいえば、自然は堕落したのでしょうか。[23] かつては、人間以外の世界に存在する苦しみや死はアダムとエバの堕落がもたらした結果だと考えることが可能でした。しかし、地球上の生命の歴史に関する科学の知識が進んでくると、このように考えることは不可能になりました。なぜなら、自然界に何か悪いものがあるのなら、それは人間が登場するずっと以前からあったものだからです。そこである人たちは、人間以外の被造世界にある苦しみや死は邪悪な霊的諸力の働きによるものだと考えます。それらの力は、コロサイ書の賛歌に出てくる諸力のように、善きものとして創造されましたが、神に敵対することを選び、神の被造物を台無しにしてきました。このような見方に対し、数百万年に及ぶこの地球上の生命の発展は動物の死（もちろん植物の死も）なしには考えられないものであることを認識すべきである一方、進化のプロセスに伴う暴力と死（疑問の余地なく悪だと思われる要素です）[24]は、「複雑さ、多様性、見事な環境への順応[25]」といった価値を生み出す進化のプロセスからは切り離せないものであるように思われます。この創造的プロセスの善が悪なしに生まれるのは不可能であるように見えます。もし進化が悪の霊的諸力の介入のせいで起こるのならば、これらの霊的諸力は実質的な創造主として地球上の生命の性格に全面的に責任があることになります。これは実質的にグノーシス主義の考え方です。物質世界の創造は、邪悪で劣った神の働きだというのです。これらの点は今の議論に関係しています、なぜならコロサイ書の賛歌の「諸力」にそのような役割を割り当てることがいかに難しいかを示しているからです。結局、この賛歌全体が目指しているのは、キリストご自身が創造し和解させたこの世界は根本的に良いものであることを確認することです。動物の苦しみが提起する、神とその創造の善性に対する深刻な疑問を考える時、聖書は終末的解決を除いて、ほとんど考えるヒントを与えてくれないというのが私自身の印象です。終末的解決とは、全被造物が今直面している苦しみ(人間がもたらしたものであろうと、それ以外のものであろうと)から解放されることです。[26] 私たちは、創造はまだ完全ではないと言うことで満足するしかないのかもしれません。

ヨハネ福音書の序文における宇宙的キリスト

初めにことばがあった。ことばは神とともにあった。ことばは神であった。この方は、初めに神とともにおられた。すべてのものは、この方によって造られた。造られたもので、この方によらずにできたものは一つもなかった。この方にはいのちがあった。このいのちは人の光であった。光は闇の中に輝いている。闇はこれに打ち勝たなかった。[…]

すべての人を照らすそのまことの光が、世に来ようとしていた。この方はもとから世におられ、世はこの方によって造られたのに、世はこの方を知らなかった。[…]

ことばは人となって、私たちの間に住まわれた。私たちはこの方の栄光を見た。父のみもとから来られたひとり子としての栄光である。この方は恵みとまことに満ちておられた。

（ヨハネの福音書1章1～5節、9～10節、14節）

四福音書はすべて、何らかの形でイエスのストーリーを旧約聖書の物語と関連付けて語り始めます。それは旧約聖書の物語の続きとして、またそのクライマックスとして読まれるべきことを示しています。マタイの福音書はアブラハムからイエスの系図を始め、そうすることで創世記12章以降のすべての聖書物語を再現しています。マルコの福音書はイザヤの預言から始まり、ルカの福音書ではエルサレム神殿から物語が始まります。しかしヨハネの福音書だけは聖書の壮大な物語の宇宙的な広がりを喚起させることで始まります。ヨハネの福音書は創世記冒頭と同様に「初めに」という言葉で始まります。旧約聖書を少しでも知っているヨハネの福音書の読者や聞き手は誰でも、直ぐに創世記冒頭の有名な言葉を思い出したでしょう。一方聖書をもっとよく読んでいる人は、「初めに」で始まる聖書のもう一つの天地創造の記事（箴言8章22～31節）を思い起こすかもしれません。しかしヨハネ福音書の出発点は、天地創造における神の最初の行為ですらありません。創世記から取られた「初めに」が指しているのは、天地創造の「前の」神の永遠です。ヨハネの物語は考えられる限り最も古い昔にさかのぼります。そこでは神は創造を意図してはいますが、世界を生み出すための言葉をまだ発していません。

創世記の残響は、いのち、光、闇のイメージの中に残り続けます（ヨハネの福音書1章4～5

節、7～9節)。しかし、ヨハネは創世記の天地創造の記述を書き換えようとしていると考えるべきではありません。彼はそれを前提としているのです。そのためヨハネは神が創造したものについて詳しい説明はせずに、全被造物を単に「すべてのもの」と呼んでいますが(1章3節)、この表現はユダヤ文学において神の被造物全体を要約する際によく使われていたものでした。創世記1章の詳細な記述のすべてはこうしてまとめられます。人間だけでなく、人間以外の被造物も3節では視野に入っています。ヨハネは創世記1章を書き換えようとしたのではなく、創世記の記述を彼の福音書のイエスのストーリーに照らして読む手段を読者や聞き手に提供したのです。イエス・キリストを、物語の中でも最も早い時点、つまり神の永遠の昔に登場させることで、ヨハネは聖書の壮大な物語全体をイエスのストーリーとして解釈したのです、コロサイ書の賛歌がそうしたように。受肉前のキリストを、ヨハネは「ことば」と呼んでいますが、彼は永遠の存在である神に属していました。そしてこのことばが万物を造ったのです。すでに創世記の1章で、神はことばによって世界を創造しています。つまり、神は語ることで物事が存在するようにしたのです。創世記の記述の中に隠れているもの、永遠なる神のことばをヨハネは発見しました。私たちがヨハネ福音書の序文で発見するこの方は、人間イエス・キリストとしてこの世に受肉しました。このようにして、ヨハネは地上におけるイエスのストーリーを最も広大な時間的、空間的文脈の中に置いたのです。

「すべてのもの」は被造物を表す最も包括的な言葉ですが、「世」（コスモス、１章９～10節）は空の下にある世界だけを指し、神の住む天はおそらく含まれていません。「世」はヨハネの福音書では独特の使われ方をしていて、多様な意味合いを持ちますが、七十八回以上も用いられています。福音書の序文の10節では、「世」はことばが創造した全天上世界という意味から、ことばが受肉して入って行く人間の住む世界という意味へと移っていきます。この福音書ではほとんどの場合、「コスモス」は世界に住む人間界という意味を持ちますが、より広い意味でも使われています（17章５節と24節）。序文の10節はまた、この言葉が人間界を指す場合には容易に否定的な意味合いを持ちうることを示しています。この福音書では、「世」は神に敵対的な人間社会のシステムを指すことがしばしばです（８章23節、15章18～19節）。これがヨハネの福音書での「世」についての最も一般的な意味ですが、もっと中立的な意味が完全に除外されることはありません。この福音書は専ら人類の救済に関心を寄せていますが、多くの場合この福音書における「世」という言葉は、人間がより広い被造世界の一部であるという意味合いを少なくとも思い起こさせるように用いられています。聖書以外では、この言葉は一般的には自然界全体を指すことが多く、人間界だけを指すのは稀でした。ヨハネは「神は……世を愛された」（３章16節）というくだりで始まる有名な聖句で福音書のストーリーを要約しましたが、ここでの焦点は間違いなく人間です。しかし、人間が創造主の愛された被造世界の一員であるという認識を忘れることはできません。私たちは、イエスがご自分を「天から下って来て、世にいのちを与える」パンであると語られたときの「世」も同じ意味だと考えることができるでしょう（6章33節、3章17節と12章47節も参照のこと）[27]。

天から下って来るということについて、序文ではこう述べられています。「ことばは人となって、私たちの間に住まわれた」（1章14節）。「人」（直訳では「肉」）という言葉で、ヨハネは人間が物質的存在であることを強調しています（ヨハネの「肉」の使い方については、3章6節と6章63節を参照）。肉は脆弱さ、弱さ、死すべき運命を持つ人間の性質です[28]。したがってそれは、他の被造物と共通し、類似する人間の性質でもあります。人間は大地の塵から造られ、この地球上の生命の物質的な諸条件に全面的に依存し、他の生命との多様で複雑な相互依存関係の中に生きているのです[29]。受肉したイエスは人類の一員であるのみならず、この世の被造物の一部、被造物の全共同体の一員なのです。これもヨハネが強調していることではないものの、彼の受肉の理解が示唆しているに違いないものなのです。

ヨハネ的な「二元論」はこれまで盛んに議論されてきましたが、ヨハネにおける異なる種類の二元論や二元性を区別して考える必要があります。善と悪の二元論があり、神と「この世」（神から離れ、神に敵対する人間という意味で）という二元論がありますが、神とその善なる被造世界という別の種類の二元論もあります。この場合の世界はより広く、侮蔑的な意味合いはありません。この後者の意味での二元論と、ヨハネは霊と肉との二元性を関連付けていますが（3章6節と6章63節）、この福音書は特に命の形態という観点からそれらを提示します。肉は死ぬべきものので、純粋に自然な命には死に抗う力がありません。霊は神ご自身の永遠の命で、神から出てこの世に命を与えます。「ことばが肉となった」のは、人は他のすべての生物と死すべき性質を共有していますが、そのすべての肉に神の永遠の命を与えるためです。

もし私たちが、人間の創造と同じく人間以外の創造についてもこのように考えるならば、ヨハネ福音書は、ノーマン・ハベルが言うように人間以外の被造物の価値を低く見ているのではなく[30]、それらにも人間と同様に永遠への道を拓いているのです。

被造世界の刷新としての神の王国

今や私たちは宇宙的キリストから、共観福音書が語るイエスの地上における働きへと視点を移しましょう。共観福音書の記者たちがイエスの宣教と行動の最大の関心事だと見なしていたテーマは、「神の王国」です[31]。福音書をざっと読んだだけでは、神の王国とは神と人間との関係に関するもので、その他の被造物との関係については何も語っていないという印象を容易に受けてしまうでしょう。しかしこうした見方は二つのことを見落としています。第一に、福音書にはイエスが旧約聖書の豊かな創造神学を前提としていたことを示す箇所がたくさんあります[32]。旧約聖書神学は、神が万物を創造されたことだけでなく、神が人間だけでなくすべての被造物に惜しみなく与え、優しく見守っていることを教えます（ヨブ12章10節と38章41節、詩篇36篇6節、104篇28〜30節、そして145篇9節）。イエスの天の父は空の鳥を養い、野の花を美しく装ってくださいます（マタイ6章26節と28〜30節、ルカ12章24節と27〜28節）。イエスが人間を、他の被造物との関係から切り離して考えていたとはとても思えません。特にイエスの譬え話は、彼が都会人ではなく田舎の人だったことを示しています。この点からも、イエスが自分の宣べ伝えている神の王国のことを、今ある被造世界を廃棄し、それに取って代わるものだと見ていたというのは考えられないことです。

第二に、イエスは「神の王国」という言葉を何の説明も加えずに使いましたが、イエスは聴衆たちが旧約聖書に根差したその意味について、いくらか知っていると考えていたようです。この概念は確かにイザヤ書の中に見出すことができるし（52章7節、この箇所は福音書の「福音」という言葉の源ともなっています）、ダニエル書にも見出せますが（7章）、神の王権や神の支配がもっとも顕著な旧約聖書の書は詩篇であったし、イエスの話を聞いた人々が一番よく慣れ親しんでいたのは詩篇だったと考えてよいでしょう。[33]

詩篇では、神の王権と神の支配は被造物と密接に結びついています。創造主として、神は全被造物を支配します（詩篇103篇19〜22節）。その支配は人間を含めた造られたすべての被造物に及び

（詩篇95篇４～５節、96篇11～13節）、神はすべての被造物を慈しみ世話をします（詩篇145篇）。人間以外のすべての被造物は神の支配を歓迎し（詩篇103篇19～22節と148篇）、すべての国々も将来そのようになるに違いないのです（詩篇96篇１節）。なぜなら神は裁き、すなわち弾劾し、また救うために来られるからです（詩篇96篇13節と98篇９節）。神ご自身の民であるイスラエルの役割は、諸国民に神の王権を宣言することでした（詩篇96篇３節と10節、145篇10～12節）。神が裁き、支配するために来られる時、すべての被造物は神の到来に歓喜するでしょう（詩篇96篇11～12節、98篇７～８節）。

詩篇での神の王権と支配には、空間的な面と時間的な面との両方があります。そのどちらにも宇宙的な広がりがあり、すべての被造物を包み込み、決して人間社会のみに限定されません。その支配は永遠で、被造物の中に打ち立てられ、とこしえまで続きます（詩篇93篇、145篇13節、146篇10節）。しかし神の支配は諸国民によって無視され、拒絶されているので、その力と栄光は地上では未だ完全に現されてはいません。天の玉座から支配される神は（詩篇11篇４節、103篇19節）、地上でその支配を確立するために来られるでしょう。イエスが宣べ伝えていたのはその神の到来のことでした。「神の王国が来る」というイエスの独特の言い回しは、神ご自身が支配するためにやって来られるという詩篇や預言者たちの期待を言い表すものです。[34] 特に詩篇を鑑みれば、この神の支配とは今ある被造世界を別のものに取り換えるのではなく、被造世界そのものを刷新することであり、その広がりは全宇宙に及びます。

神の王国が宇宙的な広がりを持つことは、マタイの福音書の「主の祈り」の冒頭にある三つの祈りの中に、はっきりと認めることができます。

天にいます私たちの父よ。
御名が聖なるものとされますように。
御国が来ますように。
みこころが天でも行われるように、
地でも行われますように。

（マタイの福音書6章9～10節）

「天におけるように地でも（on earth as it is in heaven）」という言い回しは、三つのすべての祈りの意味を定めるものとして理解すべきでしょう。現在、天において神の御名は完全に聖なるものとされ、神の支配への完全な従順が実現し、神のみこころは完全に行われています。しかしこれらすべては地上では無視されるか、争われています。おそらくここで強調されているのは、人間が神の御名を崇め、神の支配を認め、神のみこころを行うことですが、忘れてはならないのは旧約聖書では人間がしばしばこれらのことをし損ねているのに対し、人間以外の被造物はこれらすべてを行っているということです（例として、神の御名を崇めることについては詩篇145篇5節と13節、神に支配を歓迎することについては詩篇103篇19〜22節と145篇10〜11節、そして神の御心を行うことについてはエレミヤ8章7節）。さらには、「天」と「地」という組み合わせは神が初めに造られたすべてのもの、全被造世界を喚起せずにはおられません（創世記1章1節、2章1節と4節）。神は天と地の創造者であり、神の王国が天にあるように地にも到来することの根拠はここにあります。神の王国は人間を他の被造物からえり分けるためではなく、被造世界に対する神の完全な御心に従って全被造物を刷新するために来るのです。

神の王国を宣べ伝え、また説明しながら、イエスは宣教における様々な活動を通じてそれを具体化していきました。その活動には病の癒やし、悪霊払い、いわゆる「自然」奇跡が含まれます。それらには、エルサレム神殿での宮清め、罪人たちとの食事、子どもたちを祝福したこと、弟子たちの足を洗ったこと、エルサレムにロバに乗って入城したことなどの重要な行動も含まれます。これらすべての活動は、神の王国の到来を先取りする実例として理解されるべきもので、イエスがどのように神の支配を理解していたのかを定義するのに役立ちますが、それらは神の王国の到来を示すシンボル以上の意味を持っていました。これらの活動において神の王国は確かに到来していたのですが、それは予兆的な性格を持つ、小さなスケールでの実例でした。そのような小ささは、人々の日常生活で起きる出来事によって神の王国を説明したイエスの譬えによく合っていました。ちょうどイエスの譬えにおいて、ちっぽけなからし種が、神秘の世界の大木のように成長するように。また、イエスがガリラヤ湖で嵐を鎮めたとき、その暴風の破壊的な力が奈落の底を思い起こさせたように。譬えの中で、主人が晩餐の際に奴隷のために給仕を務めたことや、身持ちの悪い罪人がイエスの足を洗った時に、イエスが罪の赦しを宣言したことが、到来しつつある王国での神の驚くべき気前の良さを指し示していたように。[35]

イエスの活動は、王国の到来を小さなスケールで予示するものでしたが、それは未来における誰の目にも明らかな王国の到来の先触れとなるものでした。本書のテーマとの関係でこれらの活動の中で特に注目すべき点は、それらの全体論的な性格が、全被造物の中での神の王国の到来を指し示すやり方です。イエスは彼が癒やし、救い出した人々の生活の中に全体性をもたらしました。彼らを神と和解させ、悪霊を追い出し、病気の身体を癒やし、障害を持った人を治し、不運のために社会から孤立した人を社会復帰させました。イエスは彼らの身体的な問題や社会的な問題と、神との関係の問題とを切り離しませんでした。世界についての同様な全体論的ヴィジョンが、いわゆる自然奇跡から浮かび上がってきます。少なくともそれらのいくつかは、刷新された被造物の中での人間以外の世界との人類の関係の変容を予感させます。給食の奇跡において、神は誰もいない人里離れた場所でさえ創造の贈り物として人々に十分な食物を与えましたが（マルコの福音書6章30～44節）、それは最初の出エジプトにおいてなされたもので（詩篇78篇15～16節と23～25節）、新しい出エジプトにおいても期待されていたことでした（イザヤ35章1節と6～7節、41章18～19節と51章3節。エゼキエル34章26～31節も参照）。イエスが湖上を歩いて嵐を鎮めた時（マルコの福音書6章47～52節と4章35～41節）、混沌の水を制御する神の比類ない主権を思い起こさせましたが、それは刷新された世界において自然の破壊的な力がついに鎮められることを予感させるものでした。イエスの活動のほとんどは人間や人間社会と神との関係に焦点が置かれていますが、イエスと福音書記者たちが、詩篇において強調されているように神の支配がすべての被造物に及ぶという非常に包括的な理解をしていたことを示すものはたくさんあります。アンドリュー・リンゼイが言うように、自然奇跡は「全被造物のための新しい可能性がイエスにおいて生まれるというしるしの一つなのだ[36]」。

したがって、神の王国は全被造物の刷新であると言うだけでは十分ではありません。相互関係性と相互依存性におけるすべての被造物の刷新だとまで言わなければなりません。それをエコロジカルな刷新と呼ぶことができるでしょう、なぜなら神の被造物の相互関連性と相互依存性についての聖書記者たちの感じ方と関わりがあるからです。人間の持つ肉体性は他の物質的な被造物との関係を、良きにつけ悪しきにつけ、あらゆる意味で切っても切れないものにします。自然奇跡は、イエスが純粋に霊的な人間存在を物質とのしがらみから解き放とうとしたのではないことを示す重要なしるしです。イエスはむしろ、他の被造物との関係を癒やし、完全なものにしようとしたのです。その一例として、それらの自然奇跡の一つを詳しく見ていくことにしましょう。

被造物の中の混沌の力を鎮めるイエス（マルコの福音書4章35～41節）

三つの共観福音書すべてに出ている物語の一つに、イエスと弟子たちが舟に乗ってガリラヤ湖に漕ぎ出した時、嵐に遭遇して舟が危険な状態になったという出来事があります。弟子たちは眠っていたイエスを起こします。マルコ福音書ではこのように書かれています。

すると、激しい突風が起こって波が舟の中にまで入り、舟は水でいっぱいになった。ところがイエスは、船尾で枕をして眠っておられた。弟子たちはイエスを起こして、「先生、私たちが死んでも、かまわないのですか」と言った。イエスは起き上がって風を叱りつけ、湖に「黙れ、静まれ」と言われた。すると風はやみ、すっかり凪になった。イエスは彼らに言われた。「どうして怖がるのですか。まだ信仰がないのですか。」彼らは非常に恐れて、互いに言った。「風や湖までが言うことを聞くとは、いったいこの方はどなたなのだろうか。」

（マルコの福音書4章37～41節）

この話を理解するカギは、一方では現実的な状況、他方では神秘的なニュアンスの二つが組み合わされていることを認識することです。ガリラヤ湖での航行の危険についてのきわめてリアルな状況が描かれていますが、それは紀元一世紀の人々が頻繁に遭遇していた自然の力の脅威でした。この物語の神秘的なニュアンスが現実性を打ち消してしまうことはありませんが、このような現実的な状況の持つ宗教的な意義について語っています。

この神話は旧約聖書が多くの場面で言及しているものの一つです[37]それは原初の海の混沌、広大な荒れ狂う大海原における自然の破壊力について語りますが、神は創造のわざにおいてそれを鎮めて境界線を定めたので、世界は生物にとっての安定した環境となりえたのです。これらの混沌の海は創造のわざによって廃棄されたわけではなく、境界を定められただけで、常に境界を突破して被造物を危険にさらすおそれがあったので、創造主によっていつも抑制される必要がありました。イスラエルの人々にとって、神秘的で底知れぬ海というのは単なる抽象的な考えではありませんでした。海上の嵐のような出来事では、海の水は混沌の水となって生命を脅かし、それを制御できるのは神だけです。[38]この話の場合、ガリラヤ湖での突風は（マルコがガリラヤ湖を「海」と呼んでいることに注意）、原初の混沌を想起させるのに十分でした。

イエスが「風を叱りつけ、湖に『黙れ、静まれ』と言われた」と記した時、神が混沌の水を鎮めるさまを旧約聖書が描く最も特徴的な方法をマルコは思い起こさせているのです。「叱る」は神の力強い命令の言葉で、詩篇104篇7節には「水は　あなたに叱られて逃げ」と書かれています（イザヤ書17章13節も参照）。嵐を鎮めるこの言葉は、ヨブ記26章12節でも用いられています。「神は御力によって海を鎮め」は、ここでも創造神話に言及しています（詩篇89篇9節も参照）。イエスが発した言葉は、まさに混沌を叱責する創造主の言葉であり、イエスが取り戻したのは混沌を制圧することで実現させた被造世界の平和です。だからこそ弟子たちはこう尋ねたのです、「風や湖までが言うことを聞くとは、いったいこの方はどなたなのだろうか。」これに該当するのは神しかいません。[39]

したがって、このような神秘的なニュアンスを持つストーリーを語ることで、神が物質世界から最終的に混沌を取り除くのをイエスが小さな規模で先取りしたのがこの出来事だということを、マルコは読者に示そうとしたのです。神が終末においてそうする時、ヨハネ黙示録が語るように、もはや海はなくなるでしょう（黙示録21章1節）[40]、そして神はついに被造世界の中に調和を確立するのです。イエスの奇跡は現在の被造世界と新しい（または刷新される）被造世界との間の重要な違いの一つを予示するもので、このようにして福音書のストーリーの出来事はイエスによる神の王国の開始の徴としての役割を果たしているのです。それは人間と自然の間にある敵意という問題の核心に触れ、自然世界で生物に対して働き続けている混沌という破壊的な力が最後には神によって平定されることを約束しています。[41] 注目すべきなのは、神の被造物の刷新というこのイメージにおいてでさえ、神は自然の暴力的な力に対してご自身の暴力的な力で対抗しようとはされないことです。神は秩序を失った世界に平和をもたらします。なぜなら、自然の破壊的な力は（最も恐ろしいものの名を挙げるなら、地震、津波、噴火、ハリケーン、気候変動の隠れた力）、今や科学が明らかにしているように、本質的に邪悪なものではないからです。これらは地球が持つ根源的な力の現れであり、その力がなければ地球は生物の住処とはなりえないでしょう。しかし、時としてそうした力は、場合によっては人間と共謀して、生物に対して破壊的に作用します。[42]

私たちがこの嵐鎮めのストーリーを現代の文脈で考察する時、この種の自然の力の制御は本質的に神のわざであり、人間のわざではないことを教訓として心に留めることが大切です。今日の世界が推進する大規模な科学技術開発プロジェクトは背伸びをしすぎていて、現代人は全能の神のみが成し遂げられることができるとまで思うようになってしまいました。自然を制御しようと試みるプロジェクトは、あたかも私たちが創造主の持っている道具を拝借してこの被造世界を自分たちの好きなようにデザインすることができるかのように、確かに多くのことを成し遂げましたが、同時にしばしば予期しない結末という代価を支払い、それは人間だけでなく他の被造物にとってもますます破滅的になっているということを実証してしまいました。気候変動はその最たる例であり、自然を制御しようという試みは人間に有害な自然の力を解き放つことになりかねないのです。この場合、知らず知らずのうちに混沌を解き放ってしまったのは私たち人間なのです。

イエスが嵐を鎮めるストーリーは、自然を制御するのは神のようなわざであり、人間は被造物としてのみそのわざに参与しているのだということを思い起こさせます。神の被造物としてこの世界が与えられているのであって、つまり自らを神とするのではなく、神に依存しているという限界は尊重されなければなりません。現代文明の開発プロジェクトがこの世界を人間の意のままに造り変えるという神の全能を目指すものである限り、それは貪欲と権力欲に突き動かされた神の神性の簒奪行為であり、神の真の創造性に反するものを生み出してしまうのは避けられません。それは宇宙の調和（コスモス）ではなく混沌（カオス）です。混沌を抑制して神の被造物の調和を促進するような方法で自然の制御を行うために、人の心に平和を持つこと、被造物の共同体の中で私たちは被造物であるという自覚を持つことは、まず初めに要求されることなのです。

復活したキリストの宇宙的連帯

ヨハネの福音書の序文を議論した際、受肉とは人間性一般への参与であるだけでなく、全被造物の持つ被造物性への参与として理解すべきだと述べました。人間の死すべき肉体は、物質世界の他の生物と連帯しているので、神のことばが「肉となった」時、キリストも地上に生きるすべての被造物と同様に、肉体を持ち、死すべき運命にある有限な生命を持つことになったのです。

その死において、イエスはこの地上のすべての生物と運命を共にしました。そして私たちは、イエスが死を乗り越えて新しいいのちへとよみがえったとき、全被造物との連帯をイエスが捨ててしまったなどと考えることはできません。イエスの復活は、新しい創造の始まりでした。人間世界に関して言えば、新約聖書の共通の理解は、イエスは他者のために死なれ、同じく他者のために新しい創造のいのちへの道を切り開いたのです。新しい創造において、信仰者たちが死者の中からよみがえるとき、彼らもまたそのいのちを完全に分かち合うでしょう。もし新しい創造がこの物質世界全体の変容であるならば、すべての被造物は神の永遠のいのちを分かち合うでしょう。ですからイエスの復活は、人間のみならず、被造物の共同体全体のための新しい創造に道を拓くものであるのに違いありません。[43]

イエスの復活をこのように理解する際、重要なことはそれが肉体を伴った復活であることです。それは心身相関的な全体としての人間の生命の贖いであり、物質からの魂の解放というプラトン的なそれではありません。この人間の心身一体的な救済は、人間の身体が物質的な全被造物との連帯を保っているということであり、物質的な全被造物の救済を抜きにしては考えられないものです。現代の新約聖書解釈においては、イエスの復活や信仰者たちの未来の復活が本物の肉体を伴う復活であると断言することへの大きな躊躇があります。福音書の復活物語のうち、ルカとヨハネの福音書がイエスの復活の肉体性を強調しているのは、この二つの福音書が比較的後期に書かれたもので、イエスの復活顕現に関する伝承について護教的な性格を持っているためだとしばしば説明されてきました。復活についてのパウロの理解はより「霊的な」類のものだとも理解されてきました。今から振り返るなら、この種の解釈は、心こそが物質の背後にある本当の実在であるという十九世紀の観念論哲学（idealistic）の文脈では非常に受け入れ易いものであったように思われます。それはまた、プラトン的な人間観と高い親和性を持っていますが、そのような人間観はからだのよみがえりの信仰を強調する初期の教会教父たちや神学によって拒否されたものでした。

イエスの復活の宇宙的側面はコロサイ書の賛歌に明らかなものですが、それについてはすでに議論したように、イエスについてこう言われています。「死者の中から最初に生まれた方です。こうして、すべてのことにおいて第一の者となられました」（コロサイ人への手紙1章18節）。第一ストローフィにおける並行箇所では、イエスは「すべての造られたものより先に生まれた方です」。後者に関して、その意味はイエスが最初に創造された者ということではないことはすでに確認しました。むしろイエスは被造物の中で卓越した地位を持たれたのです。「死者の中から最初に生まれた方」として、イエスは実際に他のすべての人に先がけて死者の中から復活した最初の人となったのです。しかしこれには、時間的に一番早いということ以上の意味があります。イエスは万物の新しい創造において卓越した方となられたのです。

勝利者キリストへの全宇宙的な礼拝

よみがえったキリストの宇宙的な卓越性は、３章で学んだすべての被造物による神礼拝という旧約聖書の重要なテーマを新約聖書が取り上げている箇所で、別のかたちで現れます。３章では、詩篇148篇で命令として描かれている神礼拝は終末的なものだということに注目しました。人間を含むすべての被造物による宇宙的な賛美を含む詩篇148篇には、被造物に欠けや瑕疵があることを示唆するものは何もありません。これまで多くの人間がこの宇宙的大合唱に加わることを拒んできたという事実は、詩篇が描くこの賛美の無条件の積極性に水を差すものではありません。被造物に対する神の善意に疑問を抱かせるような性質が被造物の中にあるので、人は全面的に創造主を賛美することはできない、ということをほのめかすものもありません。その意味では、詩篇148篇は創造主を賛美することへの招きなのですが、それに対する全宇宙的な応答は、神の王国が完全に到来するまで実現しないということになります（このことを示すものは他の詩篇、例えば96篇10～13節に見出すことができます）。

ピリピ書２章６～11節の「キリスト賛歌」（としばしば呼ばれる）において、イエス・キリストの王権への服従という形で表現される、神への全宇宙的な礼拝で完結するイエスのストーリーを見出します。

それゆえ神は、この方を高く上げて、
すべての名にまさる名を与えられました。
それは、イエスの名によって、
天にあるもの、地にあるもの、
地の下にあるもののすべてが膝をかがめ、
すべての舌が
「イエス・キリストは主です」と告白して、
父なる神に栄光を帰するためです。

この賛歌のキリスト論的意味合いをここで深く考察することはしませんが[44]、それがイザヤ書45章22〜23節を暗に示していることは注目すべきです。イザヤ書では、神はご自身の王権が未来においてて全世界的に認められることを誓って言われました。「すべての膝はわたしに向かってかがめられ、すべての舌は誓い、わたしについて、『ただ主にだけ、正義と力がある』と言う」(イザヤ書45章23〜24節)。パウロは、イエス・キリストが「父なる神に栄光を帰するために」全宇宙から主として認められることで、このイザヤの預言が成就することを期待しただけでなく、イザヤの「すべての膝」と「すべての舌」が人間による全世界的な礼拝のみならず、全被造物による宇宙的な礼拝も指し示していると理解しました。「天にあるもの、地にあるもの」という表現は全宇宙を要約する言い方で、パウロが実際に膝をかがめたり舌で語ることができる被造物だけを念頭に置いていたと考えるべきではありません。旧約聖書には木が手を打ち鳴らすとか、山が子羊のように跳ね回るという表現が出てきますが、この一節もそうした旧約聖書の伝統に則ったものです。すべての被造物は、天使であれ人間であれ、生き物であれ無生物であれ、それぞれの仕方で、神の全被造物に対する目的を輝かしく実現する方を讃えるでしょう。

新約聖書のもう一つの箇所は、言い回しは異なりますが実質的な内容は驚くほど似ており、ヨハネの黙示録に出てきます。預言者ヨハネが見た天における神の玉座において、天上の礼拝者たちは万物の創造主である神に絶え間なくひれ伏し、礼拝をささげています（黙示録４章９～11節）。しかし、それから新しいことが起こります。ヨハネは全宇宙の玉座にいる子羊のような姿の人物を見ました（５章６節）。その子羊はささげ物のための動物のように屠られたように見えますが、それはちょうど復活したキリストが十字架の痕を体に残していたようなものです。しかしその子羊は勝利を得た者のようにも見えます。この屠られた子羊の勝利を通じて、神の王国がついに完全な現実となってすべての被造物の前に到来すると、ヨハネの黙示録は見ています。この書に次々と登場する幻は、豊かなシンボリックなイメージによって、それがどのように到来するのかを示します。しかし、その最終的な結果はすでに５章で予示されていて、そこでは子羊への宇宙的な礼拝が描写されています。最初に、子羊の勝利は、ヨハネが幻の中ですでに目撃した玉座の周りで神を賛美する者たち（5章8〜10節）によって祝われていますが。しかし屠られた子羊への賛美の輪は大きく広がっていきます。「そして御座と生き物と長老たちの周りに、多くの御使いたちの声を聞いた。その数は万の数万倍」（同11〜12節）。その賛美の輪はさらに大きく広がっていき、ついには宇宙的な規模となって「天と地と地の下と海にいるすべての造られたもの、それらの中にあるすべてのもの」が神と、神の子羊を賛美します（13節）。

ここでの宇宙的包括性を示すためのレトリックは、パウロの「天にあるもの、地にあるもの、地の下にあるもの」よりもさらに包括的です。「天と地と地の下と海[45]」の後に続く「それらの中にあるすべてのもの[46]」という追加表現は実際には冗漫ですが、全被造物には法外な豊かさと多様性が内包されていることを疑問の余地なく伝えようとしたのです。まるでヨハネは、考えたり声を出したりして賛美できる被造物だけを私たちが思い浮かべることがないようにしているかのようです。ここでは万物の創造主である神への天上の賛美（4章）は、万物の贖い主であるイエス・キリストへの宇宙的な賛美ともなるのです。[47]

エコトピアとしての新しい創造

ヨハネの黙示録の最後のヴィジョンの中で、ヨハネは「新しい天と新しい地を見た。以前の天と以前の地は過ぎ去り、もはや海もない」（黙示録21章1節）。この一節と、第二コリント5章17節のパウロの新しい創造に関する記述との類似性はほとんど注目されることはありませんでしたが、それは解釈者たちがパウロと黙示録はあまりにも異なるので並行関係などありそうもないと考えているからに違いありません。パウロは言います。「だから誰でもキリストのうちにあるなら、新しい創造です！　古いものは過ぎ去りました。見よ、すべてのものが新しくなったのです」[48]。パウロの「見よ」という言葉は、彼の感嘆詞に幻視的な性格を与えています（黙示録21章3節や5節を参照）。人がクリスチャンになる時、新しい創造が生じます。万物にとっての未来である新しい創造は、あたかもこの時にすでに生じているのです。新しい創造と並んで「古いもの」と「新しいもの」に言及することで、パウロは将来の宇宙的な変容を視野に入れていることを明確にしています。この際、パウロが次に「神はキリストにあって」（第二コリント5章19節）と言った時、「世（コスモス）」という言葉で指していたのは人間だけでなく全被造物であったのかもしれません[49]。

ここでの私たちの考察にとってとりわけ重要な意味を持つのは、パウロが新しい創造とは現在の被造世界が何か全く別の、新しいものに取って代わられることだとは見なしていないことです。もしそうだとしたら、クリスチャンへの回心において、人は全く新しい人へと取って代わられるのだとパウロが考えていたことになります。パウロは明らかに、新しい創造を終末的な被造物の刷新であると見ていました。古いものは過ぎ去り、すべてのものが新しくなったという色鮮やかな言葉遣いは、現実が変容して新しい形になることを指しています。それは劇的な変容ではありますが、別のものに取り替えられることではありません。[50]

パウロはここで、ヨハネの黙示録21章1節をこれと同じように理解するのはなんら難しくないことを示しています。それが予見しているのは古い創造が新しい創造に置き換えられることではなく、全被造世界の刷新です。[51] この刷新は劇的な変容で、新しい創造はもはや死や儚さに支配されず（21章4節参照）、むしろ神の永遠のいのちによって生きることになります（21章6節）。それは永遠性への転調と言ってもよいでしょう。しかし、それは古い創造からも価値あるもの、適したものすべてを取り込みます。神の新たな創造のわざは（21章5節「見よ、わたしはすべてを新しくする」）、初めに神が世界を創造された時の「それは良かった」「非常に良かった」（創世記1章）という評価と確かに対応しています。「非常に良かった」すべての被造物は、それらを脅かしているすべてのものから解放される時に初めて「非常に」良くなります。しかし、神が終末において一新しようとしているのは、創世記1章が描くようなすべての多様な生物に満ち溢れたすべての被造物なのです。

この点は、これまでも本書でたびたび指摘してきましたが、ここではさらに詳しく解説しました。なぜならこれはエコロジー終末論を理解するためには不可欠なカギとなる点だからです。エコロジー終末論とは生きる希望であり、他の被造物を廃棄するのではなく、人間と他の被造物との関係を癒やし、完全なものとすることです。このような終末的希望は、今ここで、こうした関係性の修復をできるだけ実現させようというインスピレーションを与えることができます。他の被造物との平和的共存を求める今ここでの試みは、新しい創造に移調されるのにふさわしい性質を持つものとなるでしょう。

ヨハネの黙示録の新しい創造のヴィジョンは、天から下ってきて神と人との永遠の住まいとなる新しいエルサレムのイメージに焦点を合わせています。そこには神とその民との美しいイメージがあり（21章3節[52]）、その時「神は彼らの目から／涙をことごとくぬぐい取ってくださる」（21章4節）。また、神が涼しい園の中を歩まれたエデンの園を思い起こさせるような仕方で、彼らは神と共に住まうでしょう。そこには神殿はもはや必要ではなくなります、なぜなら神と子羊が都のあらゆるところにおられるからです（21章22節）。それは全体として、すべての人が入ることのできる至聖所のように描かれています。贖われた人々は神と子羊の御顔を見て、顔と顔を合わせて礼拝するでしょう（22章3～4節）。しかし私たちの目下の関心は、このヴィジョンのエコトピア的側面です[53]。

新しいエルサレムは、ある意味ではエデンの園への回帰です。その川といのちの木（22章2節）はエデンの園を思い起こさせますが、同時にエゼキエル書のいのちの川のヴィジョンを思い起こさせます。それは未来の新しい神殿から流れ出る川で、いのちのない水を溢れるほどの生き物でいっぱいの生息地に変えるのです（エゼキエル書47章6～12節）。「この川が入るところでは、すべてのものが生きる」（同47章9節）。エゼキエルのヴィジョンは最初の創造を再現した終末的な刷新ですが、最初の創造では生物は水の中で増え拡がり、そこを満たしました（創世記1章21～22節）。また、エゼキエルのヴィジョンは最初の創造を上回り、その川によって養われた木々は夥しい果樹を実らせます。いのちを与えるこの力強さの秘密は、もちろんこの川が神殿、つまり神の臨在の場から流れ出ているという事実にあります。いのちはその源である神によって刷新されるのです。それはヨハネの黙示録でも同様ですが（22章1～2節）、比喩に富んだ黙示録の要約的な記事を読むときに、エゼキエルのヴィジョンのエコロジー的な詳細を思い起こすことは有益です。なぜならエゼキエル書の詳細な記述は、黙示録にあるいのちの水の川といのちの木のエコロジー的な性格についての私たちの理解を助けてくれるからです。それらは人類にとっての永遠のいのちのシンボルであるのにとどまりません。それらは、すべてのいのちの源である神からの新しいいのちによって刷新された自然界のヴィジョンを呼び覚まします。諸国民の癒やし（22章4節）と万物のための永遠のいのちの賜物は、人間だけのものではなく、人間に直接もたらされるのでもありません。それらは人間の生命のための生きた環境における、生きた関係性の中で実現するのです。

新しいエルサレムがエデンの園に勝るのは、アダムとエバが食べられなかったいのちの木が、今や手に入るからです。実際それは十二の実をならせ、その木の葉は諸国民の傷を癒やし、その実は永遠のいのちを実現します（22章2節）。しかし、新しいエルサレムは都であることによってエデンの園を上回ります。エデンの園は庭園型の神殿でしたが、新しいエルサレムは都市型の神殿です。新しいエルサレムでは、人間の文化のすべての良いもの、エデン以来人間が他の被造物から与えられたすべての資源が移植されます。地上の王たちはそこに迎え入れられ、彼らは諸国の栄光と誉れとを神の栄光のために携えて来ます。それによって都は輝きます（21章24～26節）。

新しいエルサレムは自然を活用して人間の家や文化や共同体を建て上げ、人間の願望を充足させます。しかし、パラダイスである園、台無しにされていないエデンの園もその中にあります。それは人類が憧れてきた庭園型の都市であり、そこでは人間の文化は自然に取って代わるのではなく、自然との調和と互恵性の中で育まれます。それは文化と自然、人間の世界と地上の他の被造物との終局的な和解の姿を表します。それは自然界の資源を略奪したり使い尽くしたりすることなく、自然界の活力によって生きる都市なのです。

新しい創造は神と子羊のいのち、新しいエルサレムの玉座から流れ出るいのちの水の川によって生きる世界です（21章1～2節）。黙示録の冒頭で、復活して高く挙げられたイエスは言いました。「わたしは初めであり、終わりであり、生きている者である。わたしは死んだが、見よ、世々限りなく生きている。また、死とよみの鍵を持っている」(1章17〜18節)。新しい創造のいのちはイエス・キリストの復活のいのちです。それは死を乗り越えたいのちなので、死すべき被造世界のすべてに命を与えることができます。神から与えられた有限の命は死によって尽きますが、永遠のいのちはその源である神から離れることはありません。このようないのちはすべての被造物に与えられます、なぜなら自らを「生きている者」と呼ぶ方はご自分の死においてすべての被造物と連帯し、またその死を通じてすべての被造物のために朽ちないいのちを獲得されたからです。こうして全被造物のストーリーはそのゴールに達しますが、そのストーリーはイエス・キリストのストーリーと密接不可分に、また永遠につながるのです。

このゴールは私たちの想像を超えるものですが、預言者たちにより素描され、聖書の最後の書において預言者ヨハネによって比類ない形で描写されました。それは現在に希望と霊感とを与えるためでした。キリストにある新しい創造というパウロのヴィジョンについてはこのセクションの冒頭で取り上げましたが、彼の書簡ではそれに続いて私たちの神との和解とパウロ自身の「和解の務め」が語られました(第二コリント5章18〜20節)。新しいエルサレムについてのヨハネのヴィジョンも同様に、私たちと神との和解を描いています——すべての被造物と共に。神との和解と、神が創造した他の被造物との和解とは、どちらかを選べるものではなく、手を携えて成し遂げられるものです。ヨハネのヴィジョンが示すように、この二つは密接不可分であり、現在の危機にある世界にあってはどちらも差し迫った必要です。今日の教会の「和解の務め」はその両方を含まなければなりません。そして、聖書の壮大な物語の中での私たちの立ち位置を見出すこと、つまりキリストにある万物の和解というゴールへの途上で、私たち自身がキリストにあって和解させていただいたことですが、それはこの暗い時代にあって希望を持ち続けるための助けとなるでしょう。

1 例として、マタイ11・27、ルカ10・22、ヨハネ3・35、13・3、そして16・15、使徒16・15、第一コリント15・27〜28、エペソ1・22、ピリピ3・21、そしてヘブル1・2と2・8。エペソ1・23と4・10も参照。

2 Calvin B. DeWitt, 'Behemoth and Batrachians in the Eye of God: Responsibility to Other Kinds in Biblical Perspective', in Dieter T. Hessel and Rosemary Radford Ruether eds., *Christianity and Ecology: Seeking the Well-Being of Earth and Humans* (Cambridge, Massachusetts: Harvard University Press, 2000), pp. 291-316, ここでは pp. 296-298。は「三者の関係」について語り、私が描いた三角形を提示している。

3 Terry Eagleton, *Reason, Faith, and Revolution: Reflections on the God Debate* (New Haven/London: Yale University Press, 2009), pp. 84-85:「実際そこには進歩がある――文明は同時に地球を破壊し、無実の人を殺し、想像もできないスケールで人間の不平等を生み出しているように見えることを心にとめる

限りは。」

4 Thomas Berry, *The Dream of the Earth* (San Francisco: Sierra Club Books, 1988), p. 17.

5 創造と歴史という二分法から離れる旧約学界での動きについては、Walter Bruggemann, *Theology of the Old Testament* (Minneapolis: Fortress, 1997), pp. 159-164.

6「満ち満ちたもの（プレローマ）」が神の臨在の充満であるということはギリシア語では明確ではない。Michael Trainor, 'The Cosmic Christology of Colossians 1:15-20 in the Light of Contemporary Ecological Issues', *ABR* 53 (2005), pp. 54-69、ここではp. 67は、ここで言及されているのは被造物の十全さだと論じる。しかし、2章9節との並行関係（「キリストのうちにこそ、神の満ち満ちたご性質が形をとって宿っています」）だけでなく、1・19～20ではプレローマが「に宿らせ……を和解させ……」の主語となっている事実は、これが神性の満ち満ちていることを念頭に置いているという一般的な見方を強力に支持する。

7 私見ではコロサイ書簡は真正なパウロ書簡だが、著者問題はここでは重要ではない。

8 これは、この一節の構造についての多くの学者たちの意見と共通するものだ。より入念な近年の提案として、Vincent A. Pizzuto, *A Cosmic Leap of Faith: An Authorial, Structural, and Theological Investigation of the Cosmic Christology in Col. 1:15-20* (CBET 41; Leuven: Peeters, 2006), pp. 118-119 と203-205.

9 Joseph Sittler, *Evocations of Grace: Writings on Ecology, Theology and Ethics* (eds. Steven Bouma-Prediger and Peter Bakken; Grand Rapids: Eerdmans, 2000), p. 39.

10 Pizzuto, *A Cosmic Leap*, p. 258.

11 それゆえ、神が「見えない」という描写は、この聖句の重要性を、並行箇所と見られる『知恵の書』7・26における知恵やヘブル書1・3の先住のキリストとは異なるものとしている。見えない神のかたちは確かに見えるものでなければならない（逆説的に響くかもしれないが）。

12 第一コリント8・6、第二コリント8・9、そしてピリピ2・5〜6を参照。

13 パウロがいつもそうするように（常にこの組み合わせとは限らないが）、「血」は犠牲祭儀（sacrifice）を、「十字架」は恥辱を喚起する。

14 この言い回しは、John A. T. Robinson, *The Human Face of God* (London: SCM Press, 1973), p. 10で用いられている。宇宙的キリストとイエスとの関係を小さくしようとする傾向の好例は、Matthew Fox, *The Coming of the Cosmic Christ*（San Francisco: Harper & Row, 1988）で、そこではイエスは宇宙的キリストの受肉とほとんど変わらない。

15 例として、Pizzuto, *A Cosmic Leap*, pp. 190-202.

16 Marianne Meye Thompson, *Colossians and Philemon*（Two Horizons NT Commentary; Grand Rapids: Eerdmans, 2005), p. 113.

17 多くの解釈者は、20節のto himが神を指していると考えるが、二つのストローフィの前置詞を伴うフレーズの間の並行関係に鑑みるなら、キリストを指すのであろう。16節で、for him (Christ) は20節のto himと同じ前置詞（エイス）を用いている。

18 Thompson, *Colossians*, p. 33.

19 Jürgen Moltmann, *The Way of Jesus Christ: Christology in Messianic Dimensions*（trans. Margaret Kohl: London: SCM Press, 1990), p. 275.

20 神の神秘としてのキリストは、コロサイ書のテーマ（1・27と2・2）。

21 Thomas Berry, *The Dream of the Earth* (San Francisco: Sierra Club, 1988), pp. 216-217.

22 Cf. Andrew T. Lincoln, 'The Letter to the Colossians', in *The New Interpreter's Bible*, vol. 11 (Nashville: Abingdon, 2000), pp. 551-669, ここでは pp 608-609:「分断、苦難、そして混沌の世界の中で、万物がキリストにおいて統合されるとか、万物がキリストにおいて和解されたというこの賛歌の主張を繰返すことに何の意味があるのだろうか。……分断や混沌の力が働いているにもかかわらず、キリストの死と復活のパターンはより根源的であり、世界を維持する力に独特の性格を与えることに信頼できるのだ。」

23 以下を参照せよ。Michael Lloyd, 'Are Animals Fallen?', in Andrew Linzey and Dorothy Yamamoto eds., *Animals on the Agenda* (London: SCM Press, 1998), pp. 147-160; Andrew Linzey, *Animal Gospel: Christian Faith as though Animals Matters* (London: Hodder & Stoughton, 1998), pp. 29-36; Jonathan Clatworthy, 'Let the Fall Down: The Environmental Implications of the Doctrine of the Fall', *Ecotheology* 4 (1998), pp. 27-34; Charles Foster, *The Selfless Gene: Living with God and Darwin* (London: Hodder & Stoughton, 2009), chapter 8; Christopher Southgate, *The Groaning of Creation: God, Evolution, and the Problem of Evil* (Louisville: Westminster John Knox, 2008), pp. 28-35.

24 死や種の絶滅そのものが必然的に問題だということに、私はそれほど確信を持てない。もしそれらを理解する文脈が、すべての被造物が新しい創造に参与する期待であるならば。もし進化の生み出すすべてのものが単に生命の一時的なプロセスではなく、新しい創造への貢献であるのなら、進化のプロセスの無駄と見られているものが大きく違って見えるだろう。

25 Southgate, *The Groaning*, pp. 9-10.

26 Cf. Southgate, *The Groaning*, 5章。Southgate, *The Groaning*, 4章は、神が全被造物と共に苦しむという考えを展開している。Niels Henrik Gregersen, 'The Cross of Christ in an Evolutionary World', *Dialog* 40 (2001), pp. 192-207も同様。Gregersen, 'The Cross of Christ', p. 205によれば、「神は進化のコストを負担された、その代価には自然淘汰の苦しみが含まれる。」

27 Vicky Balabanski, 'John 1 – the Earth Bible Challenge: An Intra-textual Approach to Reading John 1', in Norman C. Habel and Vicky Balabanski, eds., *The Earth Story in the New Testament* (Earth Bible 5; London: Sheffield Academic Press, 2002), pp. 89-95, ここでは92頁は、コスモスが「救いに関して使われるとき(一時的には人間を指すのだとしても)、地球は暗黙裡に含まれている」と判断している。

28 このヨハネの「肉」の用法は、パウロのそれと混同すべきではない。パウロの場合の「肉」は、贖われていない人間の性質における悪とより関連付けられている。ヨハネの用法は、旧約聖書のそれと近い(例として、創世記6・3とイザヤ40・6)。

29 Gregersen, 'The Cross of Christ', p. 205はこれを「深い受肉」と呼ぶ。「生物学的な存在の組織そのもの、そして自然のシステムへの受肉。」

30 Norman C. Habel, 'An Ecojustice Challenge: Is Earth Valued in John 1?', in Habel and Balabanski, eds., *The Earth Story in the New Testament*, pp. 76-82.

31 ヨハネにおける「永遠のいのち」は、共観福音書の「神の王国」に相当する。

32 マタイ5・45、10・29～31、11・25そして19・9、マルコ10・6、ルカ10・21と12・6～7。

33 福音書の「神の王国」の背景として詩篇を大きく扱っている専門書はほとんどないが、この欠けを補っているのがBruce Chilton, *Pure Kingdom: Jesus' Vision of God* (Grand Rapids: Eerdmans/London:

SPCK, 1996), chapter 2である。

34 John P. Meier, *A Marginal Jew: Rethinking the Historical Jesus, vol. 2: Mentor, Message, and Miracles* (New York: Doubleday, 1994), pp. 298-299.

35 これらの例については、マルコ4・30〜32と4・35〜42、ルカ12・37、ヨハネ13・3〜20を見よ。

36 Andrew Linzey, *Animal Theology* (Urbana/Chicago: University of Illinois Press, 1995), p. 87.

37 特にJon D. Levenson, *Creation and the Persistence of Evil: The Jewish Drama of Divine Omnipotence* (San Francisco: HarperCollins, 1988) を参照。

38 海の実際の危険を混沌と創造の神話と関連付けている初期のユダヤ教文学の例として、第一エノク101・4〜7を見よ。

39 第二マカバイ9・8によれば、アンティオコス・エピファネス王が海の波にさえ命令を下せると考えたのは、神を気取る冒瀆であった。

40 Jonathan Moo, 'The Sea That is No More: Rev 21:1 and the Function of Sea Imagery in the Apocalyptic of John', *NovT* 51 (2009), pp. 148-167は、私見では正しくも、新しい創造における海の不在は最初の創造との顕著な違いを示していると論じる。最初の創造を常に潜在的に脅かす混沌の力は、もはや新しい創造を脅かすことはできない。他方で、Barbara R. Rossing, 'River of Life in God's New Jerusalem: An Eschatological Vision for Earth's Future', in Hessel and Ruether eds., *Christianity and Eschatology*, pp. 205-224, ここではpp. 212-213は、黙示録18章のローマの海上貿易への批判と関連付けるという興味深い主張をしているが、この場合、海の消滅はぜいたく品の貿易の終わりを意味する。

41 Thomas Kazen, 'Standing Helpless at the Roar and Surging of the Sea: Reading Biblical Texts in the

Shadow of the Wave', *ST* 60（2006）, pp. 21-41, ここでは pp 30-32' におけるこの箇所の議論は、終末的な期待というこのテーマを見落としていて、したがって自然の力についての現代の理解と調和させるのが必要以上に難しくなっている。

42 Kazen, 'Standing Helpless', p. 28.

43 イエスの復活の宇宙的側面の組織神学的展開については、Jürgen Moltmann, *The Way of Jesus Christ*（trans. Margaret Kohl; London: SCM Press, 1990）, pp. 252-259 を参照。

44 キリスト論については、Richard Bauckham, *Jesus and the God of Israel: God Crucified and Other Studies on the New Testament's Christology of Divine Identity*（Milton Keynes: Paternoster/Grand Rapids: Eerdmans, 2008）, pp. 37-38, 41-45 そして 197-210 を見よ。

45 これらの被造物の四つの領域については、ヨブ記11・8〜9を参照。地の下の海の深淵については、創世記49・25、出エジプト記20・4、申命記5・8、そしてヨブ記26・5〜6参照。

46 ここには出エジプト記20・11、詩篇146・6、そしてネヘミヤ記9・6の響きがこだましている。

47 このトピックについてのさらなる考察については、Richard Bauckham, 'Creation's Praise of God in the Book of Revelation', *BTB* 38（2008）, pp. 55-63.

48 ボウカム自身による直訳。

49 Jean-Yves Thériault, 'La Portée Écologique de la Notion Paulinienne de Creation', *EgT* 22（1991）, pp. 295-313, ここでは pp. 303-307 ; Douglas J. Moo, 'Creation and New Creation: Transforming Christian Perspectives', in Robert S. White ed., *Creation in Crisis: Christian Perspectives on Sustainability*（London: SPCK, 2009）, pp 241-254, ここでは pp. 250-251（暫定的に）。しかし、この見解に反対する議論とし

て、Moyer V. Hubbard, *New Creation in Paul's Letters and Thought* (SNTSMS 119;Cambridge University Press, 2002). P. 181.

50 しかし、ギリシア語の二つの言葉、カイノスとネオスの意味の違いを極端に強調するのは誤りだ。

51 現在の天と地の破壊と、それを新しい創造に置き換えることについて語っているとしばしば理解されてきた他の新約聖書の箇所は、第二ペテロ3・10～13だ。この一節に関しては、Jonathan Moo, 'Environmental Unsustainability and a Biblical Vision of the Earth's Future', in White ed., *Creation in Crisis*, pp. 255-270, ここでは pp. 261-267.

52 ここで人々が複数形になっているのは、21章3節の読みを修正するもので、それは重要であり、なおかつ黙示録全体のまた21・24～26の「諸国民」というテーマと関連していると思われる。

53 ヨハネ黙示録の新しいエルサレムについての十全な議論は、Richard Bauckham, *The Theology of the book of Revelation* (Cambridge: Cambridge University Press, 1993)，6章を見よ。そのエコロジー的側面は、Rossing, 'River of Life' も参照。

訳者あとがき

本書の著者であるリチャード・ボウカム氏は、英国の世界的な新約聖書学者です。マンチェスター大学や、スコットランド最古の大学であるセント・アンドリュース大学で長年教鞭を取っていましたが、その後執筆活動に専念するために母校のあるケンブリッジに戻り、現在に至っています。大の親日家で過去四回来日しており、特に日本の温泉はいたく気に入っています。彼の主要な作品のいくつかは邦訳出版されていますが、その中でもとくに重要なのは、『ヨハネ黙示録の神学』と『イエスとその目撃者たち――目撃者証言としての福音書』（いずれも新教出版社）です。ボウカム氏は環境問題について積極的に発言をする聖書学者で、二〇一七年に台湾で開かれた国際ローザンヌ運動主催の環境問題を扱う国際会議では主要講演者として連続講演をしています。環境問題を聖書学の立場から考察する著作も公刊していて、それらは *Living with Other Creatures – Green Exegesis and Theology*（『他の被造物と共に生きる――緑の聖書釈義と神学』、二〇一二年、未邦訳）と、そして本書です。前者がボウカム氏のこのテーマに関する論文やエッセイをまとめたものであるのに対し、後者（本書）は序文にもあるように、セーラム・カレッジでの講演を基にして執筆されたものです。

ボウカム氏は、少年の頃からキリスト教信仰とは人間のみならず神が創造したすべての被造物にかかわるものだと信じてきたと語っています。このボウカム氏の揺るぎない確信は、本書からも十分に伝わってきます。現代において環境問題が語られる時、人間の生存条件が危険にさらされていることばかりがクローズアップされ、他の多くの生物がそれ以上に危機的な状況にあることについてはあまり注目されないこともしばしばです。他の生物が絶滅の危機に瀕しているような状態を作り出したのが人間であるにもかかわらず、です。このような「人間中心主義」と、キリスト教は無関係だとは言えません。それどころか、人間の救済ばかりに焦点を当てる伝統的なキリスト教神学は、環境保護運動については世俗的な運動にも後れを取ってしまっている教会の現状を助長したとすら言えるかもしれません。聖書の主たる関心事は神と人間との関係のみならず、神と人間そしてその他の被造物という三者の調和のとれた関係であることを、本書は改めて教えてくれます。

本書と訳者との出会いには思い出深いものがあります。二〇一二年のはじめごろだったと記憶していますが、セント・アンドリュース大学で博士課程の学生として学んでいた私は、セント・アンドリュース教会の礼拝に毎週集っていました。ある日、イングランドからボウカム氏が来られて共に礼拝を守ったのですが、礼拝後にボウカム氏は最近出版されたご自身の二冊の著書を割引販売していました。その一冊が *Jesus: A Very Short Introduction* で、もう一冊が本書の *Bible and Ecology* でした。それらの本を二冊とも購入した私は、その後ボウカム氏と二人で喫茶店に行き、私の研究の話や日本のことなど四方山話に花を咲かせました。その時にボウカム氏から、ぜひ *Jesus* を邦訳出版するように勧められ、自分一人では手に余ると考えた私は、ボウカム先生の愛弟子の一人である横田法路牧師に相談し、二人で本書を邦訳出版することにしました。その成果が二〇一三年に新教出版社から出された『イエス入門』で、同書は今でもいくつかの大学や神学校の講義で用いられているといううれしい知らせを伝え聞いています。

しかし、その時には手つかずになってしまったもう一冊の本、*Bible and Ecology* についても、実はずっと気になっていました。『イエス入門』の方はスタンダードな福音書の入門書とでも呼ぶべき馴染みやすいものでしたが、本書では実に新鮮な、私が今まであまり考えてこなかったテーマが論じられていたからです。当時の私は指導教授であるN・T・ライト氏の著書の翻訳の仕事も抱えていたため、とても手が回らなかったのですが、いつか誰かが本書を翻訳してくれたら、という願いを抱いていたのも事実です。

そして本書翻訳の契機になったのが、先に触れた二〇一七年の台湾での国際会議で、その会議にボウカム氏の推薦で出席させていただいた私は、ボウカム氏の講演を聞いて改めてこの問題の重要さに目が開かされた思いでした。その後にいのちのことば社の根田祥一氏から本書の邦訳出版についての打診をいただき、それではと、お引き受けすることにしました。本書の下訳は、いろいろと仕事を抱えて余裕のなかった私を見かねた父（山口秀生）が引き受けてくれました。本来なら、『シンプリー・ジーザス』（N・T・ライト著、あめんどう）のように父との共訳で出版したかったのですが、父からの強い要望もあり、私の単訳で出版することになりました。それでも、父の貢献はとても大きく、この場を借りてお礼を言いたいと思います。また、思ったより完成が長引いてしまったのを辛抱強く待ってくださり、励ましてくださった根田祥一氏に深く御礼申し上げます。

二〇二一年三月　レントの期間にて

山口　希生

著者　リチャード・ボウカム

ケンブリッジ大学リドレー・ホール上級研究者、セント・アンドリュース大学名誉教授。英国学士院より「バーキット・メダル」受賞。世界的な新約聖書学者で多数の著書があるが、邦訳は『ヨハネ黙示録の神学』『イエスとその目撃者たち ― 目撃者証言としての福音書』『イエス入門』（新教出版社）、『聖書と政治 ― 社会で福音をどう読むか』（いのちのことば社）。環境問題に聖書学から積極的に発言し、2017 年にはローザンヌ運動主催「環境問題と福音」会議でメインスピーカーを務めた。

訳者　山口　希生（やまぐち・のりお）

セント・アンドリュース大学よりPh.D.(2015年、新約聖書学）取得。日本同盟基督教団中原キリスト教会牧師。聖契神学校講師、お茶の水聖書学院講師、東京基督教大学兼任講師。著書:『「神の王国」を求めて ― 近代以降の研究史』(ヨベル)、共著『神の国と世界の回復 ― キリスト教の公共的使命』(教文館)、訳書：N.T.ライト『新約聖書と神の民 ― キリスト教の起源と神の問題　上・下』、共訳：リチャード・ボウカム『イエス入門』(新教出版社)。

聖書とエコロジー
創られたものすべての共同体を再発見する

2022年 5 月20日　発行

著　者　リチャード・ボウカム
訳　者　山口 希生
印刷製本　日本ハイコム株式会社
発　行　いのちのことば社
〒164-0001 東京都中野区中野2-1-5
電話 03-5341-6923（編集）
03-5341-6920（営業）
FAX03-5341-6921
e-mail:support@wlpm.or.jp
http://www.wlpm.or.jp/

ISBN 978-4-264-04358-4